Lernen zu lernen

Werner Metzig · Martin Schuster

Lernen zu lernen

Lernstrategien wirkungsvoll einsetzen

10. überarbeitete und erweiterte Auflage

Werner Metzig
Department Psychologie
Universität zu Köln
Köln, Deutschland

Martin Schuster
Department Psychologie
Universität zu Köln
Köln, Deutschland

ISBN 978-3-662-61505-8   ISBN 978-3-662-61506-5 (eBook)
https://doi.org/10.1007/978-3-662-61506-5

Die Deutsche Nationalbibliothek verzeichnet diese Publikation in der Deutschen Nationalbibliografie; detaillierte bibliografische Daten sind im Internet über http://dnb.d-nb.de abrufbar.

© Der/die Herausgeber bzw. der/die Autor(en), exklusiv lizenziert durch Springer-Verlag GmbH, DE, ein Teil von Springer Nature 1982, 1993, 1996, 1998, 2000, 2003, 2006, 2010, 2016, 2020
Das Werk einschließlich aller seiner Teile ist urheberrechtlich geschützt. Jede Verwertung, die nicht ausdrücklich vom Urheberrechtsgesetz zugelassen ist, bedarf der vorherigen Zustimmung des Verlags. Das gilt insbesondere für Vervielfältigungen, Bearbeitungen, Übersetzungen, Mikroverfilmungen und die Einspeicherung und Verarbeitung in elektronischen Systemen.
Die Wiedergabe von allgemein beschreibenden Bezeichnungen, Marken, Unternehmensnamen etc. in diesem Werk bedeutet nicht, dass diese frei durch jedermann benutzt werden dürfen. Die Berechtigung zur Benutzung unterliegt, auch ohne gesonderten Hinweis hierzu, den Regeln des Markenrechts. Die Rechte des jeweiligen Zeicheninhabers sind zu beachten.
Der Verlag, die Autoren und die Herausgeber gehen davon aus, dass die Angaben und Informationen in diesem Werk zum Zeitpunkt der Veröffentlichung vollständig und korrekt sind. Weder der Verlag, noch die Autoren oder die Herausgeber übernehmen, ausdrücklich oder implizit, Gewähr für den Inhalt des Werkes, etwaige Fehler oder Äußerungen. Der Verlag bleibt im Hinblick auf geografische Zuordnungen und Gebietsbezeichnungen in veröffentlichten Karten und Institutionsadressen neutral.

(c) deblik

Planung: Désirée Claus
Springer ist ein Imprint der eingetragenen Gesellschaft Springer-Verlag GmbH, DE und ist ein Teil von Springer Nature.
Die Anschrift der Gesellschaft ist: Heidelberger Platz 3, 14197 Berlin, Germany

Zum Aufbau und zur Verwendung des Buches

Dieses Buch soll helfen, das Lernen zu erleichtern. Dabei wird ein einfacher Weg beschritten: Es wird mitgeteilt, was man tun muss, wenn man etwas lernen möchte. Im Allgemeinen weiß man in Schule und Studium, welcher Stoff gelernt werden soll, aber wie man das macht, muss der Lernende meist selbst herausfinden.

Das Buch heißt allerdings nicht „In allerletzter Minute lernen", sondern gibt viele Hinweise für kompetentes Lernen. Aber auch das kostet Zeit (und nur vielleicht geht manches manchmal etwas schneller). Diese Art des Lernens ist jedoch in der Behaltenswirkung besser, macht viel mehr Spaß und führt auch berechenbar zum Ziel.

Wir wenden uns hauptsächlich an Jugendliche und Erwachsene, die viel lernen müssen. Auch diejenigen, die sich damit befassen, andere zum Lernen zu bringen (Lehrer, Lehr- und Lernbuchverfasser, Ausbilder), können die hier gegebenen Anregungen für sich und ihre Schüler nutzen.

Die vorgeschlagenen Lerntechniken werden plausibler, wenn man sie vor dem Hintergrund der wichtigsten theoretischen Konzepte der Lernpsychologie versteht. Daher gibt dieser Text eine knappe und auf die Lerntechniken zugeschnittene Einführung in die Lern- und Gedächtnispsychologie. Darüber hinaus geben wir Informationen dazu, wie die eigene Lernmotivation verbessert werden kann, wie Angstgefühle bewältigt werden können und was zu beachten ist, um den eigenen Lernvorgang zu planen und erfolgreich zu steuern.

In der Art eines psychologischen Fachbuches werden jeweils die wissenschaftlichen Ergebnisse zu den einzelnen Lerntechniken referiert. Das Buch ist also eine Lernhilfe, eine kurze Einführung in die Gedächtnispsychologie und auch ein Lehrbuch über Mnemotechniken. Die theoretischen Überlegungen sowie besonders die empirischen Befunde sollen den Leser ermutigen, die eine oder andere Technik einmal auszuprobieren.

Um dem Lernenden zu helfen, der in der konkreten Prüfungssituation schnell praktikable Lernmethoden benötigt und sich weniger für die wissenschaftlichen Erklärungen interessiert, haben wir einen *Wegweiser* (▶) eingeführt, der die Abschnitte mit diesen Lernhilfen kennzeichnet.

Die wichtigsten Handlungsanweisungen finden sich in grau hinterlegtem Text.

Beispiele sind als gerahmte Kästen hervorgehoben.

Martin Schuster
Werner Metzig

Inhaltsverzeichnis

1 Wie das Gedächtnis arbeitet — 1
  1.1 Lerntraining — 1
  1.2 Dreispeichermodell — 7
  1.3 Traditionelle Lernbücher, neue Lernbücher — 18

2 Organisation des Lernprozesses — 23
  2.1 Lernen als Arbeit — 23
  2.2 Allgemeine Bedingungen des Lernens — 24
  2.3 Üben und Lernkontrolle — 37
  2.4 Organisation von Lernschritten beim Textlernen — 39
  2.5 Individuelle Unterschiede und Lerntechniken — 43
  2.6 Abschließende Hinweise — 44

3 Motivation zum Lernen — 45
  3.1 Wie kann die Motivation zum Lernen verbessert werden? — 45
  3.2 Motivation aus der eigenen Lernorganisation — 48
  3.3 Abbau von Lernbarrieren und Aufbau von Erfolgszuversicht — 53
  3.4 Zusammenfassung und Konsequenzen für die Selbststeuerung von Lernprozessen — 55
  3.5 Anleitung zum Abbau von Lernbarrieren und zur Nutzung positiver Ressourcen für Lern- und Prüfungssituationen — 56

4	**Bildhafte Vorstellungen als Gedächtnisklammern**		**59**
	4.1	Gedächtnisleistungen und visuelle Vorstellungen	59
	4.2	Die „Vagheit" visueller Vorstellungen und Erinnerungen	61
	4.3	Historische und aktuelle Vorbehalte gegen die Bildmnemonik	61
	4.4	Lernen wie die Gedächtniskünstler: die Locitechnik	63
	4.5	Allgemeine Hinweise für die Bildklammern	72
	4.6	Kennworttechnik	74
	4.7	Technik der assoziativen Verbindungen	77
	4.8	Geschichtentechnik	79
	4.9	Ersatzwortmethode	82
	4.10	Bildklammern für Namen und Gesichter	85
	4.11	(Selbsterstellte) Bildklammern für weitere, spezielle Stoffe	87
	4.12	Spezielle Anwendergruppen	89
	4.13	Bildhafte Prozesse beim kreativen Denken	91
5	**Lerntechniken für Namen, Abkürzungen und Zahlen**		**93**
	5.1	Bedeutungsarmes Lernmaterial	93
	5.2	Phonetisches System	95
	5.3	Zahlenbedeutung und bildhafte Vorstellung	100
	5.4	Rhythmisierung beim Zahlenlernen	102
6	**Ordnungen des Wissens**		**105**
	6.1	Organisation und Vergessen	105
	6.2	Lernhilfen durch semantische Organisation	106
	6.3	Kategoriale Bedeutungskarte, der hierarchische Abrufplan	107
	6.4	Serielle Bedeutungskarte, die Netzplantechnik	109
	6.5	Mindmapping	114
	6.6	Verständlichkeit	120
	6.7	Vorangestellte Organisationshilfe (Advance Organizer)	122
	6.8	Lernen aus Hypertext	124
7	**Tiefe der Verarbeitung**		**125**
	7.1	Was bedeutet tiefe Verarbeitung?	125
	7.2	Anwendungsmöglichkeiten	129
	7.3	Träges Wissen	134

	7.4	Tiefe der Verarbeitung und Individualentwicklung	135
	7.5	Tiefe der Verarbeitung und Ängstlichkeit beim Lernen	135
8	**Lernen durch Analogiebildung**		**137**
	8.1	Führen Analogien in die Irre?	138
	8.2	Wie gelangt man zu Analogien?	141
	8.3	Analogien und Bewegungsfolgen	142
	8.4	Analogien und „emotionales" Verständnis	144
	8.5	Wirkungen der Analogien	145
9	**Lernen im Alltag**		**149**
	9.1	Personalisieren	150
	9.2	Die Lernmotivation steigern	152
	9.3	Sinnhaftes Lernen	155
	9.4	Wörtliches Lernen (Auswendig-Lernen)	157
	9.5	Lernen von Bewegungsfolgen	158
10	**Lernen, Angst und Kränkung**		**159**
	10.1	Ängstlichkeit und ihre Auswirkungen auf Lern- und Prüfungssituationen	160
	10.2	Beschämungsfreies Lernen	176
11	**Lernprodukte und Nützliches im Internet**		**185**
	11.1	Sprachlernprogramme	185
	11.2	Sammlungen von Prüfungsfragen	186
	11.3	Der Stoff in Frage-Antwort-Form auf Karteikarten	186
	11.4	Fallsammlungen	186
	11.5	Lernprogramme	186
	11.6	Lernspiele	187
	11.7	Virtuelle Experimente	188
	11.8	Mindmapping	188
12	**Lernen aus Büchern, lernen im Leben**		**189**
Literatur			**191**
Stichwortverzeichnis			**203**

1

Wie das Gedächtnis arbeitet

1.1 Lerntraining

„Übung macht den Meister", sagt das Sprichwort, und einiges spricht dafür, dass auch Lernen geübt werden kann. Professionelle Lernkünstler, wie z. B. Kellner oder Lagerarbeiter oder Studenten, berichten, dass ihnen das Lernen oder Behalten von Informationen zu Beginn ihrer Tätigkeit erst schwergefallen sei, dann aber immer leichter wurde. Von alten Personen weiß man, dass ein Training im Lernen geeignet ist, einem Gedächtnisabbau entgegenzuwirken.

Der Lerndrill, der die Erziehung früher kennzeichnete, war – neben der Annahme, dass eine Beherrschung der alten Sprachen die Denkfähigkeit fördere – unter anderem von der Hoffnung getragen, dass die Lernfähigkeit trainiert werde.

Nun muss aber beim Training von Fertigkeiten zwischen qualitativ verschiedenen Abläufen unterschieden werden.

- Beim Krafttraining bringt die reine Wiederholung der zu trainierenden Leistung durch entsprechendes Muskel*wachstum* einen Gewinn.
- Beim Lesetraining wird die anfangs schwierige Leistung des Buchstabenerkennens langsam *automatisiert* und läuft dann später, ähnlich wie bei den für das Fahrradfahren notwendigen Bewegungen, mit großer Leichtigkeit ab.

- Beim Training entdeckt man mitunter Vereinfachungen des Ablaufs. Nur der Anfänger schaltet bei einer Geschwindigkeitsreduzierung seines Fahrzeuges zurück in den ersten Gang; der Läufer entdeckt eine verbesserte Atemtechnik; beim Lesen kann man versuchen, schneller zu werden, indem man nicht innerlich mitspricht. Solche *Entdeckungen* führen zu einer Verbesserung der Leistung.

Das Training kann also auf drei Arten wirken: Es kann zum *Wachstum* der benötigten Komponenten führen, es kann eine *Automatisierung* der bewusst durchgeführten Leistung erreichen, es kann zu *Entdeckungen* führen, die eine Erleichterung und Vereinfachung der geforderten Leistung bringen. Welche dieser drei Möglichkeiten beim Lernen der Lernfähigkeit eine Rolle spielt, ist eine wichtige Frage, weil eventuelle Maßnahmen recht unterschiedlich ausfallen könnten, je nachdem, welche der drei Erklärungen man als zutreffend annimmt. Nimmt man an, dass das Gedächtnis durch Übung wächst, so sind der traditionelle Drill und das Lernen von Bibeltexten oder langen Gedichten sinnvoll. Auch die Erwartung, beteiligte Prozesse müssten automatisiert werden, lässt den bekannten Lerndrill zunächst nicht als unsinnig erscheinen. Handelt es sich bei der Verbesserung der Lernleistung jedoch um Effekte, die durch *Entdeckungen* hervorgerufen sind, wäre es vermutlich ökonomischer, die möglichen Entdeckungen von vornherein vorzugeben. So würde die Zeit der mühsamen Anstrengung, bis der Einzelne zu der relevanten Entdeckung gelangt, abgekürzt. Eine Studie von Ericsson et al. (1980) gibt eine Antwort auf unsere Frage.

Sie baten eine Versuchsperson, über einen Zeitraum von 20 Monaten täglich eine Stunde lang Zahlen, die in einer zufälligen Reihenfolge dargeboten wurden, zu lernen. Sie beobachteten, wie sich die Merkleistung der Versuchsperson mit fortschreitender Übung veränderte. Dabei ergab sich ein erstaunlicher Anstieg der Lernleistung. Zu Beginn konnte die Versuchsperson nur ca. 10 Zahlen behalten, nach der Trainingsperiode war die Versuchsperson in der Lage, bis zu 80 Zahlen zu behalten, ja sogar noch die Zahlenfolgen der vorhergehenden Sitzungen weitgehend richtig wiederzuerkennen. Die Endleistung ist durchaus mit der Leistung zu vergleichen, welche die in der Literatur beschriebenen Gedächtniskünstler (Luria 1968) erreichten.

Die Autoren stellten jedoch nicht allein die Leistungssteigerung fest, sondern suchten nach den Ursachen für die erstaunliche Verbesserung der Lernleistung. Die Versuchsperson erklärte ihnen auf Befragen ihre Lernstrategie: Sie setzte die zu lernenden Zahlen in Beziehung zu Geschwindigkeitsrekorden in leichtathletischen Disziplinen (die sie offensichtlich kannte). Die Zahl 10,01 konnte sie sich z. B. also als knapp verfehlten Weltrekord im 100-Meter-Lauf einprägen. Gab es keine Möglichkeit einer solchen Zuordnung, so versuchte die Versuchsperson, die Zahlen als Altersangabe einzuspeichern. Die Zahl 89 fasste sie dann als „sehr alten Mann" auf.

Die Verbesserung der Lernleistung kann also hier weder als Wachstum noch als Automatisierung verstanden werden. Die Versuchsperson entdeckte eine Strategie, die Informationsmenge zu reduzieren, indem sie diese auf bekannte Informationen, d. h. auf bereits gespeichertes Wissen bezog. Gleichzeitig entdeckte sie die Möglichkeit, die irgendwie immer gleichen Zahlen besonderen Ereignissen zuzuordnen. Als plötzlich die Aufgabe gestellt wurde, statt Zahlen Buchstaben zu lernen, fiel die Lernleistung auf das Anfangsniveau zurück. Die oben beschriebene Strategie eignete sich eben nur für das Lernen von Zahlen.

Der Student, der in dieser Untersuchung mitarbeitete, machte noch eine andere Entdeckung: Die Zahlen sind leichter zu merken und wiederzugeben, wenn man sie in Gruppen lernt. So teilte er den Lernstoff in Vierer-, Dreiergruppen usw. auf. Diese Organisation des Lernstoffs zu Untereinheiten ließ sich am Sprechtempo beim Abruf der Information beobachten. Innerhalb einer Gruppe war die Sprechgeschwindigkeit konstant, zwischen den Gruppen gab es Sprechpausen. Die Information wurde so in „Abrufpläne" eingeordnet, und in einer bestimmten Weise organisiert. Diese beiden Lernhilfen, die die Versuchsperson im Verlauf der Untersuchungen entdeckte, sind hocheffektive Lerntechniken und werden in Kap. 5 und 6 im Detail behandelt. Hier am Beginn der Erörterung gibt uns die Untersuchung zunächst einen Hinweis darauf, dass der geschickte Umgang mit dem Gedächtnis, die geeignete Mnemotechnik, die Lernleistung verbessert. Also nicht der reine Drill ist das geeignete Vorgehen zur Verbesserung der Lernleistung, sondern die Vermittlung der geeigneten Lerntechniken.

1.1.1 Entdeckungen im Entwicklungsverlauf

Das Phänomen, dass Kinder eine geringere Lernleistung erreichen als erwachsene Personen, ist nicht durchgängig. In einigen Spielen (Memory) oder beim komplexen Sprachlernprozess leisten Kinder Erstaunliches. Aber geht es um das Einprägen eines Schulbuchstoffs, so ist die Lernleistung von Kindern geringer. Die Lehrpläne der Schulen tragen dieser Tatsache Rechnung.

Kreutzer et al. (1975) befragten Kinder, was sie unternehmen, wenn sie etwas lernen wollen, und welche Kenntnisse sie über das Lernen überhaupt haben. Dabei stellte sich heraus, dass 5-jährige Kinder z. T. nicht einmal wissen, dass sie etwas vergessen können. Man bezeichnet die Kenntnisse, die die Menschen im Umgang mit ihrem eigenen Gedächtnisapparat erwerben, als Metamemory: d. h. das Gedächtnis für Wissen über den Umgang mit dem Gedächtnis. Die Entwicklung der Gedächtnisfähigkeit scheint weitgehend durch die Entwicklung der Geschicklichkeit im Umgang mit den Möglichkeiten und Begrenzungen des menschlichen Gedächtnisses getragen zu werden (z. B. Schneider 1997). Dabei gibt es Entdeckungen, die Kinder bereits sehr früh machen, nämlich, dass sie sich etwas leichter merken, wenn sie es wiederholen, oder dass sie beim Lernen prüfen müssen, ob sie eine gegebene Information wiedergeben können. Bald wissen sie, dass einige Informationen schwerer zu lernen sind als andere und dass man etwas umso eher vergisst, je länger der Lernprozess zurückliegt.

Andere Strategien des Lernens, wie etwa das Gliedern und Gruppieren des Lernstoffs, scheinen erst im Jugendalter oder sogar im frühen Erwachsenenalter entwickelt zu werden. Verschiedene Studien zeigen, dass von den 5-jährigen Versuchspersonen keine diese Strategien anwandte. Einige Entdeckungen beim Arbeiten mit dem eigenen Gedächtnis sind offensichtlich, andere weniger. Die professionellen Gedächtniskünstler (vgl. Lorayne und Lucas 2000) haben kein übernormal entwickeltes Gehirn, sondern sie verfügen über einige Tricks und Kniffe im Umgang mit dem Gedächtnis, die nicht von jedermann sofort entdeckt werden. Einige dieser „Gedächtniskünstler" haben ihre Techniken veröffentlicht. Dabei stellte sich heraus, dass die Gedächtnistechniken, die eine erhebliche Verbesserung der Gedächtnisleistungen erlauben, zum großen Teil bereits seit Jahrtausenden zum kulturellen Wissen der Menschheit gehören. Yates (1966) gab eine englische Übersetzung der antiken griechischen Mnemotechniken heraus, die erkennen lässt, dass Menschen bei der optimalen Ausnutzung ihrer Gedächtniskapazität schon seit Langem erfinderisch waren.

1.1.2 Lernen versus externe Speicherung

Es ist nicht allzu überraschend, dass die „Mnemotechniken" der griechischen und römischen Redner in Vergessenheit geraten konnten. In der europäischen Geschichte haben sich die externen Gedächtnisstützen so wesentlich verbessert, dass eine Gedächtnisspeicherung nur noch manchmal notwendig wird. Ein immer größerer Teil der Gedächtniskapazität wird von der Kenntnis, wo man eine Information suchen kann, besetzt. Unser Gedächtnis findet durch Bücher, speziell Wörterbücher und Lexika bzw. Lehrbücher und Handbücher von Wissensgebieten, und besonders durch die Möglichkeiten, die das Internet bietet, wichtige externe Erweiterungen. Häufig gilt, dass ein Experte nicht wissen muss, *was* in diesen Medien im Einzelnen steht, er muss nur wissen, *wo* er die gesuchte Information findet.

Aktuelle, persönliche Daten werden in Notizbüchern, Merkheften, persönlichen Telefonregistern eingetragen. Gelegentlich genügt auch nur eine Erinnerungshilfe, um ein bereits im Gedächtnis gespeichertes Ereignis zu aktualisieren, wie etwa der Knoten im Taschentuch, der Summton des Handys oder elektronischen Terminplaners, die an den Geburtstag eines Freundes oder an das Ende einer Unterrichtsstunde erinnern.

Die Literatur über Arbeitstechniken widmet den externen Speichern erheblichen Raum. Es wird ausgeführt, wie Karteisysteme über ein zu erarbeitendes Wissensgebiet angelegt werden können, nach welchen Gesichtspunkten die Informationen geordnet sein könnten, sodass sie leicht auffindbar sind. Die höchste Stufe der Professionalisierung solcher Systeme findet man heute in den wissenschaftlichen Systemen und in den Computerdokumentationen. Von solchen Dokumentationssystemen, die ja auch eine Art Gedächtnis sind, kann man sicher vieles über das menschliche Gedächtnis lernen. Auch dort gibt es das Problem, eine Information, von der man genau weiß, dass sie gespeichert ist, zu finden. Wahrscheinlich erinnern Sie sich an eine Gelegenheit, als Sie einen Namen suchten, von dem Sie sicher waren, dass Sie ihn wussten, der Ihnen im Moment aber nicht einfallen wollte.

Lernsituationen, die eine Speicherung von Information im Gedächtnis erfordern, sind aber immer noch häufig. Die naheliegendsten Situationen mögen Examen und Prüfungen sein, die besonders im Jugend- und frühen Erwachsenenalter eine Rolle spielen. Gelegentlich, beim Erwerb von Segel- und Pilotenscheinen oder bei der beruflichen Fortbildung, müssen solche Prüfungen auch im späteren Erwachsenenalter abgelegt werden. Unser Buch wendet sich ausdrücklich an die Kandidaten von Wissensprüfungen, um ihnen Techniken an die Hand zu geben, die das Lernen erleichtern, und zwar besonders dann, wenn sie in dieser Hinsicht aus der Übung gekommen sind.

Daneben gibt es eine Reihe von Situationen, in denen Informationen so häufig oder schnell gebraucht werden, dass ein Nachschlagen zu langsam wäre. Das ist bei der Anwendung von Fremdsprachenkenntnissen der Fall: Man kann in einer Kommunikation nicht jedes Wort nachschlagen. Das gilt analog für einen Ingenieur, der die mathematischen Konstanten p, e, $\sqrt{2}$ usw. ständig verwendet und dessen Arbeitsfluss durch ein Nachschlagen behindert würde. Hier gibt es einen Trade-off zwischen der Zeit, die man zum Einprägen der Information benötigen würde, und der Zeit, die das ständige Nachschlagen der Information erfordert. In Abhängigkeit von speziellem Lernmaterial sollen auch für diese Zielgruppe Lernhilfen angeboten werden.

Schließlich gibt es die Situationen, in denen Informationen zu einem Zeitpunkt sprachlich vermittelt werden, zu dem keine Möglichkeit externer Speicherung nutzbar ist.

Gelegentlich ist es auch erforderlich, Informationen weiterzugeben, die nicht abgelesen werden sollten, etwa bei einer Bundestagsrede, einem Referat oder einem Verkaufsgespräch, bei Verwendung von Namen, Terminen, einzelnen Zahlen, Begriffsgruppen usw. Es gibt auch Informationen, die aus Sicherheitsgründen nicht extern gespeichert werden sollten, z. B. Kontonummern, Depotnummern, Geheimzahlen, Zugangscodes für PC oder Tresore.

Insgesamt wollen wir keineswegs für eine stärkere Benutzung des Gedächtnisses plädieren. In Fällen, in denen externe Speicher verwendbar sind, tut man gut daran, solche Speicher einzusetzen, weil das menschliche Gedächtnis nicht immer zuverlässig sein muss und weil auch mit den heute bekannten Gedächtnistechniken eine Benutzung des menschlichen Gedächtnisses ganz ohne jede Anstrengung nicht möglich ist. Auf der anderen Seite gibt es aber immer noch eine große Zahl von Situationen, in denen man sich auf sein Gedächtnis verlassen muss.

Wenn die Verbesserung der Gedächtnisleistung im Wesentlichen auf einen geschickteren Umgang mit den Möglichkeiten und Begrenzungen des menschlichen Gedächtnisses zurückgeführt wird, so ergibt sich die Möglichkeit, dem Lernenden einfach mitzuteilen, wie man einen Stoff am günstigsten transformiert und gruppiert, um ihn zu behalten. Einige „Lerntechniken" werden dem Leser auf den ersten Blick merkwürdig vorkommen. Es ist nicht sofort einsehbar, warum man so und nicht anders vorgehen sollte. Daher ist es nützlich, einige Grundtatsachen, die die Psychologie bis heute über das menschliche Gedächtnis herausgefunden hat, zu kennen. Als Konsequenz aus den Konstruktionsmerkmalen des menschlichen Gehirns werden die Maßnahmen, die zu einer Erleichterung des Lernens führen sollen, einsehbar, ja sogar höchst plausibel. Man ist nun eher bereit, Techniken, die auf den ersten Blick willkürlich wirken, einzusetzen.

Schon recht lange unterscheidet man drei Speicherstufen im menschlichen Gedächtnis. Dieses „Dreispeichermodell" kann viele Phänomene erklären. Wenn es also jetzt darum geht, in knapper Form einige Grundkenntnisse vom Aufbau des Gedächtnisses zu vermitteln, so ist die Darstellung des Dreispeichermodells ein geeigneter Einstieg.

1.2 Dreispeichermodell

Das Dreispeichermodell unterscheidet zwischen drei Gedächtnissystemen, die interagierend arbeiten, und dient als Modell für eine ganze Reihe der beobachteten Tatsachen des Lernverhaltens (Tab. 1.1). Diese Gedächtnissysteme sind:

- der sensorische Speicher,
- der Kurzzeitspeicher und
- der Langzeitspeicher.

In der einen oder anderen Form existiert diese Unterscheidung schon recht lange. Bereits die deutsche Gedächtnispsychologie um die Jahrhundertwende kannte Fakten, die einen unterschiedlichen Verlauf der Behaltensleistung für sehr neues oder für bereits vor sehr langer Zeit gelerntes Lernmaterial belegten (Ebbinghaus 1885). Die scharfe qualitative Unterscheidung zwischen den Speichersystemen wurde angegriffen (Craik und Lockhart 1972, 1990). In den einschlägigen Lehrbüchern der allgemeinen Psychologie (z. B. Zimbardo und Gerrig 2014) sowie

Tab. 1.1 Das Dreispeichermodell

	Sensorischer Speicher	Kurzzeitspeicher	Langzeitspeicher
Kapazität	Bis 16.000 bit (hoch)	7 ± 2 Elemente (gering)	Alle Lebenserinnerungen + Kenntnisse (sehr hoch)
Dauer	Bis 250 Millisekunden	3–4 min	Die gesamte Lebensspanne
Format	In der Art der Sinnesinformation	Vorwiegend phonemisch	Organisation nach Bedeutungen

der Gedächtnispsychologie (z. B. Bednorz und Schuster 2002) wird das sogenannte Dreispeichermodell jedoch beibehalten. Die Gründe, die zur Unterscheidung von drei unterschiedlich arbeitenden Gedächtnissystemen führen, werden im Folgenden ausgeführt. Dabei werden die Zeitcharakteristika der Systeme im Vordergrund stehen.

Ganz offensichtlich gibt es Informationen, die ein Leben lang erhalten bleiben, z. B. Jugenderinnerungen, die nicht verblassen. Andererseits existiert auch ein sehr kurzfristiges Behalten, etwa für eine bei der Auskunft erfragte Telefonnummer, die bald vergessen ist, oder aber für die Details eines Straßenbildes, denen wir keine weitere Aufmerksamkeit schenken.

Im Folgenden wird es auch eine Rolle spielen, in welchem Format Informationen gespeichert sind. Handelt es sich um gespeicherte Wörter, Wortklänge oder um Bilder? Darüber hinaus wird gefragt, wie die Informationen in den genannten Speichersystemen geordnet sind.

Hier soll zunächst einmal die klassische Dreiteilung des menschlichen Gedächtnisses vorgestellt werden.

1.2.1 Sensorischer Speicher

In einem recht originellen Experiment (Sperling 1960) kann man die Existenz eines Speichersystems nachweisen, das die in den Sinnesorganen eintreffende Information vollständig, aber sehr kurzfristig speichert.

Zeigt man Versuchspersonen sehr kurzfristig die Buchstabenmatrix (Abb. 1.1) und bittet sie, anzugeben, an welche Buchstaben sie sich erinnern, so können die Versuchspersonen in der Regel 3 bis 4 Buchstaben richtig wiedergeben. Dieses Ergebnis könnte zwei Gründe haben:

1. Mehr Informationen wurden in der kurzen Zeit nicht aufgenommen.
2. Während die Buchstaben aus dem sensorischen Speicher abgerufen werden, geht schon wieder Information verloren.

Sperling testete diese Annahmen, indem er nach der kurzzeitigen Darbietung einen zufällig ausgewählten Buchstaben durch einen schwarzen Balken „markierte" und fragte, welcher Buchstabe an der markierten Stelle projiziert wurde (Abb. 1.1). Hätten die Versuchspersonen bei der Darbietung der Buchstaben insgesamt nur 3 bis 4 Buchstaben aufgenommen, so müsste unter der neuen Versuchsbedingung zu erwarten sein, dass sie den erfragten Buchstaben in einigen Fällen angeben können, in anderen aber nicht. Tatsächlich jedoch konnten die Versuchspersonen den erfragten

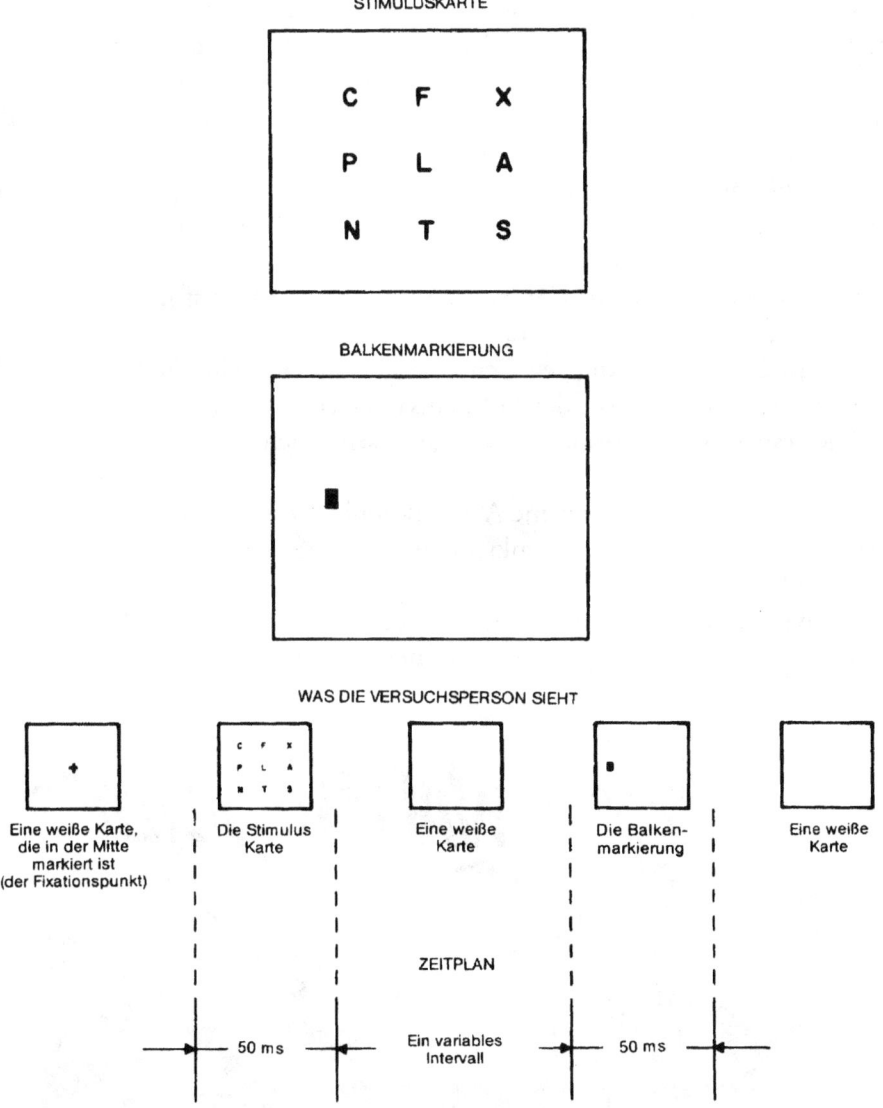

Abb. 1.1 Das Versuchsmaterial und die Reihenfolge der Darbietung des Versuchsmaterials in Sperlings Experiment. (Aus Lindsay und Norman 1981)

Buchstaben immer angeben. Das heißt, dass kurz nach Darbietung die gesamte visuelle Information gespeichert ist, aber während des Abrufs teilweise wieder verloren geht. Dieser Speicher ist dem Nachbild, das wir bei besonders greller Beleuchtung eines Gegenstands oder beim Blick in eine Lampe oder die Sonne deutlich erleben, vergleichbar.

In dem sensorischen Speicher befindet sich also Information, die uns nicht bewusst wird. Nur ein Teil der Information des sensorischen Speichers, in der zweiten Versuchsbedingung immer der Buchstabe, den die Versuchspersonen angeben sollten, wird nach einer weiteren Verarbeitung der Information bewusst.

Wir können also bereits durch dieses einfache Experiment einige Merkmale dieses Speichers angeben (Tab. 1.1 und Abb. 1.2):

- Er speichert die Informationen der Sinne (Auge, Ohr usf.).
- Die Speicherdauer ist sehr kurz.
- Die Informationen, die gespeichert sind, werden nicht alle bewusst, d. h. sie sind präattentiv (vor der Aufmerksamkeit).
- Die gespeicherte Informationsmenge ist sehr hoch.

Informationen, denen wir keine Aufmerksamkeit zuwenden, gehen wieder verloren. Gerade auf diesen Punkt weisen die professionellen Gedächtniskünstler häufig hin.

Lorayne und Lucas (2000) betonen, dass es ein Hauptziel der Gedächtnistechniken ist, die gesamte Aufmerksamkeit auf die zu lernende

Abb. 1.2 Der sensorische Speicher kann mit einem Echo verglichen werden, das die eingegebene Information über eine kurze Zeitspanne erhält. Während des Ablesens der Information aus dem sensorischen Speicher zerfällt die Information bereits wieder, und neue Informationen können aufgenommen werden. In einigen Werken über das Gedächtnis wird explizit vom „echoischen Speicher" gesprochen. (Vgl. Jüttner 1979)

Information zu lenken. Es wird eine Theorie (*depth of processing*, Craik und Lockhart 1972, 1990) zur Sprache kommen, die es für ein wesentliches Element des Lernens hält, in welchem Umfang man sich der eingehenden Information zuwendet und mit ihr arbeitet. Informationen, die unseren Interessen entsprechen, wenden wir automatisch die Aufmerksamkeit zu. Wird in einer Partygruppe über Hausbauen oder Kunstsammeln oder Musik gesprochen, dann richten solche Personen ihre Aufmerksamkeit auf dieses Gespräch, die daran besonders interessiert sind. So verwundert es auch nicht, dass gerade in den Bereichen unserer Hobbys oder Interessen das Lernen so leicht und fast automatisch verläuft, während es uns ohne spezielles Interesse extrem schwerfällt, die Aufmerksamkeit z. B. auf einen esoterischen Text über Philosophie oder über eine bestimmte Epoche der Geschichte zu lenken. Wir neigen dazu, an andere Dinge zu denken (gelegentlich daran, wie schlimm es sein könnte, in der Prüfung durchzufallen), und lernen die Information nur äußerst mühsam, weil wir ihr nur einen Teil unserer Aufmerksamkeit zuwenden. Der Lernprozess wird also erleichtert, wenn der Lernende ein Interesse an der Information hat (s. Motivation, Kap. 3).

In der Literatur wird über Personen berichtet, denen es gelingt, ein Wahrnehmungsbild mit all seinen Details abzuspeichern (sogenannte Eidetiker, Haber 1969). Das Phänomen ist jedoch umstritten, und sollte es sich nachweisen lassen, so sind es vermutlich Spezialbegabungen, die ein solches fotografisches Gedächtnis ermöglichen. Normalerweise hat man keine Möglichkeit, die Verweildauer der Information im sensorischen Speicher zu beeinflussen.

1.2.2 Kurzzeitspeicher

Auch Informationen, die wir aufmerksam, bewusst wahrnehmen, sind keineswegs vor dem Vergessen bewahrt. Das klassische Beispiel ist die Telefonnummer, die man bei der Auskunft erfragt, aber wieder vergisst, weil man zwischendurch anderweitig beschäftigt war.

Die Kapazität dieses Kurzzeitspeichers scheint nicht allzu hoch zu sein. Eine Demonstration, die recht eindrucksvoll ist, belegt dies: Wenn man eine Gruppe von Personen bittet, sich eine Anzahl von Zahlen zu merken, und nun in langsamer Reihenfolge einzelne Ziffern vorliest, so wird von der siebten bis neunten Ziffer erhebliche Unruhe entstehen, die Personen sind von der Aufgabe überlastet. Miller (1956) zeigt in seinem Aufsatz

„The magical number seven", dass ungefähr 7 ± 2 Elemente in dem Kurzzeitspeicher niedergelegt werden können. Dabei haben die Elemente eine merkwürdige Eigenschaft. Es ist gleichgültig, ob es sich um 7 Zeichen, 7 Buchstaben, 7 Wörter oder 7 Sätze handelt; ganz unabhängig vom Umfang der Information können 7 Elemente abgespeichert werden. Dies kann man sich am besten verdeutlichen, wenn man sich die Einzelplätze des Kurzzeitspeichers als Schubladen vorstellt, in denen immer nur *ein* Gegenstand abgelegt werden kann. Es kommt darauf an, ob ein Sachverhalt zu einem Element zusammengefasst werden kann, wenn er einen Speicherplatz im Kurzzeitspeicher einnehmen soll. Bekannt wurde ein Beispiel mit dem Wort Wind (Abb. 1.3). Werden die Buchstaben als diagonale und horizontale Linien dargeboten und kann eine Person nicht lesen, so benötigt sie zur Repräsentation der Zeichen 10 Speicherplätze. Ist es jedoch möglich, die Linien auf bekannte Buchstaben zu reduzieren, so sind nur noch 4 Speicherplätze notwendig. Ist dem Leser die deutsche Sprache bekannt, kann er das Wort Wind erkennen und benötigt nur noch einen Speicherplatz (vgl. Mietzel 1975).

Wie viel Kurzzeitspeicherplätze eine Information benötigen wird, hängt davon ab, was bereits als Wissen in einem anderen Speicher vorliegt. Die Speichereinheit des Kurzzeitspeichers wird als Chunk bezeichnet. Man weiß, dass der Kurzzeitspeicher immer ungefähr 7 Elemente enthalten kann, aber je nach Vorwissen und Integration der Information kann die im Kurzzeitspeicher gespeicherte Informationsmenge enorm schwanken. Hier sei an das

Abb. 1.3 Das Wort Wind braucht unterschiedlich viele Speicherplätze, je nachdem, ob es als eine Anzahl von Linien (10 Speicherplätze), als Buchstaben (4 Speicherplätze) oder als ein Wort (1 Speicherplatz) gesehen wird

in Abschn. 1.1 referierte Experiment von Ericsson et al. (1980) erinnert. Die Versuchsperson dieses Experiments schaffte es, die zu lernenden Zufallszahlen als Rekordwerte in der Leichtathletik zusammenzufassen und konnte so eine vierstellige Zahlengruppe als *einen* Chunk speichern. Bei Buchstaben, für die sie keine solche Technik entwickelt hatte, konnte sie dagegen pro Chunk nur einen einzigen Buchstaben speichern und fiel so auf ihre Ausgangsleistung zurück.

Über die Verweildauer der Information im Kurzzeitspeicher gibt es noch Kontroversen. Einige Ergebnisse sprechen dafür, dass sich dieser Speicher wie eine Push-down-Einheit verhält, d. h. dass jeweils für ein neu hinzukommendes Element ein altes vergessen wird. Andererseits scheint die Verweildauer der Information in diesem Speicher sehr begrenzt zu sein. Schätzungen ergeben 3 bis 4 min. Dabei ist allerdings immer vorauszusetzen, dass der übliche Zufluss neuer Informationen besteht.

Im Gegensatz zum sensorischen Speicher sind wir bei der Informationsaufbewahrung im Kurzzeitspeicher dem Vergessen nicht so hilflos ausgeliefert. Es stehen sogenannte „Kontrolltechniken" zur Verfügung, die verhindern, dass die im Kurzzeitspeicher befindliche Information vergessen wird. Eine Telefonnummer z. B. können wir im Gedächtnis behalten, indem wir sie uns immer wieder leise vorsagen. Werden wir allerdings dabei unterbrochen, geht sie verloren. Lindsay und Norman (1981) sprechen von „Erhaltungswiederholung", welche die Information immer wieder neu in das Kurzzeitspeichersystem einspeist. Diese Form der Wiederholung sichert jedoch nicht das langfristige Behalten.

Scheinbares Lernen

„Scheinbares Lernen" aus dem Kurzzeitspeicher verursacht viele Probleme beim Lernen. Während eines Vortrags oder während des Lesens ist der gerade aufgenommene Stoff im Kurzzeitspeicher und leicht reproduzierbar. Man hat das Gefühl, man hätte den Stoff bereits gelernt und brauche keine weiteren Lernanstrengungen mehr zu unternehmen. Nach kurzer Zeit, spätestens nach einigen Stunden allerdings, ist der Lernstoff wieder vergessen. Wenn man aber sicher ist, alles zu können, und eine weitere Kontrolle nicht mehr für nötig hält, kann es passieren, dass man sich später an nichts mehr erinnert.

Eine Selbstprüfung (vgl. Kap. 2) muss auch nach längeren Intervallen vorgenommen werden, um zu sichern, dass die Information tatsächlich im Langzeitspeicher niedergelegt ist.

1.2.3 Langzeitspeicher

Einige Informationen sind so gespeichert, dass wir sie nicht mehr vergessen, z. B. die Muttersprache, der eigene Name, aber auch umfangreiche Erinnerungen an vergangene Ereignisse bis in die frühe Kindheit hinein. Dieser Tatsache wird in unserem Dreispeichermodell durch den Langzeitspeicher Rechnung getragen.

Im Allgemeinen denkt man bei der Langzeitspeicherung an eine chemische Veränderung von „Informationsmolekülen", wie sie bei der Erforschung der genetischen Information entdeckt wurden. Eine Ausschaltung der gesamten elektrischen Aktivität des Gehirns, z. B. durch den Elektroschock oder als Unfallfolge, kann zwar die Inhalte, die gerade aufgenommen wurden (etwa den Inhalt des Kurzzeitspeichers), löschen, nicht aber die langfristigen Eintragungen. Chemische Veränderungen im Alter können die Aufnahmefähigkeit des Langzeitspeichers verringern. Den Psychologen interessieren natürlich die Merkmale des Langzeitspeichers bei der Informationsverarbeitung, denn gerade die langfristige Erinnerung ist problematisch. Die von Lernbüchern erwartete Hilfestellung ist eine Hilfestellung beim dauerhaften Einprägen.

Wenn immense Informationsmengen wie im menschlichen Gehirn gespeichert sind, muss es eine Ordnung geben, die das Suchen einer bestimmten Information ermöglicht. Hier wird oft der Vergleich zu einer Bibliothek gewählt (Abb. 1.4; s. Lindsay und Norman 1981; Baddeley 1979). Das Ordnungssystem des menschlichen Gedächtnisses ist aber weitaus flexibler als etwa das Ordnungssystem einer Bibliothek. Es fällt uns (bei ausreichender Kenntnis des Sachgebietes) keineswegs schwer, ein dickes rotes Buch über Psychologie zu benennen oder eines, das im Cover die Farben weiß-blau verwendet. Aus einer Bibliothek können wir aber Bücher nach Autor und höchstens noch nach Sachgebiet suchen. Die Frage nach dem roten Buch mit mehr als 300 Seiten über Psychologie würde einen Bibliothekar fassungslos zurücklassen. Auf jeden Fall spielt die Einordnung eines Wissenselements in die komplexe Struktur des gesamten Wissens eines Menschen eine Rolle. Eine Information muss so eingeordnet sein, dass sie im Fall einer Suche gefunden wird. Das kann dadurch erleichtert werden, dass sie in verschiedenste Zusammenhänge eingeordnet wird (multiple Encodierung). Das kann aber auch, wie Ausubel (1974) fordert, die Einordnung an der notwendigen und sinnvollen Stelle sein.

Ohnehin scheint es gar nicht das Problem zu sein, eine Information abzuspeichern, das Problem ist vielmehr, sie hinterher wiederzufinden.

1 Wie das Gedächtnis arbeitet 15

Abb. 1.4 Im Langzeitspeicher ist die Information einer Bibliothek vergleichbar geordnet und vermutlich in chemischen „Engrammen" niedergelegt. Viele Phänomene der Speicherung und der Wiedergabe von Information im menschlichen Gedächtnis lassen sich durch die Analogie zur Bibliothek und zu den Problemen der Informationsspeicherung in einer Bibliothek verstehen

Information speichern und wiederfinden!

Wenn man etwas lernen will, muss die Information nicht nur abgelegt, sondern auch wiedergefunden werden. Der Weg zu der Information muss also gefunden werden. Teile, die an verschiedenen Stellen liegen, müssen verknüpft werden.

Man kann das auch gut im Rahmen des Bibliotheksmodells veranschaulichen. Beim Lernen wird ein neuer Band in die riesige Bibliothek gestellt. Der Band ist der Lernstoff. Wenn man ihn abrufen will, muss der Band erst wiedergefunden werden. Wo stand er noch mal? Jeder Leser mit größerer Bibliothek kennt das Erlebnis: Man weiß, dass es ein Buch geben muss, findet es aber in den vielen Regalfächern nicht. Die Suche kann lange dauern. Beim Lernen sind also zwei Dinge zu speichern: der Stoff und der Abrufweg zum Stoff. Der Letztere nun wird durch wiederholtes Abrufen (Selbsttesten) eingeprägt. Sich selbst testen (Lernstoff abrufen), ist also kein zusätzlicher Luxus, sondern gehört zum eigentlichen Lernprozess.

Daher ist es wichtig, auch die Wiedergabe zu üben. Die *kleinste Einheit des Lernens* besteht in der Informationsaufnahme (lesen, hören) und der Wiedergabe! Das heißt, nach einer gewissen Zeit, nämlich dann, wenn die

Information bereits im Kurzzeitspeicher verblasst ist, muss eine Abfrage, eine Selbstprüfung oder eine Prüfung durch eine andere Person erfolgen. Karteikartensysteme sind da bestens geeignet. Auf einer Seite der Karte steht eine Frage, auf der anderen die Antwort (oder eine Angabe, wo die richtige Antwort zu finden ist).

In vielen wissenschaftlichen Untersuchungen wurde bestätigt, dass das Lernen bei einigen aufeinanderfolgenden Abrufen der Information besonders nachhaltig war (Bjork et al. 2013: *extended retrievel practice*).

> **Beispiel**
> Ein anschaulicher Beleg aus dem Alltag findet sich in der Fallstudie eines amerikanischen Psychologieprofessors. Nach eigener Schätzung las Professor Sanford im Verlauf von 25 Jahren ein Morgengebet mindestens 5000-mal laut vor. Zu seiner Überraschung war er danach noch immer nicht in der Lage, es auswendig vorzutragen (Sanford 1982).

Die Beobachtung, dass eine Wiederholung die zu lernende Information auffrischt, kann zu Missverständnissen führen. Die richtige Wiederholung ist aber nicht lesen und wieder lesen, sondern: lesen, dabei einordnen, anreichern und abrufen und wieder abrufen und wieder abrufen. Erst wenn der Abruf unvollständig war, wird die zu lernende Information noch einmal gelesen. Dies wirkt dann sogar besser als Mnemotechniken beim Lernen von Namen (Morris et al. 2005). Der Koautor merkt sich seine Geheimzahl für das Bankkonto mithilfe der Locitechnik (Kap. 4). Gelegentlich hatte er sie vergessen, konnte sie dann jedoch mithilfe bildhafter Vorstellungen wieder rekonstruieren.

Die Autoren haben die Erfahrung gemacht, dass Prüflinge, die über ihren Prüfungserfolg enttäuscht waren, häufig angaben, den Lernstoff oft wiederholt – nämlich immer wieder gelesen – zu haben. Zu diesem Missverständnis mag auch die Formulierung beitragen, die Lehrer in Schulen oft wählen, wenn sie ankündigen, dass der Lernstoff noch wiederholt werden müsse bzw. dass bis zur Beherrschung eines Stoffes noch Wiederholung nötig sei oder ein Schüler die Information zu Hause noch einmal wiederholen solle. Die Vermeidung des Begriffes „Wiederholung" und dafür eine konkrete Instruktion z. B. zur Verwendung einer Mnemotechnik, die den Abruf sichert, wäre deutlich zielführender.

> **Beispiel**
>
> Gerade konnte ich meine Kontonummer auswendig, da kam der unergründliche Ratschluss der Bank, alle Kontonummern zu ändern. Verärgert habe ich mir nun keine Mühe mehr gegeben, die neue Nummer zu lernen.
> Also habe ich sie hunderte Male immer wieder neu auf der Kreditkarte oder anderen Dokumenten nachgelesen, wenn ich sie in Rechnungen und Überweisungen eintragen wollte. Das führte aber nicht dazu, sie zu behalten. Tatsächlich hatte ich zuletzt einen kleinen Aufkleber auf der Schreibtischplatte, wo ich sie bei Internetgeschäften schnell ablesen konnte.
> Jetzt, mehrere Jahre nach dieser Art Gebrauch der Nummer, wollte ich sie doch endlich einmal auswendig können. Nun änderte sich der Umgang mit der Zahl auf subtile Weise. Ich zerlegte sie in zwei Dreiergruppen und eine Endzahl. Diese wusste ich sofort. Die Dreiergruppen sprach ich mir als Wort von „neunnullacht" und „achtviersechs" vor. Die habe ich innerlich beim Schreiben der Nummer ein paar Mal aus dem Gedächtnis repetiert. Dabei sah ich sie auch bildhaft in meiner Handschrift vor mir, wie sie auf der Schreibtischplatte steht. Die Reihenfolge der Dreiergruppen habe ich noch einmal verwechselt, aber dann konnte ich sie bald – und ohne besondere Mühe – auswendig. Es war wie ein „Durchbruch": Der fehlende Lernvorsatz hatte das Lernen geradezu gehemmt. Als ich die Nummer lernen wollte, war es ganz leicht.

Experimente (vgl. z. B. Revenstorf 1993) zur Hypnose legen den Gedanken nahe, dass im Gedächtnis sehr viele Eintragungen sind, die nicht mehr abgerufen werden können. So wird ein Ziel der im Folgenden zu beschreibenden Gedächtnistechniken darin bestehen, eine eindeutige und leicht wiederherzustellende Zuordnung eines neuen Inhalts zu den bereits existierenden Gedächtnisinhalten zu schaffen.

Tatsächlich garantiert die Speicherung von Informationen noch lange nicht, dass diese in relevanten Situationen auch abgerufen werden. Dies hängt nämlich auch von der Organisation der Wissensbasis ab. Es kommt darauf an, die oft wenigen Schlüsselideen eines Inhaltsbereiches so mit bereits vorhandenem Wissen zu verknüpfen, dass der Abruf gesichert ist. In diesem Zusammenhang sei speziell auf Kap. 6 und 8 verwiesen.

Man versucht gelegentlich zu unterscheiden, welche Lernhilfen beim Lernen, also bei der Einspeicherung, und welche Techniken beim Abruf, also beim Erinnern der Information, wirksam werden. Einen Ort in der komplexen Struktur des Vorwissens finden zu können, erfordert natürlich, dass eine Information sinnvoll ist, also in einer bestimmten Beziehung zu den bereits gespeicherten Informationen steht. Viele der Informationen, die wir uns merken wollen, wie Termine, Fremdwörter, sind für uns aber zunächst einmal nicht sinnvoll, sodass ein erster Schritt der Anpassung der Information an die Anforderungen des Langzeitspeichers darin besteht, willkürliche Informationselemente auf die eine oder andere Art zu einem Sinn zu führen. Dies bezeichnet man im Allgemeinen als „elaborative" Lerntechnik. *Der Information wird etwas hinzugefügt*, sie wird elaboriert, umso besser in die „Fächer" des Langzeitspeichers hineinzupassen.

Das mag im konkreten Fall vielleicht überflüssig wirken, weil man der zu lernenden Information noch weitere hinzufügt. Natürlich – das wurde bereits bei der Besprechung des Kurzzeitspeichers klar – gibt es auch das Gegenteil, die „reduktive Lerntechnik", bei der die Menge der neuen Informationen so auf bereits bestehende Wissensstrukturen bezogen wird, dass die Gesamtmenge der zu speichernden Informationen verringert wird. Die menschliche Suche nach Regeln, nach Gesetzmäßigkeiten in der Umwelt ist Ausdruck des ständigen Versuchs, die Komplexität der zu verarbeitenden und der dabei zu speichernden Information zu reduzieren. Insofern gehört die „reduktive Codierung" zum Verhaltensinventar des Lernenden. Möglichkeiten zu reduktiver Codierung werden spontan entdeckt, sodass ein Buch über Lerntechniken in dieser Hinsicht wenig Überraschendes anzubieten hat. Ratschläge zum Zusammenfassen von wichtiger Information, zur Reduktion auf Kernsätze sind schon Bestandteile der ältesten Anweisungen zum Lernen.

Die allgemeinen Bedingungen des Lernens liefern den Rahmen, innerhalb dessen die Informationsverarbeitung, die eigentlichen Lernaktivitäten, stattfinden. Die Lernaktivitäten sind verschieden, je nachdem, ob aus Texten gelernt oder ob Fakten eingeprägt werden müssen. Texte müssen *auf das Wesentliche reduziert* werden – es wäre unsinnig (vielleicht mit Ausnahme von Gedichten) zusammenhängende Informationstexte wortwörtlich zu lernen. Fakten (Geschichtsdaten, Definitionen etc.) dürfen nicht reduziert werden. Sie sind oft deshalb schwer zu lernen, weil sie an sich nicht sinnvoll sind und deshalb nicht gut in das bereits vorhandene Wissen eingeordnet werden können. Die Einordnung in den Langzeitspeicher ist einfacher, wenn die zu lernenden Fakten so mit zusätzlicher Information angereichert werden, dass ein sinnvoller Zusammenhang entsteht (elaborative Technik).

1.3 Traditionelle Lernbücher, neue Lernbücher

Bisher wurde in Lernbüchern hauptsächlich die Lernmotivation betrachtet. Es wurde geprüft, ob man eine Verhaltensweise besser lernt, wenn sie zu positiven Konsequenzen (Reinforcement) führt. In der kognitiven Psychologie werden dagegen die *Schritte der Informationsverarbeitung*, die beim Lernen auftreten, untersucht.

Es gibt Ratschläge zur Verteilung der Lernaktivität über die zur Verfügung stehende Zeit, die heute noch ihre Gültigkeit haben. Diese Erkenntnisse sind unverändert richtig und wichtig, daher soll ein Kapitel dieses Buchs dem Thema Lernverhalten gewidmet sein (Kap. 2). Dort berichten wir über die Ergebnisse, die schon immer bei Ratschlägen zum Lernen Berücksichtigung fanden. Allerdings sehen diese Ergebnisse oft recht „mechanisch" aus. Man kann eine Person stark motivieren, eine bestimmte Information zu lernen. Wenn man ihr nicht gleichzeitig zeigt, *wie* die Information gelernt werden kann, führt die Motivation nur zu Enttäuschungen (Abb. 1.5).
So bildet die Wissenschaft vom Informationsfluss und der Informationsverarbeitung die Basis für eine detaillierte Analyse der internen Lernprozesse.

In der klassischen Pädagogik und auch in der pädagogischen Praxis gibt es einiges Misstrauen gegen „Gedächtnishilfen". Zum Beispiel haben Erzieher die Comiczeichnungen abgelehnt, wahrscheinlich aus dem intuitiven Empfinden heraus, dass die leichte Fasslichkeit der bildhaften Darstellung die intellektuelle Entwicklung nicht fördern könne. Sicher sind Fälle auffindbar, in denen Gedächtnishilfen verwirrend sind (z. B. sich vorzustellen, dass der Mund beim Wort „vertikal" schmal und beim Wort „horizontal" breit ist, was natürlich zu ständigen Verwechslungen führen muss). Darüber hinaus gibt es Fälle, wo Gedächtnishilfen das Verständnis des Zusammenhangs umgehen helfen und so der Weg des kleineren intellektuellen Widerstands sind.

Solche Gefahren sollen nicht geleugnet werden. Nach unserer Auffassung sind die Gedächtnishilfen aber in der Hand des Pädagogen ein wichtiges Werkzeug, Lernunlust und Schulangst zu reduzieren, speziell wenn es um das Auswendiglernen und Lernen von Fakten (z. B. Vokabeln, Jahreszahlen) geht. Insofern sehen wir in der Einführung dieser Hilfsmittel für Lehrer und Schüler eine Erleichterung von Situationen, die sonst nur mit Schwierigkeiten und Konflikten zu lösen sind.

In vielen Schulen wird dem selbstgesteuerten Lernen zu wenig Beachtung geschenkt. Wir vermuten, dass die von ihnen mitunter beobachtete mangelnde Lerneffizienz ihrer Studenten darauf zurückzuführen ist, dass es diesen häufig allein überlassen blieb, im Versuchs-Irrtums-Verfahren angemessenes Lernverhalten zu finden.

Unsere Hinweise zum Lernverhalten wenden sich an Jugendliche und Erwachsene, die schriftlich oder verbal vermittelte Informationen lernen wollen oder müssen. Es erscheint uns jedoch sinnvoll, bereits Kinder schrittweise und in altersgemäß modifizierter Form in das hier vorgeschlagene Lernverhalten einzuführen. Man könnte jüngeren Schülern

Abb. 1.5 Wenn nur durch positive Konsequenzen gelernt werden könnte, wäre der Verlauf des Lernens sehr mühevoll. Man müsste die erste (zufällig) richtige Bewegung abwarten, um sie belohnen zu können. (Aus Schuster und Dumpert 1977, gezeichnet von Kaluzza)

zunächst spezielle Lerntechniken wie z. B. die Ersatzwortmethode (Kap. 4) vermitteln. Erst ältere Schüler sollten in die generellen Aspekte autodidaktischen Lernens eingewiesen und in Selbstmotivierung, Informationsbeschaffung, Informationsverarbeitung, Einspeichern und Abrufen,

Übertragung des Gelernten (Transfer) und Selbstkontrolle unterwiesen werden. Diese sehr allgemeinen Grundfertigkeiten des Lernens setzen voraus, dass die Lerner in der Lage sind, die Verantwortung für den Lernprozess selbst zu übernehmen.

Empirische Evidenz: Lernstrategien Stellt man durch Beobachtung des Lernvorganges fest, ob Lernstrategien eingesetzt wurden, gab es einen Zusammenhang von Lernstrategien mit den Noten und auch mit der Verständnisleistung. Überwachungsstrategien (also Selbstabfragen) korrelieren mit dem Lernerfolg (Bjork et al. 2013). Ein Seminar in Zeitmanagement brachte ebenfalls einen Lerngewinn. Das reine Lesen eines Selbsthilfebuchs aber hingegen nicht (dabei kommt es natürlich auf das Buch und die Selbstständigkeit der Leser an; Macan et al. 1990). Manchmal mangelt es vielleicht auch an grundlegenden Lesekompetenzen. Aus anderen Lernbereichen (Gestaltung von verständlichen Texten) weiß man, dass solche Bücher ein Trainingsprogramm anbieten sollten. Schreblowski (2004) bietet ein Training an, das Schüler zu „Textdetektiven" ausbildet.

Die praktischen Hinweise, verbunden mit konkreten Handlungsanweisungen, Beispielen und auch empirischen Belegen für die Wirksamkeit der Lernstrategien sollen die Leser anregen, nicht nur zu lesen, sondern ihnen geeignet erscheinende Strategien anzuwenden.

2

Organisation des Lernprozesses

2.1 Lernen als Arbeit

Für unsere Gesellschaft gilt: Immer mehr Menschen verbringen immer mehr Zeit mit dem Erwerb von Kenntnissen und Fertigkeiten. Die Schulzeit wurde verlängert, immer mehr Schüler besuchen weiterführende Schulen, die Zahl der Studierenden ist stark angestiegen. Der Arbeitsmarkt verlangt vom Arbeitnehmer mehr Qualifizierungen, im Wettbewerb um die knapper werdenden Arbeitsplätze sind Bewerber mit höheren Qualifikationen im Vorteil, viele Arbeitnehmer müssen im Lauf ihres Berufslebens „umschulen", um sich veränderten Arbeitsanforderungen anzupassen. Gesellschaftliche und technologische Prozesse werden immer komplizierter und können nur mit zusätzlichem Wissen verstanden und systematisch beeinflusst werden. Die Wissenschaften liefern zunehmend schneller neue Erkenntnisse, die der Einzelne z. T. für seine berufliche Existenz benötigt, die aber auch zur Befriedigung der allgemeinen menschlichen Neugier und damit zur Verbesserung der Lebensqualität dienen.

Das Wissen, das der Einzelne – sei es aus Neugier, sei es aufgrund des Drucks der sozialen und gesellschaftlichen Situation – zu erwerben hat, fließt ihm in der Regel nicht von selbst zu, sondern er muss es sich *erarbeiten*. Wir wollen hier Fantasien entgegentreten, die darin bestehen, dass Lernen ganz ohne Anstrengung, ohne Mühe stattfinden kann. Es hilft nicht, ein Buch unter das Kopfkissen zu legen, ebenso schlagen Versuche fehl, im Schlaf zu lernen, indem man Texte während des Schlafens vom Tonträger abspielen lässt. Anstrengungen sind nicht vermeidbar, sie führen jedoch nicht zwangsläufig zum Lernerfolg. Bei Befragungen von Prüflingen, die schlechte Ergebnisse in universitären Examina erzielten, versicherten diese uns glaubhaft, sehr viel gearbeitet zu haben. Die Erfolglosigkeit war eher durch ungünstiges Lernverhalten als durch mangelnde Anstrengung zu erklären. Die von uns dargestellten Lernhilfen sollen in erster Linie sicherstellen, dass der Lernende seine Arbeitskraft effizient einsetzt.

Zum Lernen, hier im Sinn von bewusstem, zielgerichtetem, mehr oder minder planmäßigem Erwerb von Kenntnissen und Fertigkeiten, gehören neben internen Prozessen der Informationsverarbeitung auch beobachtbares Lernverhalten und äußere Bedingungen. Einfluss auf die Lernleistung hat neben den Bedingungen am Arbeitsort und Arbeitsplatz vor allem, wie der Lernende seine Arbeit plant, wie er seine Zeit einteilt und was er tut, um zu lernen. Wenn wir uns mit diesen Fragen befassen, überschreiten wir den Rahmen der Gedächtnispsychologie und ziehen physiologische, verhaltenspsychologische und motivationspsychologische Erkenntnisse hinzu.

2.2 Allgemeine Bedingungen des Lernens

So wie für jede Arbeit sind auch für das Lernen Arbeitsort, Arbeitsplatz, Arbeitsmittel und Arbeitszeit wichtige Einflussgrößen.

Natürlich bestehen wesentliche Unterschiede in der Gestaltung dieser Einflussgrößen zwischen mündlicher und schriftlicher Wissensvermittlung.

2.2.1 Lernort/Arbeitsort

Bei *verbaler Vermittlung* (Vortrag, Seminar, Vorlesung, Frontalunterricht) hat der Lernende nicht die Freiheit, Arbeitsort und Arbeitszeit zu wählen. Er kann nur begrenzt über Arbeitsmittel verfügen, den Arbeitsplatz kann er nicht selbst gestalten. Bestenfalls kann er sich einen Platz suchen, an dem er gut sehen und hören kann, also möglichst in der Nähe des Vortragenden. Es wird allerdings oft möglich sein, sich auf einen Vortrag vorzubereiten und ihn damit besser zu verstehen und mehr zu lernen.

Beim *Lernen mit schriftlichem Material* (Bücher, Studienbriefe, Zeitschriften etc.) ist der Arbeitende in der Wahl seines Arbeitsorts frei. Das Gleiche gilt weitgehend für das Lernen am PC oder Laptop. Hier sollte jeder selbst ausprobieren, ob er z. B. die stimulierende Arbeitsatmosphäre im Lesesaal einer Bibliothek in Anspruch nehmen will oder ob er sich zu Hause so weit gegen Störungen abschirmen kann, dass ein konzentrierter Lernprozess in Gang kommt.

Ein Wechsel der Lernorte kann sich günstig auswirken. Die verschiedenen Lernorte werden dann zu Abrufreizen, die die Erinnerungsleistung verbessern.

2.2.2 Arbeitsplatz

Über die Gestaltung des *Arbeitsplatzes* wollen wir nur einige grundlegende Bemerkungen machen. Günstig ist ein Arbeitsplatz, an dem alle für das Lernen notwendigen Materialien (Schreibgeräte, PC, Lexika, Büromaterial, Ordner, Karteien usw.) verfügbar sind. Schreibtisch bzw. -platte müssen so groß sein, dass alle Hilfsmittel und Unterlagen Platz finden. Lernen bedeutet Anspannung (physiologisch messbar z. B. als Muskelanspannung). Die Beziehung zwischen Anspannung (Erregung) und Leistung wurde bereits 1908 von Yerkes und Dodson als umgekehrte U-Kurve beschrieben (Abb. 2.1). Das Maximum der Lernleistung wurde bei mittlerer Erregung erzielt. Hier gibt es allerdings individuelle Unterschiede: Menschen, deren allgemeines Erregungsniveau ohnehin relativ hoch liegt, können vielleicht bei leichter Entspannung besser lernen, Menschen mit niedrigem allgemeinem Erregungsniveau benötigen eher Aktivierungen, um sich für das Lernen „aufzuwärmen". Günstig zur Herstellung und Aufrechterhaltung eines zum Lernen notwendigen mittleren Ausmaßes an physiologischer Erregung sind: ein nicht zu bequemer Arbeitsstuhl (Hemingway verfasste seine Werke am Stehpult, Maler arbeiten in der Regel stehend an ihrer Staffelei), ausreichend frische Luft, eine Raumtemperatur, die unterhalb der Behaglichkeit vermittelnden Normaltemperatur liegt, sowie eine vernünftige Regelung der *Arbeitszeit* und der Pausen.

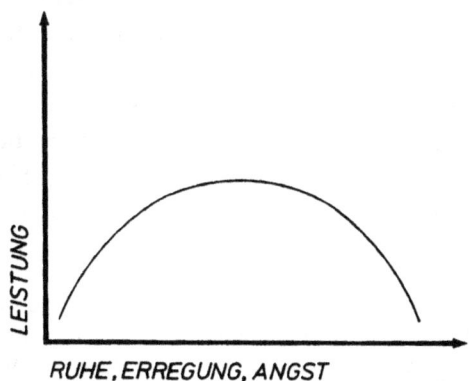

Abb. 2.1 Beziehung zwischen Lernleistung und Erregung

2.2.3 Konditionierungsprozesse am Arbeitsplatz

In manchen Lernbüchern findet sich der Hinweis auf einen aufgeräumten Arbeitsplatz und auf regelmäßige Lernzeiten. Die Autoren mögen dabei an Konditionierungsprozesse denken. Man gewöhnt sich sozusagen an einen Arbeitsbeginn, ohne vorher zu trödeln und ohne erst Ordnung herstellen zu müssen. Das ist richtig für Lernende, die bereits gut und gerne lernen.

Ganz unerwähnt bleiben aber andere, nachteilige Konditionierungsprozesse. An einem Platz, der oft mit Langeweile und Widerwillen verbunden wird, stellen sich Langweile und Widerwillen bald ganz von selbst auf dem Wege der Konditionierung ein. Manch ein Leser kennt das von seinem früheren Schulgebäude. Auch heute, wenn er es als Erwachsener betritt, kommt die damalige Beklemmung und Angst wieder auf. Der gute Schüler muss das nicht fürchten, der schlechte, aber auch der gemobbte, kann darunter leiden. Ähnliches kann mit Hörsälen, aber auch mit Büchern oder bestimmten Fächern passieren.

Auch Müdigkeit kann auf Bücher, auf Texte und auf Räume konditioniert werden. Man soll ja nicht im Bett lernen, weil dort der Einschlafimpuls wegkonditioniert wird; umgekehrt wird die reaktive Hemmung, die bald mit langweiligen Tätigkeiten verbunden ist, auf den Arbeitsplatz konditioniert. Viele Lernende kennen quälende Müdigkeitsattacken, gegen die sie dann mit Muskelanspannungen zu agieren versuchen. Zu klären wäre auch, ob dauerhafte Übelkeit in der Schule über Konditionierungsprozesse entstehen kann.

Erfolgserlebnisse beim Lernen werden also umso wichtiger, um negative Konditionierungen zu vermeiden. Da ist für den Lerntherapeuten Geschicklichkeit im Konstruieren kleinster Arbeitsschritte gefragt, die dann eben erfolgreich absolviert werden können. Aus dieser Sicht scheint es sinnvoll, am eigentlichen Arbeitsplatz auch erfreuliche Freizeitaktivitäten einzuüben, wie etwa das Lesen von Romanen. Von hier aus wird deutlich, wie wichtig ein geplanter Lernprozess ist, der langweiliges „nur lesen und wieder lesen" vermeidet. Man muss auch nicht nur im Stillsitzen lernen. Viele Studenten berichten von erfolgreichen Examensvorbereitungen, bei denen sie beim Joggen, beim Spazierengehen im Wald oder beim Herumgehen in der Wohnung den Stoff rezipiert haben.

> Um ungewollten Konditionierungen vorzubeugen, scheint es genauso nützlich, ab und zu den Arbeitsplatz zu wechseln – oder nach relativ frustrierenden Lernzeiten einfach mal an einem anderen Arbeitsplatz weiterzuarbeiten. Zum Beispiel könnte man zum Lesen und Herausschreiben einmal

> in die Bibliothek wechseln. Die Gemeinschaft der dort Arbeitenden kann dabei sogar trostreich sein. Eine Teilnehmerin meiner Lernkurse konnte irgendwann überhaupt nicht mehr an ihrem angestammten Arbeitsplatz lernen; erst ein Wechsel half ihr bei einem Neuanfang.

2.2.4 Arbeitszeit/Zeitmanagement

Studenten, die in Prüfungen nicht erfolgreich waren, berichteten, dass sie sehr viel *Lernzeit* für die Prüfungsvorbereitungen aufgewendet hatten. Nicht wenige von ihnen hatten in den letzten Wochen vor den Prüfungen ohne Pausen fast Tag und Nacht gelernt. Die Menge investierter Zeit und Anstrengung stand dann oft in keiner vernünftigen Relation zum erzielten Ergebnis. Bei diesen Studenten mangelte es häufig sowohl an der lang- als auch an der kurzfristigen Planung ihrer Arbeit.

▶ Zur *langfristigen Planung* gehört die Klärung, welche Leistungen für ein bestimmtes Ziel verlangt werden, z. B.: „Welche Leistungsnachweise muss ich nach der Studienordnung im 1. Semester erwerben?"

Bei der Festlegung der angestrebten Ziele sind die persönlichen Voraussetzungen und bisher erbrachten Leistungen zu berücksichtigen. Die gesetzten Ziele müssen realistisch sein. In der Leistungsmotivationsforschung (vgl. Schalg 2004) werden zwei Richtungen des Leistungsmotivs unterschieden: Erfolgsorientiertheit und Misserfolgsorientiertheit. Erfolgsorientierte Versuchspersonen stecken sich realistische Ziele, misserfolgsmotivierte dagegen extrem niedrige oder unrealistisch hohe. Auf diese Weise bestätigen sich die Misserfolgsorientierten immer wieder ihre geringe Leistungsfähigkeit. Sie erreichen entweder nur Ziele, die sie selbst als niedrig einschätzen, oder verfehlen die überzogenen Ziele. Beide Erfahrungen behindern die Entwicklung einer guten, realistischen Arbeitshaltung, weil motivierende Erfolgserlebnisse ausbleiben.

Wenn Sie Ihre eigenen Leistungsmöglichkeiten noch nicht ganz sicher einschätzen können, sollten Sie anfangs eher niedrigere als zu anspruchsvolle Ziele wählen, um auf jeden Fall die entmutigende Wirkung zu vermeiden, die das Verfehlen des selbst gesetzten Standards hat (Abb. 2.2).

Nachdem die *Fernziele* abgesteckt sind, muss geprüft werden, in welche *Teil- und Zwischenziele* sie aufgegliedert werden können und was zu tun ist, um diese Ziele zu erreichen. Dabei erweist es sich als günstig, mit dem

Abb. 2.2 Es kann sehr bequem sein, sich die Ziele zu hoch zu stecken. Man muss gar nicht erst versuchen, sie zu erreichen

Prüfungszeitpunkt zu beginnen und von dort in Richtung auf den gegenwärtigen Zeitpunkt zu planen. In dem Plan wird festgelegt, wann und wie die einzelnen Etappen und schließlich das Endziel zu erreichen sind.

▶ Die langfristige Planung muss durch kurzfristige Arbeitspläne, die den Tages- bzw. Wochenablauf regulieren helfen, ergänzt werden. Der *Wochenplan* soll helfen, die Tätigkeitsschwerpunkte für die einzelnen Tage festzulegen. Im Wochenplan müssen Freizeit, Lernzeit und andere Verpflichtungen gewichtet und auf die jeweils individuellen Möglichkeiten und Bedürfnisse abgestimmt werden.

▶ Ganz entscheidend für die erfolgreiche Entwicklung eines angemessenen Lernverhaltens ist die Erstellung und natürlich auch Einhaltung eines *Tagesplans*. Dazu gehören Kenntnisse über physiologisch bedingte Leistungsschwankungen des Organismus in Abhängigkeit vom Tagesverlauf. Das Maximum der physiologisch bedingten Leistungsfähigkeit liegt bei den meisten Menschen vormittags in der Zeit von 8 bis 10 Uhr. Ein erster Tiefpunkt wird zwischen 14 und 15 Uhr erreicht, dann gibt es eine zweite Spitze gegen 17 Uhr und von da ab einen kontinuierlichen Rückgang, der in der Zeit von 2 bis 4 Uhr morgens seinen Tiefpunkt erreicht. Diese Zeiten können individuell erheblich variieren, es empfiehlt sich, Selbstbeobachtungen durchzuführen, um die eigenen Leistungsspitzen bzw. -tiefs festzustellen.

Jeder hat beim Lernen schon einmal festgestellt, dass seine Leistungsfähigkeit nachlässt. Das spürt man daran, dass zunehmend unwillkürliche kurze Unterbrechungen auftreten; man gähnt, sieht aus dem Fenster, lässt die Gedanken kurz abschweifen, putzt sich die Nase, kratzt sich den Kopf, spielt mit dem Kugelschreiber etc. Diese Aktivitäten, die unwillkürlich ausgeführt werden, wenn die physiologische Erregung durch die gleichförmige Reizung, die vom Lernmaterial ausgeht, unter das für Lernen notwendige Ausmaß sinkt, sind nützlich zur Stimulierung des Organismus. Vielleicht liest man dann sogar weiter, ohne den Sinn des Textes noch zu entnehmen.

Unter diesem Gesichtspunkt scheint das in der Schule häufig geforderte lange Stillsitzen zum Lernen nicht günstig zu sein (Luria 1973). Möglicherweise sind die geplanten Arbeitsperioden zu lang. Bis diese Anzeichen der Ermüdung bemerkt werden, ist meist schon relativ viel schlecht genutzte Lernzeit vergangen und die Motivation zum Lernen erheblich beeinträchtigt. Deshalb sollten die Pausen eingeplant werden, zumal die Erwartung einer bald vorgesehenen geplanten Pause noch einmal einen Motivationsschub bewirkt. Die Einplanung von Pausen, d. h. auch des Pausenendes, erzeugt eine Lerneinstellung, die das Wiederaufnehmen der Arbeit nach der Pause erleichtert.

Pausen reduzieren außerdem retro- und proaktive Lernhemmungen. Als *retroaktive Hemmung* wird eine Lernstörung bezeichnet, die sich darin äußert, dass zwischen Lernen und Reproduktion eines Lernstoffs eingeschobene neue Lernprozesse die Reproduktion des ersten Lernstoffes erschweren. *Proaktive Hemmung* tritt auf, wenn bereits gelernter Stoff die Reproduktion eines später gelernten Stoffes erschwert.

Die Effekte bei retroaktiver Hemmung sind stärker als bei proaktiver. Je ähnlicher die Aufgaben A und B sind und je geringer der zeitliche Abstand zwischen den beiden Aufgaben ist, umso stärker ist die Hemmung. Beide Formen der Hemmung treten beim Lernen von sinnlosen Silben auf. Bei bedeutungshaltigem Lernstoff sind sie dagegen schwerer nachzuweisen. Dennoch empfehlen wir, sehr ähnlichen Stoff nicht direkt nacheinander zu lernen. Neben der Vermeidung von hemmenden Wirkungen kann ein

Wechsel der Aufgabenart das Absinken der Motivation durch psychische Sättigung vermeiden helfen.

Welche Empfehlungen lassen sich für die Pausenregelung geben? In der Literatur werden vier Typen von Lernpausen unterschieden (Tab. 2.1).

Zwei Vier-Stunden-Blöcke entsprechen dem Arbeitstag eines Arbeitnehmers und sollten auch beim Lernen nicht überschritten werden. Auch hier ist es wichtig, den eigenen Anspruch an die Arbeitszeit pro Tag nicht zu hoch anzusetzen. Effektives Lernen will gelernt sein, nicht jeder kann auf Anhieb am Tag acht Stunden geistige Arbeit verrichten. Eine langsame Steigerung der Arbeitszeit pro Tag sollte auf jeden Fall unter Berücksichtigung der Pausenregelung versucht werden. Es ist uneffektiv, die Arbeitszeit zu verlängern, indem man Pausen einspart. Verteiltes Lernen ist effektiver als massiertes, und Pausen gehören zum Lernprozess und unterstützen ihn.

Allerdings kommt es auch hier darauf an, wie die Pause genutzt wird. Generell gilt, dass Pausen für den Lernprozess umso nützlicher sind, je mehr sich die Pausentätigkeit vom Lernverhalten unterscheidet. Wenn in den Lernphasen gelesen wird, wirkt sich das Zeitungslesen in der Pause nicht günstig aus. Minipausen und Kaffeepausen sollen, wie die spontanen Lernunterbrechungen, der Gewöhnung entgegenwirken. Gymnastische Übungen oder die Erledigung alltäglicher Arbeiten (Rasieren, Schuheputzen, Kaffeekochen etc.) sind geeignete Pausenaktivitäten, während angenehme Tätigkeiten dazu führen können, dass man die Arbeit nicht wieder aufnimmt. Es ist dann leichter, sich wieder dem Lernen zuzuwenden, als wenn man sich von seinem Kriminalroman losreißen muss. Angenehme Pausenaktivitäten können andererseits zur Belohnung für bisher geleistete Arbeit verwendet werden, wenn sie entsprechend dem Lernerfolg eingesetzt werden.

Nach der Theorie der operanten Konditionierung tritt Verhalten (Arbeiten, Lernen) mit größerer Wahrscheinlichkeit wieder auf, wenn ihm positive Konsequenzen folgen. Die Erstellung eines Arbeitsplans mit eingeplanten Belohnungen erleichtert die Selbstkontrolle und unterstützt den Aufbau und die Aufrechterhaltung von Lernverhalten.

Tab. 2.1 Lernpausen. (Nach Rückriem et al. 1977, S. 51)

Pausentyp	Dauer (min)	Abstand	Pausentätigkeit
1. Unterbrechung	1	Nach Bedürfnis	Zurücklehnen
2. Minipause	5	Nach 30 min	Freiübungen o. Ä.
3. Kaffeepause	15–20	Nach 2 Stunden	Kaffeetrinken usw.
4. Erholungspause	60–120	Nach 4 Stunden	Essen, Schlafen usw.

Für die längeren Erholungspausen (ein bis zwei Stunden) gilt über das für die kurzen Pausen Gesagte hinaus Folgendes: Wenn in dieser Pause eine Mahlzeit liegt, sollte die triviale Weisheit „Voller Bauch studiert nicht gern" Beachtung finden. Zu schwere Kost und zu große Mengen schaffen ungünstige physiologische Voraussetzungen für geistige Arbeit.

Werden die Erholungspausen für einen kurzen Schlaf genutzt, dann unterstützt dies sogar das Einprägen des Stoffes. Bei der Informationsverarbeitung muss die als elektrische Energie vorhandene Information aus dem Kurzzeitspeicher im Langzeitspeicher chemisch repräsentiert werden. Die Umsetzung vom elektrischen in das chemische Format findet nach dem eigentlichen Lernprozess als relativ träges Geschehen statt und kann, wenn – wie im Schlaf – keine neuen Informationen verarbeitet werden, ohne Störungen ablaufen. Dies gilt natürlich auch für Lernprozesse, die am Abend vor dem Einschlafen stattfinden. Forschungen zeigen, dass die Konsolidierung gelernter Inhalte und damit die Gedächtnisleistungen im Schlaf gefördert werden. In diesem Sinne ist es durchaus möglich, im Schlaf zu lernen. Die Forschungsergebnisse zur Frage, welche Wissensformen in welcher Schlafphase gefestigt werden, sind noch widersprüchlich. Gesichert dagegen ist, dass Schlafdefizite die Lernleistungen mindern. Ausreichender Schlaf ist deshalb auch im Stress vor Prüfungen durchaus kein Luxus, sondern eine notwendige Bedingung zur Festigung des Gelernten (Born und Plihal 2000 – vgl. retroaktive Hemmung).

Die umgekehrte U-Kurve, welche die Beziehung zwischen Lernen und Erregung darstellt (Abb. 2.1), verweist auch auf die lernhemmende Auswirkung starker Gefühle. Starke Gefühle behindern das Lernen. Wenn möglich, sollte die Planung berücksichtigen, dass Situationen, die emotional sehr aufgeladen sind, in zeitlicher Nähe zum Lernen vermieden werden.

Wenn *vor* einem Lernprozess intensive Gefühle (Furcht, Wut, Freude, Spannung) auftreten, dauert es einige Zeit, bis die affektive Erregung abklingt und sich auf ein für das Lernen geeignetes mittleres Niveau einpendelt. Nach einem Streit mit dem Freund oder nach dem Erschrecken über den Steuerbescheid lässt sich nur schlecht lernen. Wer seine Zeit nicht gut eingeteilt hat und dann vor der Prüfung mit ständiger Furcht im Nacken arbeitet, schafft sich selbst eine ungünstige Arbeitssituation. Ängstliche Lerner sind weniger flexibel in der Verwendung von Lernstrategien und lernen damit schlechter (vgl. zur Prüfungsangst unser Selbsthilfebuch *Prüfungsangst und Lampenfieber,* Metzig und Schuster 2009).

Direkt *nach* dem Lernprozess auftretende starke Erregung kann die Übertragung der Information vom Kurzzeitspeicher in den Langzeitspeicher behindern. Die *retrograde Amnesie,* das vollständige Vergessen von Ereignissen, die einem Schock, wie z. B. einem Unfall, vorausgegangen sind, stellt dieses Phänomen in extremer Form dar.

> **Übersicht**
>
> ▶ Wir haben die Notwendigkeit der Planung immer wieder hervorgehoben. Der beste Plan taugt jedoch nichts, wenn er in der Schublade verschwindet und vergessen wird (vgl. Hartig 1973). Befestigen Sie den Plan deshalb deutlich sichtbar in der Nähe Ihres Arbeitsplatzes und vergleichen Sie regelmäßig Ihre erbrachten Leistungen mit Ihren Zielen. Wenn Soll und Ist ausgeglichen sind, werden Sie dies mit Befriedigung feststellen und sich ruhigen Gewissens den angenehmeren Dingen des Lebens zuwenden können. Sollten Sie jedoch feststellen, dass Sie Ihr Soll nicht erreicht haben, dann ist es wenig hilfreich, wenn Sie sich als Versager bezeichnen, sich zu sagen „Das schaffe ich sowieso nie" und mit dieser Ausrede die Arbeit ganz zu unterbrechen. Wenn Sie sich dafür dann noch belohnen, indem Sie sofort angenehme Dinge tun, haben Sie ein perfektes Arbeitsvermeidungsverhalten aufgebaut. Um dies zu verhindern, verweisen wir hier noch einmal auf das wichtigste Planungsprinzip: Die Ziele müssen auf jeden Fall *erreichbar* sein, im Zweifelsfall sollen sie eher zu niedrig als zu hoch gesteckt werden!
>
> Eine Checkliste mit Hinweisen zur Erstellung eines Lernplans finden Sie im Anschluss. Am Ende des Abschn. 2.3 finden Sie einen Selbstkontrollbogen, mit dem Sie wichtige Daten zu Ihrem Arbeitsverhalten erheben können, und der Abschnitt „Üben und Lernkontrolle" zeigt ein Beispiel für einen Arbeitsplan.

Checkliste zur Erstellung eines Lernplans

1. **Ist-Erhebung**
   a) Selbstkontrolle über 2 Wochen zur Ermittlung der zur Verfügung stehenden Lernzeit durchführen (s. Selbstkontrollbogen).
   Günstige Tageszeit ermitteln.
   Wie viel Material pro Zeiteinheit wird gelernt (Lernen + Einüben)?
   b) Durchsicht des Selbstkontrollbogens.
   Prioritäten setzen.
   Zeitoptimierung versuchen (z. B. Reduzierung der Wegezeiten durch Zusammenlegen von Terminen).
   Aktivitäten, die weder besonders nützlich noch besonders angenehm waren, streichen.
   Prüfen, ob andere helfen können, indem sie zeitweise Routinearbeiten übernehmen.
   c) Zur Verfügung stehende Lernzeit (Ist) ermitteln.

2. **Soll-Erhebung**
   a) Lernziele abklären.
      In welchen Fächern, Bereichen, Gebieten müssen Prioritäten gesetzt werden?
      Welche Leistungen gemäß Studienordnung (Prüfungsordnung) muss ich erbringen (Informationen von Kommilitonen, Lehrern, Studienberatung etc. einholen)?
      Was soll genau gelernt werden (Literaturliste, Lehrbücher etc.)?
   b) Wie sind die Lernziele zu erreichen?
      Schriftliche Hausarbeit anfertigen.
      Kolloquium machen.
      Mündliche Mitarbeit im Unterricht.
      Klassenarbeit schreiben.
   c) Wie erwerbe ich die verlangten Kenntnisse?
      Seminar besuchen.
      Literatur bearbeiten.
      Hausaufgaben erstellen.
      Unterricht vorbereiten/nachbereiten.
      Skripten lernen.
   d) Geschätzter Zeitaufwand für die unter c) aufgeführten Aktivitäten (Soll).
3. **Ist-Soll-Vergleich**
   a) Ist = Soll
      Arbeitsplan erstellen. Dabei vom Prüfungszeitraum an rückwärts planen!
   b) Ist < Soll
      Selbstkontrollbogen auf weitere Zeiteinsparungsmöglichkeiten prüfen.
      „Mut zur Lücke" finden. Dabei Prioritäten setzen!

Die Bedingungen des Lernens können nur in Form eines groben Rasters von Anregungen dargestellt werden. Der Leser muss die einzelnen Vorschläge auf seine individuellen Bedürfnisse abstimmen.

Allgemein gilt jedoch:

- Lernen muss geplant werden (Planung).
- Planung und Ausführung müssen regelmäßig miteinander verglichen werden (Selbstkontrolle).
- Pausen sind Teil des Lernprozesses (Belohnung).
- Regelmäßigkeit erleichtert die Entwicklung günstiger Lerngewohnheiten (Rhythmisierung).

Besser zu viel als zu wenig Zeit einplanen!

Arbeitsplan

2. Woche vor der Prüfung

Zeit	Mo (Fortsetzung bis Samstag)	Di	Prüfungswoche (Üben/Lernkontrolle)				
			Mo	Di	Mi	Do	Fr (Prüfungstag)
8⁰⁰–9⁰⁰	Aufstehen, Frühstück etc.	Aufstehen, Frühstück etc.					
9⁰⁰–9³⁰	Lehrbuchs. 12–20 Lesen mit unterstreichen	Kap. 5 lesen u. Sätze vereinfachen	Fragen Kap. 1, 2 beantworten				
9³⁰–9³⁵	Aufstehen/Herumgehen	Gymnastik Schuhe putzen					
9³⁵–10⁰⁵	Kap. 1 Lesen mit unterstreichen	Kap. 5: lesen und bildhafte Vorstellungen entwickeln	Zusammenfassung Kap. 3 schreiben	Kommilitonen zum Stoff befragen	Freizeit, evtl. einige Wiederholungen	Freizeit Bewegung Entspannung	Freizeit Bewegung in frischer Luft
10⁰⁵–10¹⁰	Obst essen	Film für den Abend aussuchen					
10¹⁵–10⁴⁵	Unterstrichene Begriffe definieren	Kap. 6: Kann man damit Geld verdienen?	Story zum Stoff: erfinden				
10⁴⁵–11⁰⁰	Tee kochen/trinken	Teetrinken/Telefonieren/ Geschirrspülen					
11⁰⁰–11³⁰	Kapitel in eigenen Worten zusammenfassen	Kap. 6: Stichworte mit Locitechnik lernen	Reportage zum Thema X vorbereiten				

2 Organisation des Lernprozesses

Arbeitsplan	2. Woche vor der Prüfung		Prüfungswoche (Üben/Lernkontrolle)				
Zeit	Mo (Fortsetzung bis Samstag)	Di	Mo	Di	Mi	Do	Fr (Prüfungstag)
11³⁵–11⁴⁰	CD hören	Aufstehen/Bewegung/kleine Reparaturarbeiten					Ratschläge beachten
11⁴⁰–12¹⁰	Überblick ü. Kap. 2 verschaffen/Gliedern	Kap. 9 neu gliedern	Leserbrief zum Thema verfassen				
12¹⁰–12⁴⁵	Atemübung	Hinlegen/Entspannung					
12¹⁵–12⁴⁵	Hierarch. Abrufplan von Kap. 2 anfertigen	Netzstruktur Kap. 1–9	Netzstruktur Kap. 1–7 umstellen	Üben/Lernkontrolle			
12⁴⁵–14¹⁵	Essen/Schlafen	Essen/Spaziergang					
14¹⁵–14⁴⁵	Kap. 3 Lesen/unterstreichen	Netzstruktur Kap. 1–9 anfertigen				Evtl. mit Kommilitonen den Stoff diskutieren	
14⁴⁵–14⁵⁰	Blumen gießen/Aufräumen	Prüfer in Sprechstunde aufsuchen Themenbereiche abstecken	Kommilitonen den Stoff frei vortragen				
14⁵⁰–15²⁰	Kap. 3: alle unwichtigen Sätze streichen						
15²⁰–15²⁵	Telef. Verabredung für Abend treffen						

Arbeitsplan 2. Woche vor der Prüfung			Prüfungswoche (Üben/Lernkontrolle)				
Zeit	Mo (Fortsetzung bis Samstag)	Di	Mo	Di	Mi	Do	Fr (Prüfungstag)
15^{25}–15^{55}	Stichwörter Kap. 1, 2 und 3 mit Kennworttechnik lernen	Examenskolloquium besuchen offene Fragen klären					
15^{55}–16^{15}	Entspannung/ autogenes Training					Evtl. Maßnahmen gegen Prüfungsangst (Kap. 10)	
16^{15}–16^{45}	Kap. 4 lesen u. frei auf Tonband sprechen						
16^{45}–16^{50}	Obst essen						
16^{50}–17^{20}	Fragen zu Kap. 4 überlegen						
17^{20}–17^{25}	Gymnastik						
17^{25}–18^{00}	Anwendungen zu Kap. 1–4 überlegen Erledigungen, Freizeit, evtl. Freund/Freundin das Gelernte erzählen						

2.3 Üben und Lernkontrolle

Der beste Lernerfolg wird bei einer Aufteilung der Gesamtzeit in *Selbstprüfen* (Reproduktion) und *Wiederholung* im Verhältnis 60 zu 40 erreicht.

Es ist dabei sinnvoll, das Gelernte in dem „Format" zu überprüfen, in dem auch die Prüfung stattfindet. Also bei einer Prüfung, die aus einer Auswahl aus mehreren Antwortalternativen besteht *(multiple choice)*, sollte man in der Vorbereitung Unterscheidungsfragen bilden und die Sensibilität für die Formulierungen von Unterschieden schärfen. Bei einer schriftlichen Klausur zu einem Thema sollte man einmal zu vermuteten Themen einen Aufsatz niederschreiben und versuchen, ob man für eine größere Anzahl von Themen eine sinnvolle Gliederung entwickeln kann. Bei einer mündlichen Prüfung sollte man sich von Freunden oder Partnern abfragen lassen. Werden in der Prüfung praktische Fälle bearbeitet, ist es natürlich auch in der Vorbereitung sinnvoll, sein Wissen an praktischen Fällen zu erproben.

Versetzen Sie sich jeweils in die Rolle des Prüfers. Wie würden Sie, wenn Sie der Prüfer wären, Ihren Aufsatz bewerten, wie hätte ein Prüfer vielleicht diese Beantwortung der Frage beurteilt? Welche Verbesserungen würden Sie – wenn Sie Prüfer wären – verlangen? Meist ergibt dieser Rollenwechsel bzw. Perspektivenwechsel überraschende Erkenntnisse.

Als gesichert kann gelten, dass verteiltes Üben effektiver ist als massiertes Üben. Es ist besser, Vokabeln an acht Tagen täglich dreimal zu lernen, als an einem Tag 24-mal (Kay 1955; Bliesener und Adelmann 2000). Einfaches Wiederholen (wiederholtes Lesen bzw. Hören) ist sehr ineffektiv. In jedem Fall wirkungsvoller sind Wiederholungen, wenn sie mit tieferer Informationsverarbeitung im Sinne von Neuorganisation, Umstrukturierung, Elaboration und Reduktion verbunden sind. Durch solche Wiederholungen werden zusätzliche Abrufreize und Abrufstrategien geschaffen, die die gelernten Informationen verfügbarer machen. Je mehr Wege zu einer Information im Langzeitspeicher führen, desto größer ist die Wahrscheinlichkeit, dass sie abgerufen werden kann.

Fragen – etwa: was, wo, wer, wann, wozu, warum – dienen ebenfalls diesem Zweck. Bereits 5-jährige Kinder konnten durch Verwendung der Fragen „what" und „why" deutlich verbesserte Lernleistungen erzielen (Turnure et al. 1976).

Die Beantwortung von Fragen nach jedem Abschnitt eines längeren Textes steigert die Lernleistungen von Studenten beim Abschlusstest ganz erheblich (Rothkopf 1966). Dies gilt insbesondere, wenn die Textfragen „auf konkretem faktuellen Niveau" formuliert sind (Groeben 1982).

Wenn aus Texten gelernt werden soll, wird der Leser bewusst oder unbewusst den Text nach einer bestimmten Perspektive bearbeiten. Stimmt die Leseperspektive mit der Abrufperspektive überein, kann man sich am besten erinnern. So erinnern sich Versuchspersonen an unterschiedliche Details eines Textes, in dem ein Haus beschrieben wird, je nachdem, ob sie den Text aus der Sicht eines Hauskäufers oder eines potenziellen Einbrechers gelesen haben (Anderson und Pichert 1978). Stimmen Leseperspektive und Abrufperspektive nicht überein, wird insgesamt weniger abgerufen. Da dies im Alltagsleben und auch in Prüfungen eher den Regelfall als die Ausnahme darstellt, ergibt sich hier ein Dilemma. Dies wird glücklicherweise dadurch verringert, dass man sich bei Anwendung weiterer Perspektiven an Informationen erinnern kann, deren Abruf aus der Leseperspektive nicht erfolgreich war (Flammer 1985).

Wir empfehlen außerdem, Stichworte von dem zu lernenden Text anzufertigen und anhand der Stichwortliste den Inhalt frei zu reproduzieren. Es lohnt sich, den Versuch zu machen und zu erleben, wie einfach es ist, anhand einer solchen Liste von vielleicht 20 Wörtern eine halbe Stunde frei zu sprechen.

> ▶ **Üben/Lernkontrolle**
> - Übungen verteilen.
> - Vor dem Schlafengehen wiederholen.
> - Auf Tonband sprechen und abhören.
> - Sich selbst laut vorsprechen.
> - Stichworte machen und danach laut einen Vortrag halten.
> - Text aus unterschiedlichen Perspektiven lesen.
> - Informationen aus unterschiedlichen Perspektiven abrufen.
> - Jemandem erzählen, was im Text steht.
> - Sich von anderen abhören lassen.
> - Sich Fragen zum Text stellen und diese laut beantworten.
> - Die 5 wichtigsten Gedanken aus jedem Kapitel aufschreiben.
> - Sich zu den wichtigsten Gedanken ein Beispiel, eine Anwendung, ein Experiment o. Ä. ausdenken und aufschreiben.
> - Ein Schema zeichnen.
> - Bildhafte Vorstellungen entwickeln.
> - Stoff neu gliedern.
> - Neue Überschriften zu den Kapiteln erfinden

Selbstkontrollbogen Thema: Lernzeit, eigene Arbeitsunterbrechungen, Lernleistung pro Zeiteinheit usw.

Mögliche Arbeitszeit	Mo	Di	Mi	Do	Fr	Sa	So	Bemerkungen: der Unterbrechung)
8– 9								
9–10								Mo
10–11								Di
11–12								Mi
13–14								Do
14–15								Fr
15–16								Sa
16–17								So
17–18								Auswertung
18–19								
19–20								Was kann ich ändern?
Summe tatsächl. Arbeitszeit								1.
Summe bearbeitete Seiten								2.
Summe Unterbrechungen								3.

2.4 Organisation von Lernschritten beim Textlernen

2.4.1 Reduktion – Textlernen

Gesprochener Text

Als Erstes muss sich der „Hörer" von dem Gedanken trennen, er brauche nur die Ohren zu öffnen und werde auf diese Weise, mehr oder minder passiv, lernen. Eine solche Hörgewohnheit verführt dazu, in Gedanken abzuschweifen, sich mit interessanteren privaten Erlebnissen oder Plänen zu befassen oder einfach dahinzudösen. Effektiv gelernt wird nur, wenn der Stoff gedanklich bearbeitet wird, indem die Informationen in Beziehung zu Bekanntem gesetzt werden, der Aufbau des Vortrags erfasst und versucht wird, Wichtiges von Unwichtigem zu unterscheiden etc. Diese aktive Informationsverarbeitung kann durch das Mitschreiben unterstützt werden.

> ▶ Das *Mitschreiben* diszipliniert die Gedanken und hält sie bei der Sache. Einstein et al. (1985) zeigen, dass Studierende, die Notizen anfertigten, sich an mehr wichtige Informationen erinnerten als Studierende, die nur zuhörten. Allerdings ist es nicht sinnvoll zu versuchen, alles mitzuschreiben.

Zwischen der Anzahl der mitgeschriebenen Wörter und der Menge der nach einer Woche erinnerten wichtigen Textinformationen fand Howe (1977) bei Studenten keinen Zusammenhang. Je weniger Nebensächliches und Überflüssiges notiert wurde, d. h., je ökonomischer die Mitschriften gestaltet waren, umso mehr war gelernt worden. Obwohl aus dieser Untersuchung nicht unmittelbar nachweisbar ist, dass Studenten mehr lernen, weil sie während des Mitschreibens besser strukturieren, können die Ergebnisse so interpretiert werden, dass der Lernprozess durch die jeweilige Strategie des Notierens beeinflusst wird. Unterstützung findet diese These durch Untersuchungsergebnisse, nach denen Versuchspersonen sich an mitgeschriebene wesentliche Textinformationen nach einer Woche – ohne Möglichkeit der Einsichtnahme in die Mitschriften – siebenmal häufiger erinnern konnten als an Gedanken, die nicht schriftlich festgehalten worden waren! In einer weiteren Untersuchung (Shrager und Mayer 1989) zeigte sich ein Zusammenhang zwischen Vorwissen und Effektivität des Mitschreibens. Lernende mit geringem Vorwissen profitierten bei späteren Wissensfragen und bei Transferaufgaben. Lernende mit gutem Vorwissen können dagegen eher auf die Strukturierung durch Mitschreiben verzichten.

Der Sinn des Mitschreibens liegt aber natürlich nicht nur in der Informationsreduktion während der Informationsdarbietung. Mitschriften werden angefertigt, um den Text nacharbeiten zu können. Howe (1977) berichtet, dass Studenten, die bei einem Test unmittelbar nach der Informationsdarbietung überdurchschnittliche Ergebnisse erzielten, sich in einem späteren Test nicht weiter verbesserten, wenn sie zusätzlich eine gut gegliederte Zusammenfassung des Textes zur Nacharbeit bekamen.

Überdurchschnittliche Studenten konnten sich mit ihren eigenen Mitschriften auf den zweiten Test genauso erfolgreich vorbereiten wie mit dem gut strukturierten Papier des Dozenten. Dagegen profitierten Studenten, die im ersten Test schlechte Leistungen erbrachten, erheblich von der Strukturierung des Dozenten.

Zusammenfassend kann aus den vorliegenden Untersuchungen geschlossen werden, dass Mitschreiben in Vorträgen und Lehrveranstaltungen den Lernprozess nur dann begünstigt, wenn vor bzw. während der Niederschrift Informationsverarbeitungsprozesse stattfinden, die zu einer sinnvollen *Informationsreduktion* führen.

Mitschriften als Unterlagen für die Stoffwiederholung werden ebenfalls effektives Lernen nur dann fördern, wenn sie gut strukturiert sind und im Nachhinein nicht nur gelesen, sondern im Hinblick auf Grundgedanken, Lücken, Zusammenhänge, Unklarheiten, eigene Fragestellungen, praktische Verwertbarkeit der Information etc. durchgearbeitet werden.

Schriftlich vermittelter Text

Das Lernen aus schriftlichen Unterlagen (Bücher, Zeitschriften, Studienbriefe, Mitschriften) nimmt gerade bei Jugendlichen und Erwachsenen einen erheblichen Raum ein. *Informationsreduktion* ist auch hier unabdingbar. Die Techniken, Information zu reduzieren, sind vielfältig:

- Unterstreichen der wichtigsten Konzepte: Erst ein Training zum sinnvollen Unterstreichen verbesserte die Lernleistungen bei Realschülern des 9. und 10. Jahrgangs gegenüber einfachem Lesen erheblich (Dumke und Schäfer 1986). In derselben Untersuchung zeigte sich, dass gute Lerner sparsam unterstreichen,
- Herausschreiben der zentralen Begriffe: Es hilft, beim Lesen Notizen zu machen. Das Notizenmachen erwies sich als wirkungsvoller als einfaches Wiederlesen (McDaniel et al. 2009),
- kursorisches Lesen,
- selektives Lesen,
- Durchstreichen von Unwesentlichem,
- Durcharbeiten des Textes unter bestimmter Fragestellung,
- Formulieren neuer Überschriften,
- Zusammenfassen,
- Schemata entwerfen etc..

Brown und Day (1983) konnten mit den folgenden Regeln Trainingserfolge beim Erstellen von Zusammenfassungen erzielen:

- Weitschweifige oder triviale Inhalte werden weggelassen.
- Spezielle Inhalte werden durch allgemeinere Konzepte ersetzt.
- Aus dem Text werden übergeordnete Sätze ausgewählt.
- Es werden übergeordnete Sätze gebildet (z. B. auch Überschriften).

Alle Techniken der Informationsreduktion führen zu tieferer Informationsverarbeitung (Kap. 7). Allerdings ist auch hier Einübung in die Methoden notwendig.

2.4.2 Reduktion und Elaboration als sich ergänzende Prozesse

Wenn der zu lernende Text auf ein sinnvolles Maß reduziert worden ist, hat schon eine Reihe von Verarbeitungsprozessen stattgefunden. Dieses Wissen kann nun gefestigt werden, indem es elaboriert wird, z. B. durch Darstellung der wichtigsten Konzepte in einem hierarchischen Abrufplan, Visualisierung, Einbindung in eine Geschichte, Verwendung eines Kennwortsystems, Entwicklung von Beispielen, Überprüfung auf praktische Verwertbarkeit etc. (Kap. 4–8) und die Erarbeitung von Fragen zum Text.

2.4.3 Textlernen als Problemlösungsprozess

Dansereau et al. (1979) regen an, Lernen aus Texten als Problemlösungsprozess zu betrachten und den zu lernenden Text in mehreren Schritten zu bearbeiten. Das erste Lesen soll dazu dienen, sich einen Überblick zu verschaffen:

- Was kommt in dem Text vor (Zusammenfassungen und Inhaltsverzeichnisse lesen)?
- Wie viel der dargestellten Informationen sind mir schon bekannt?
- Wie viel Zeit werde ich zur Bearbeitung des Textes benötigen?
- In welche Abschnitte wird das Lesen einteilbar sein?
- Welche Stellen sind mir nicht verständlich?

Erst in einem weiteren Durchgang erarbeitet sich der Leser die Textstellen, die er nicht auf Anhieb verstanden hat, indem er zunächst das Problem identifiziert (schwieriges Wort, unverständlicher Satz, ganze Passage unverständlich). Dann geht er das Problem mit geeigneten Strategien an, z. B. Wortanalyse durch Bestimmen von Präfix/Suffix oder Satzanalyse durch Bestimmen von Subjekt und Prädikat. Ist der Text dann noch nicht verstanden, sucht man in der Umgebung des Problems nach erläuternden Informationen (z. B. Synonyme, Erklärungen, Beispiele) und zieht ggf. andere Quellen hinzu (Lexika, andere Lehrbücher, Lehrer, Studienkollegen usw.).

Das Ziel dieser Strategie ist, den Leser aus der Rolle des mehr oder minder passiven Rezipienten in die Rolle des aktiven Problemlösers zu führen.

▶ **Fünf-Schritt-Methode zum Lernen mit Texten**
1. Zuerst soll der Lernende sich einen Überblick über den Text verschaffen. Dadurch kann er entscheiden, ob der Text für seine Fragestellung überhaupt wichtig ist, und wenn ja, welche Themen in diesem Text angesprochen werden. Zunächst werden also Klappentexte, Vorworte und das Inhaltsverzeichnis gelesen.
2. Der Student formuliert nun Fragen, die er vermutlich durch das Lesen des Textes beantworten kann. Es geht hier um eine sehr explizite Lernzielformulierung, wobei die Lernziele unterschiedlich spezifisch formuliert werden können.
3. Der Text wird nun gelesen. Das passiert auch gezielt auf die Fragen hin. Dadurch wird wahrscheinlich sowohl eine Auswahl möglich als auch eine Einordnung der Textinhalte in Zusammenhänge.
4. Es erfolgt ein Abruf des Gelesenen aus dem Gedächtnis. Der Inhalt des Textes wird – in Blöcken – aus dem Gedächtnis wiedergegeben (also ohne Einblick in den Text zu nehmen). Der Erfolg ist überprüfbar.
5. Rückblick: Nun wird ein Blick auf den ganzen Text genommen: Wie würde man ihn in einer Rezension besprechen, wie ist er in das Vorwissen einzuordnen, welche Konsequenzen ergeben sich aus den Thesen des Textes? Kann man an den vorgebrachten Thesen Kritik üben? Nun kann anhand des Textes kontrolliert werden, ob die Fragenformulierung und die Antworten angemessen waren, und es können entsprechende Berichtigungen vorgenommen werden.

2.4.4 Elaboration – Faktenlernen

Für das Faktenlernen gilt – unabhängig davon, ob die Fakten mündlich oder schriftlich dargeboten werden –, dass Elaboration das Lernen erleichtert. In Kap. 4 und 5 finden Sie zahlreiche Anregungen, wie man bedeutungsarmen Stoff anreichert, um ihn zu lernen. Elaborative Techniken werden neben reduktiven auch bei Texten von großer Informationsdichte anzuwenden sein.

2.5 Individuelle Unterschiede und Lerntechniken

Die Idee, einige Menschen könnten leichter durch Sehen, Hören oder Tun lernen, findet sich in der Lernhilfeliteratur.

Nun sind „sehen", „hören" oder „tun" keine sehr einheitlichen Prozesse. Eine Vorlesung sieht man und hört sie auch. Einen geschriebenen Text „sieht" man ebenso. Eine Demonstration ist eine Handlung, die man sieht, ohne gleichzeitig selbst etwas zu tun. Die Unterscheidung zwischen „sehen",

„hören" und „tun" verschwimmt da etwas vor den Augen. „Tun" kann man ja bei einem Philosophiestoff ohnehin kaum etwas. Es kommt eben nicht allein auf den Sinneskanal an, sondern auf den Stoff und die Art der Präsentation und der inneren Verarbeitung.

Beim Textlernen sind es diejenigen Texte, die konkret sind und zu bildhaften Vorstellungen führen, die leichter gelernt werden. Beim Vokabellernen ist es günstig, zu lesen (sehen) und sich die Vokabel - schon wegen der Aussprache – laut vorzusprechen (hören) und sich den Sachverhalt möglicherweise bildhaft vorzustellen (sehen). Aus einem „gesehenen" Film, der ja besonders leicht aufgenommen werden kann, lernt man erstaunlich wenig, wenn man nicht mitschreibt. Ein Computerunterricht, also ohne dass Schüler das nach-„tun" können, was ihnen präsentiert wurde, ist insgesamt wenig hilfreich, weil man in der Schnelle der Präsentation gar nicht mitbekommen hat, an welcher Stelle des Bildschirms ein Klick gesetzt werden muss. Wahrscheinlich können alle Lerner bei gelesenem oder gehörten Stoff besser lernen, wenn er gut gegliedert ist und durch Bilder und Diagramme angereichert wird. Beim Hören im Unterricht und in der Vorlesung gibt es ja auch immer eine soziale Komponente, die motiviert und den Stoff anreichert. Das kann für einige Lerner bedeutsam sein.

Insgesamt muss man selber ausprobieren, wie man am besten lernt. Anregungen dazu finden Sie in dem Kapitel „Lernen im Alltag".

2.6 Abschließende Hinweise

Das Thema Lernverhalten wurde in diesem Kapitel relativ eng am Lernprozess selbst orientiert behandelt. Innerhalb des hier abgesteckten Rahmens muss der Einzelne seine individuellen Präferenzen, Stärken und Schwächen selbst ermitteln und sein Arbeitsverhalten darauf abstimmen. Bei der Darstellung des allgemeinen Rahmens haben wir uns soweit wie möglich auf empirisch gesicherte Befunde der wissenschaftlichen Psychologie gestützt. Wir haben uns dabei auf das Lernverhalten Erwachsener und Jugendlicher konzentriert, weil diese in erster Linie unsere Leser sein werden. Ausgeklammert wurden – obwohl wichtig – das Lernen in Arbeitsgruppen, Fragen der Materialfindung und Materialdokumentation sowie sozialpsychologische und gesellschaftliche Bedingungen des Lernens.

3

Motivation zum Lernen

Schwerpunktmäßig gibt das vorliegende Buch Hinweise darauf, wie Lernen effektiv gestaltet werden kann. Damit sind die verschiedenen Lernstrategien gemeint, die hier ausführlich behandelt werden.

Am allerwichtigsten ist: Der Lernende muss bereit sein, die Arbeit des Lernens auf sich nehmen und sich Leistungssituationen zu stellen. Er muss durch ein inneres Bedürfnis oder durch äußere Anregungen oder Zwänge zum Lernen angeregt werden. Auf diesen Aspekt gehen wir im vorliegenden Kapitel ein.

3.1 Wie kann die Motivation zum Lernen verbessert werden?

Nach langen Bildungsjahren und Einpauken von viel sinnlosem Stoff ist es oft nicht leicht, sich immer wieder zum Lernen zu motivieren. Hinzu kommt, dass das Lernen oft noch mit anderen angenehmeren Aktivitäten und Ablenkungen konkurriert. Natürlich, wenn Prüfungen für den Lebensweg wichtig sind, wird die notwendige Energie mobilisiert, aber auch dann ziehen sich die Vorbereitungen hin und erfordern lange Phasen des Verzichts auf angenehmere Beschäftigungen. Anstrengung und Verzicht müssen sofort erfolgen, der Lohn dafür stellt sich – wenn überhaupt – erst später ein. Es ist deshalb sinnvoll, den Lohn gewissermaßen vorzuziehen, indem man durch eine sichtbare Dokumentation die abgeleistete Lernzeit und die Lernfortschritte „in den Blick" bringt.

3.1.1 Selfmonitoring

▶ Fortschritte (auch kleine!) kann der Lernende für sich selbst dokumentieren (z. B., indem er eine Leistungskurve anfertigt und so auch optisch wahrnimmt, dass er Fortschritte macht). Die Lernfortschritte sollten in einem Kalender eingetragen werden, der sichtbar aufgehängt wird. So sind sie besonders augenfällig.

3.1.2 Autosuggestion

▶ Die erzielten Fortschritte kann der Lernende dann – z. B. durch einen Merksatz – seiner eigenen Anstrengung zuschreiben: „Schritt für Schritt werde ich durch meine Anstrengung immer besser."

3.1.3 Selbstbelohnung

▶ Zusätzlich kann man sich bei erreichten Zielen noch selbst belohnen. Neben sozialen Belohnungen, wie z. B. die Anerkennung wichtiger Bezugspersonen, können alle Aktivitäten, die der Lernende gerne ausführt, als Belohnung eingesetzt werden. Wer gerne Sport treibt, kann dies als Belohnung vorsehen. Für andere Lernende kann Fernsehen, ein Restaurantbesuch, einige Seiten im Kriminalroman zu lesen oder ein Spaziergang belohnend dafür sein, dass ein bestimmter Arbeitsabschnitt bewältigt bzw. die geplante Lernzeit eingehalten wurde.

3.1.4 Der Arbeitskontrakt

▶ Um sich noch weiter abzusichern, dass ausreichend gelernt wird, kann man mit sich selbst oder noch wirksamer mit anderen (Freunden, Bekannten, Eltern etc.) einen Arbeitskontrakt abschließen. Das macht man am besten schriftlich, formal korrekt mit Datum und Unterschriften. Dann kann man bei Einhaltung des Kontraktes stolz auf sich sein und dieses Gefühl mit anderen teilen. Die Beschämung vor sich selbst und noch mehr vor anderen beim Bruch des Kontraktes möchte man durch vermehrten Einsatz vermeiden. Konkurrenzorientierte Lernende können mit anderen Wetten abschließen, dass sie zum festgelegten Zeitpunkt bestimmte Aufgaben bewältigt haben. Studierende, die ihr Examen immer wieder vor sich hergeschoben haben, motivierten sich zum Examen, indem sie in einem

Brief an Eltern, Freunde und Bekannte ankündigten, zu einem bestimmten Termin eine Prüfung zu machen.

3.1.5 Mit Angst umgehen

Natürlich ist die Angst vor möglichem Versagen und seinen Folgen ein wichtiger Motivator. Wir stießen auf Zustimmung, wenn wir unsere Examenskandidaten aufforderten, die Angst freudig zu begrüßen und ihr dafür zu danken, dass sie ihnen hilft, sich an den Schreibtisch zu setzen. Den Studierenden war wohl bewusst, dass sie ohne die Angst weniger intensiv lernen würden. Insofern war der paradoxe Hinweis, Angst zu haben, wenn diese Angst nicht mehr auftaucht, für die Studierenden sehr nachvollziehbar. Natürlich kann die Angst auch zu stark und damit hemmend und kontraproduktiv wirken. Darauf gehen wir in Kap. 10 gesondert ein.

3.1.6 Die Gruppe motiviert

Gemeinsame festgelegte Termine, zu denen man sich zum Lernen trifft, erhöhen die Verbindlichkeit sich selbst gegenüber, die eigene oder gemeinsame Planung einzuhalten. In Lernteams wird das Gelernte diskutiert, man kann ihm neue interessante Aspekte abgewinnen, die Lernenden unterstützen sich gegenseitig und können sich für die gemeinsame Arbeit gegenseitig wertschätzen. Lernmaterialien und Informationen werden ausgetauscht, und in diesem Prozess übernimmt man Verantwortung für die Gruppe, ermutigt sich gegenseitig, strengt sich an und überbrückt auf diese Weise auch schwierigere Phasen im Lernprozess.

3.1.7 Begeisterung für einen Menschen

Lehrer und Eltern wissen, dass Kinder mit schwachen Leistungen sich nach einem Lehrerwechsel manchmal sehr stark verbessern. Die Zuneigung oder Bewunderung für den Lehrer ist ein mächtiges Motiv, sich anzustrengen. Tatsächlich gilt das, was für Kinder zutrifft, auch für viele Erwachsene. Nicht immer kann man sich den Lehrer oder Dozenten aussuchen. Oft ist es möglich, z. B. in den Sprechstunden an den Hochschulen, einen persönlicheren Kontakt zu den Dozenten herzustellen. Lernt man sie besser kennen, dann entsteht oft auch Bewunderung und Sympathie, und man arbeitet nicht nur des Stoffes wegen, sondern auch weil man die

Lehrkraft mag und schätzt, von ihr anerkannt werden möchte oder sie nicht enttäuschen möchte. Bei Universitätsdozenten ist es möglicherweise deren Forschungsarbeit, die Bewunderung und Anerkennung zulässt. Beschäftigen Sie sich also ein wenig mit der Arbeit der Lehrer und Prüfer.

3.1.8 Attributionsmuster

Lernende strengen sich an, weil sie hoffen, Erfolg zu haben und dann auf sich stolz sein können. Sie strengen sich auch an, weil sie das Gefühl der Scham im Falle eines Misserfolgs vermeiden möchten. Es gibt nun günstige und ungünstige Formen, wie sich Lernenden ihre Erfolge bzw. Misserfolge erklären. Für die Motivation zum Lernen ist die günstigste Erklärung, dass der Erfolg auf die eigene Anstrengung zurückgeht und der Misserfolg auf zu geringe Anstrengung. Habe ich Erfolg und erkläre ihn mir damit, dass ich mich dafür angestrengt habe, dann weiß ich, dass ich mich beim nächsten Mal wieder anstrengen muss. Wenn ich mir Misserfolg damit erkläre, dass ich mich zu wenig angestrengt habe, weiß ich, dass ich das ändern kann, indem ich mich in der Zukunft wieder mehr anstrenge.

> Sagen Sie sich in der Zukunft also bei Erfolg, dass Sie sich angestrengt haben. Sollten Sie einen Misserfolg erleben, sagen Sie sich: „Diesmal habe ich mich noch nicht genug angestrengt, mit mehr Anstrengung werde ich wieder Erfolg haben." Bei diesem längerfristigen Prozess der Motivierung können Sie sich selbst unterstützen, indem Sie ein Blatt mit dem Text „Ich habe Erfolg, weil ich mich anstrenge!" anfertigen. Ein Blick auf das Blatt wird Sie immer wieder daran erinnern, Ihre Selbstgespräche so zu verändern, dass Sie sich damit motivieren und sich weiter anstrengen.

3.2 Motivation aus der eigenen Lernorganisation

Im günstigen Fall empfindet der Lerner die Lernaktivität selbst als belohnend, z. B. weil er gerne liest, gerne im Internet recherchiert oder sich gern mit anderen über bestimmte Themen austauscht. Manchmal ist es möglich, das Lernziel auf unterschiedlichen Wegen mit verschiedenen Methoden zu erreichen. Die Analyse des eigenen Lernens, um herauszufinden, welche Strategien zum Erfolg geführt haben (eventuell anhand eines Lerntagebuches, in dem notiert wird, wie man gelernt hat und womit man Erfolg hatte), führt zu günstigerem Lernen. Dieses Vorgehen wird von einigen Autoren als *WOWW*-Strategie beschrieben (*Work On What Works*).

Dann ist die Methode am motivierendsten, mit der man am liebsten arbeitet. Es kann auch sein, dass der Lernende ein bestimmtes Thema besonders interessant und für sich persönlich bedeutsam findet und sich deshalb mit ihm beschäftigt. In diesen Fällen wird das Lernen selbst als angenehmes und mit positiven Gefühlen verbundenes Tun erlebt. Es kann dabei sogar zu dem sogenannten „Flow-Erleben" kommen, einem Hochgefühl, wie es z. B. von Bergsteigern oder Langläufern berichtet wird (Csikszentmihalyi 1985).

3.2.1 Identifikation mit dem Lernstoff

Der Lernende wird motivierter lernen, wenn er den Lernstoff wichtig findet. Das bedeutet, dass er sich – besonders bei anstrengenden oder langweiligen Themen – verdeutlicht, warum er sich dieser Aufgabe stellt, welcher praktische Nutzen (eventuell langfristig) aus dem Gelernten zu ziehen ist. Überlegungen dazu, was man mit dem Gelernten praktisch anfangen kann, z. B. ob man die Freundin mit dem Wissen beeindrucken könnte, ob man damit Geld verdienen könnte oder jemandem eine Freude damit machen kann, sind nur einige Beispiele.

> **Beispiel**
> Der Autor motiviert sich für das Lernen der französischen Sprache, indem er einen Urlaub in Frankreich plant, eine Bekannte befasst sich mit geografischen und sozialen Fragen afrikanischer Staaten, weil sie einen Asylbewerber aus Kenia betreut, Schülerinnen und Schüler einer Kölner Schule lernen Mathematik und Buchführung, um in den Unterrichtspausen einen Verkaufsstand zu betreiben.

Nicht zuletzt ist die Verwendung der Lernstrategien, wie wir sie in den folgenden Kapiteln beschreiben, motivierend. Wenn man, manchmal erst nach einiger Übung, merkt wie gut man lernen kann, führen diese Erfolge zu einer positiven Einstellung zum Lernen.

3.2.2 Eigene Ziele finden

Das Lernen fällt leichter, wenn man für ein Ziel lernt, dass man selbst bestimmt hat. Einer der Autoren hatte das Ziel, Psychotherapeut zu werden. Dieses Ziel wurde zu einem zentralen Teil seiner persönlichen Identität. Den Lernstoff, der für dieses Ziel bedeutsam war, bearbeitete er mit großem Interesse, und es fiel ihm überhaupt nicht schwer, sich für diesen Teil des Studiums zu motivieren. Das Studienziel zu einem Teil der eigenen Identität zu machen, kann stark und überdauernd zum Lernen motivieren. Studierende können sich selbst wiederholt sagen: „Ich bin ein zukünftiger Lehrer, Anwalt, Arzt etc. und dafür lerne ich jetzt." Wenn das Lebensziel ist, Pilot zu werden, wird der Lerner eher bereit sein, sich mit bestimmten Themen aus der Physik und Mathematik zu beschäftigen, als wenn er überhaupt nicht einsieht, wozu dieses Wissen nützlich ist. Hier haben es die Studierenden leichter, die sich selbstbestimmt für ein Studienfach bzw. ein damit verbundenes Berufsziel entschieden haben.

> **Beispiel**
>
> Wie wirksam solche identitätsstiftenden Aussagen sein können, zeigt sich bereits bei jüngeren Kindern. Der 5-jährige Paul brauchte oft sehr lange, bis er auf eine an ihn gestellte Frage antwortete. Die Eltern waren darüber etwas beunruhigt, bis Paul selbst sagte: „Ich bin ein Vordenker." (Damit meinte er, dass er erst denkt, bevor er etwas sagt.) Tatsächlich entwickelte Paul eine Haltung, sich Zeit zu nehmen und Fragen sehr reflektiert zu beantworten. In seiner späteren schulischen Laufbahn war das sehr erfolgreich (s. Walton 2014).

3.2.3 Selbstbestimmung

Durch Erstellen eines Zeitplanes ist ein gewisses Ausmaß an Selbstbestimmung bereits möglich. Oft kann der Lernenden auch selbst den Ort und die Zeit zum Lernen bestimmen. Er kann selbst festlegen, nach welchen Methoden er am besten lernt, und manchmal auch, was er lernen will. Diese Freiheitsspielräume verstärken das wichtige Gefühl, selbstbestimmt zu handeln.

3.2.4 Lernen und Stimmung

In Interviews, die wir mit Lernenden durchgeführt haben, berichteten viele, dass sie besser lernen, wenn sie in guter Stimmung sind. Das kann man ein wenig selbst kontrollieren, z. B. mit einem schönen Frühstück beginnen, etwas gute Musik hören, mit einem eleganten, wertvollen Kugelschreiber Notizen machen. Eine angenehme Lernumgebung in einem Raum, in dem man sich wohlfühlt, ein ordentlicher Schreibtisch, ein geeigneter gut funktionierender PC, die gute Verfügbarkeit von Büchern und sonstigen Arbeitsmitteln können die Freude am Lernen selbst unterstützen. Hier ist der Lernende selbst gefragt, sich zu überlegen, was ihm im Zusammenhang mit der Lernen alles Freude machen kann.

Auch wenn vielfach die Motivation, die sich aus dem Interesse am Thema ergibt (intrinsische Motivation), als Idealfall gilt, ist die zusätzliche Motivierung durch solche „äußeren" Faktoren (extrinsische Motivation) insbesondere bei schwächeren Lernenden notwendig und wirksam.

3.2.5 Eine gefährliche Erfahrung

An dieser Stelle soll auf eine Erfahrung hingewiesen werden, die die Lernmotivation wirkungsvoll verpuffen lassen kann: Die Erfahrung, es geht auch ohne Anstrengung. Prüfungen werden manchmal ohne viel Lernen bestanden, dann wird man zunehmend unfähiger, sich gründlich vorzubereiten. Die Gefahr ist dann groß, dass es beim nächsten Mal nicht mehr klappt. Das ist vergleichbar mit dem Bergsteiger, der immer schönes Wetter hat und deshalb keine Regenkleidung mehr mitnimmt. Beim nächsten Mal schlägt das Wetter aber vielleicht um, und er kommt wegen Nässe und Kälte in eine sehr unangenehme und sogar gefährliche Lage.

> **Beispiel**
>
> Vergleichbares passierte einem Schüler, der im Rahmen eines Schüleraustausches in den USA den Führerschein erwarb. Der amerikanische Führerschein wurde in Deutschland nicht anerkannt, und der Schüler musste noch einmal die Fahrschule besuchen und die deutsche Führerscheinprüfung absolvieren. Aus der Fehleinschätzung, dass er schon fahren könne, war der Schüler nicht motiviert, für die deutsche Führerscheinprüfung zu lernen und erlebte einen für ihn sehr peinlichen Misserfolg.

Bezüglich der vielen Vorschläge, die in unserem Buch gemacht werden, gilt:

> Jeder muss für sich selbst experimentieren, um herauszufinden, was für ihn eine optimale Lerntechnik sein könnte, die ihm am meisten Spaß macht und mit der er gut lernt.

An dieser Stelle noch einmal unser Vorschlag bzw. Wunsch:

Besonders in Institutionen, in denen Lernen eine wichtige bzw. die Hauptrolle spielt, sollten dem Einzelnen spezielle Kurse angeboten werden, um

- verschiedene Lernmethoden kennenzulernen und
- sich nutzbare Elemente davon anzueignen.

Dieser Vorschlag wird unterstützt durch die verschiedenen Theorien und Forschungen zum selbst gesteuerten Lernen:

> Lernende sollten vor, während und nach dem Lernprozess ihren Erfolg beurteilen. Diese Reflexion bezieht sich auf Prozesse der Orientierung und Planung vor einer Lernaufgabe, die Überwachung, Beurteilung und Korrektur des aktuellen Lernprozesses sowie die Auswertung der gemachten Erfahrungen für die Zukunft (Opwis 1998).

Dies klingt nun leichter, als es im wirklichen Leben – bei einer Lernaufgabe auf sich allein gestellt – ist. Man fragt sich: Müsste alles nicht viel schneller gehen? Weiß ich mehr oder weniger als andere? Habe ich die erforderlichen Fähigkeiten? Die Antworten auf diese Fragen werden weniger Resultat eines „objektiven" Vergleichs als vielmehr einer allgemeinen Stimmungslage sein. Im Lernprozess ist es schwierig zu beurteilen, ob ein eingeschlagener richtiger Weg zu früh verlassen oder ein falscher Weg zu spät aufgegeben wird. Am Anfang scheinen alle Lernaufgaben übermäßig schwierig. Wer glaubt zu Beginn des Medizinstudiums schon, all die vielen Anatomiebegriffe einmal lässig auswendig zu können? Es ist ein wenig wie bei einer Expedition in unbekanntes Gelände, wo man über weite Strecken darauf vertrauen muss, dass der eingeschlagene Weg zum Ziel führen wird. Von Expeditionen wissen wir, dass Durchhaltevermögen, ein unbesiegbarer Wille, die Fähigkeit, Rückschläge auszuhalten, und ein manchmal völlig übertriebenes Selbstgefühl und übergroßer Optimismus die Bedingungen zum Erfolg waren.

Eine konkrete Maßnahme ist in diesem Zusammenhang empfehlenswert: Führen Sie ein Lerntagebuch, in das Sie die Beurteilung des Lernfortschrittes, das Erreichen der gesteckten Zwischenziele, aber auch emotionale

Schwierigkeiten und Störungen des Lernprozesses niederschreiben. War der Lernprozess nach einiger Zeit insgesamt gelungen, können Sie daraus lernen, wie Sie es geschafft haben. Haben Sie jedoch den Lernprozess abgebrochen, oder er scheiterte aus anderen Gründen, könnten Sie – eventuell auch mit der Hilfe eines Vertrauten – versuchen, anhand des Lerntagebuchs zu analysieren, warum es dazu kam.

3.3 Abbau von Lernbarrieren und Aufbau von Erfolgszuversicht

Viele Lernende haben in der Schule, aber auch bereits im Vorschulalter ungünstige Erfahrungen beim Lernen gemacht. Unwillkürlich nehmen Eltern ihren Kindern häufig die Möglichkeit, sich selbst als wirksam und erfolgreich zu erleben, z. B. wenn sie in guter Absicht bei Schwierigkeiten zu früh helfend eingreifen.

Im Entwicklungsverlauf kommen oft weitere ungünstige Erfahrungen bei letztlich nicht vermeidbaren Misserfolgen hinzu: Beschämungen, Bestrafungen, Ausgeschlossenwerden bis hin zu persönlichen Abwertung und Liebesentzug. Das Ausmaß der entmutigenden Erfahrungen scheint kulturspezifisch zu sein. In den U.S.A. werden Misserfolge, wie z. B. ein berufliches Scheitern weniger dramatisch bewertet als in Deutschland. Damit wird es für Amerikaner eher als für Deutsche als selbstverständlich gesehen, dass man nach einem Scheitern den nächsten Versuch unternimmt.

So wie sich im Verlauf einer Biografie aufgrund entmutigender Erfahrungen unbewusste Lernbarrieren aufbauen können, finden sich in jeder Biografie ebenso unbewusste (vergessene) Erfahrungen von Erfolgserlebnissen. Die Erinnerung an diese positiven Erfahrungen und die damit verbundenen Fähigkeiten sind wichtige Ressourcen, die bei der Überwindung von Lernbarrieren helfen und zur Stärkung des positiven Gefühls der Zuversicht und Selbstwirksamkeit beitragen.

Diese Sichtweise vom Unbewussten als einer Quelle von positiven Erfahrungen und nutzbaren Fähigkeiten, Fertigkeiten und Gefühlen wurde von dem wohl innovativsten Hypnoseforscher- und therapeuten Milton Erikson betont. In der von ihm entwickelten Therapie erweisen sich suggestive Beeinflussungen als außerordentlich wirksam bei der Überwindung einschränkender und behindernder Lebenseinstellungen und der (Wieder-)Nutzung aus früheren Erfahrungen erinnerten Kräfte und Fähigkeiten (Erickson und Rossi 1981).

Ein alternativer Ansatz der Pädagogik, die Suggestopädie, greift diesen Aspekt der Hypnoseforschung auf, z. B. indem Lernstoff in Entspannungsphasen mit Musikunterstützung dargeboten wird und die Lernenden den Stoff mit kindlichen Liedern, Reimen, Bewegungsspielen und Geschichten einüben (Ostrander und Schroeder 1982).

Im Unterricht soll der Lehrer die Überzeugung vermitteln, dass der Schüler über die Ressourcen zur Bewältigung der entsprechenden Lebens- bzw. Lernaufgaben verfügt.

Der Lehrer kann dann diese Überzeugung direkt oder indirekt vermitteln: Direkte verbale und an die bewusste Wahrnehmung gerichtete Beeinflussungen, wie z. B. die Aufforderung: „Konzentrier Dich jetzt!" sind oft weniger wirksam, als solche Botschaften, die mehr indirekt, z. B. durch Mimik, Gestik, Haltung, Intonation und Rhythmisierung der Sprache, Bilder, Metaphern, Geschichten oder Analogien (s. Kap. 8), vermittelt werden. Er kann z. B. eine Geschichte erzählen, wie eine dem Lernenden ähnliche Person sich daran erinnert, wie sie mit Erfolg eine schwierige Lern- oder Prüfungssituation bewältigt hat.

Einen Schüler mit Selbstzweifeln an seiner Leistungsfähigkeit kann der Lehrer bitten, sich an Situationen zu erinnern, in denen er ganz mühelos – im Vertrauen auf sein Unbewusstes – eine besondere Leistung vollbracht hat; z. B. wenn er aus aussichtsloser Position beim Tennis einen glänzenden Schlag ausgeführt hat, der den Punkt gebracht hat. Unabhängig von einem Lehrer kann der Lernende selbst solche Situationen aus seinem Gedächtnis abrufen. Das Gefühl der Kompetenz aus dieser Situation kann dann auf andere Leistungssituationen *übertragen* werden (eine Instruktion für die durch den Lernenden eigenständige Durchführung einer solchen „Kompetenzübertragung" finden Sie am Ende dieses Kapitels s. u. Ankern).

Insbesondere in Trainings- und Coachingseminaren finden sich suggestopädische Unterrichtsformen, die den Abbau von Lernbarrieren und den Aufbau von Erfolgszuversicht in den Vordergrund stellen (Grötzebach 2010). In einer kritischen Übersicht zur suggestopädischen Unterrichtsmethode fasst Edelmann (2016) deren Merkmale zusammen:

- bewusster Einsatz von Autorität und Vertrauen in der Beziehung zwischen Lehrer und Schüler,
- Anwendung suggestiver Methoden,
- Schaffen von Erfolgszuversicht,
- Entspannungsübungen und entspannte Lernatmosphäre,
- Einsatz von Musik

Im Idealfall fühlen sich selbst erwachsene Lerner im suggestopädischen Unterricht wie Kinder, die dem Lehrer glauben und sich daran erinnern, wie sie mühelos und mit Freude komplizierte Fertigkeiten, wie z. B. die Muttersprache, erlernt haben. In suggestopädischen Lerngruppen wird eine unbekümmerte Stimmung gefördert und die Erwachsenen führen ohne Angst mit kindlicher Freude Rollenspiele aus, singen Lernstoff auf die Melodien von Kinderliedern oder sprechen im Chor dem Lehrer nach. So berichten Teilnehmer eines Superlearningkurses Latein, dass Sie das Partizip Präsens Aktiv verschiedener Verben auf die Melodie des Kinderliedes „Mein Hut der hat drei Ecken" singen lernten. In der universitären Prüfung sangen sie dann intern das Kinderlied und erinnerten auf diese Weise die richtigen Formen.

3.4 Zusammenfassung und Konsequenzen für die Selbststeuerung von Lernprozessen

Übersicht

- Lernzeit und Lernfortschritte sichtbar dokumentieren (z. B. auf einem Kalender im Blickfeld des Schreibtisches)
- Lerntagebuch führen und erfolgreiche Lernmethoden finden und nutzen
- Lernerfolge sich selbst mit Anstrengung erklären, Misserfolge mit fehlender Anstrengung
- „leichte Erfolge" als Glück ansehen und anerkennen, dass Glück nicht anhält und neue Anstrengung erforderlich ist
- Angst als hilfreiche Motivation anerkennen
- planen zeitnaher Belohnungen,
- anerkennen menschlicher und fachlicher Kompetenz des Lehrer
- maximieren von Selbstbestimmung hinsichtlich Lernzeit, Lernort Lernmethoden und Lernzielen
- Arbeitskontrakte mit sich selbst oder anderen in Schriftform abschließen
- Sich zu festgelegten Terminen mit anderen austauschen
- Sich selbst Sinn und praktischen Nutzen des Lernerfolgs bewusst machen, z. B. durch Anerkennung des Lernziels für die zukünftige berufliche Identität
- den Stoff auditiv, bildhaft, motorisch kodieren, z. B. durch Singen, Tanzen, Reimen und Rhythmus der Sprache
- Wechsel der Lernmethoden und Abwechslung zwischen Entspannungsphasen (Musikhören, Autogenes Training) und Anspannungsphasen mit körperlicher Bewegung)
- in der Entspannung selbst eigene positive Suggestionen innerlich sprechen und bildhaft an frühere Erfolgserlebnisse erinnern
- Lernstoff auf Plakaten in der Lernumgebung aufhängen
- Darbietung von Lernstoff während des Musikhörens, z. B. von einem (selbstbesprochenen) Tonträger

3.5 Anleitung zum Abbau von Lernbarrieren und zur Nutzung positiver Ressourcen für Lern- und Prüfungssituationen

Wählen Sie Zeit und Ort für die folgende Übung so, dass Sie nicht gestört werden können. Machen Sie es sich so bequem wie möglich und entspannen Sie sich so gut Sie können. Sie können dazu eine Entspannungstechnik verwenden (autogenes Training, Jacobson-Training etc.) oder ihre eigenen Erfahrungen und Erinnerungen an eine Situation nutzen, in der Sie sich gut entspannt gefühlt haben, indem Sie sich einfach daran zurückerinnern. Sie können die Augen geöffnet halten oder sie früher oder später schließen.

Erinnern Sie sich dann an eine Situation, in der Sie sich wirklich kompetent und gut gefühlt haben. Das kann irgendein Erfolg sein, das kann eine Situation aus dem Sport, aus Ihrem Hobbybereich, aus einer sozialen Begegnung sein. Vielleicht spielen Sie Fußball oder Tennis und Sie erinnern sich an einen Schuss oder einen Ballwechsel, der Ihnen besonders gut gelungen ist (Abb. 3.1).

Stellen Sie sich diese Situation bildlich vor: z. B. den Raum, in dem Sie sich befanden, Ihren Spielpartner, die Farbe des Balles usw. Wenn Sie das Bild möglichst detailliert vor Ihrem inneren Auge sehen, drücken Sie mit der rechten Hand leicht auf den Rücken Ihrer linken Hand. Führen Sie dann die rechte Hand wieder zurück.

Achten Sie auf die Geräusche in dieser Szene, z. B. die Stimmen im Raum, das Aufschlaggeräusch des Balles usw. Drücken Sie dann wieder mit

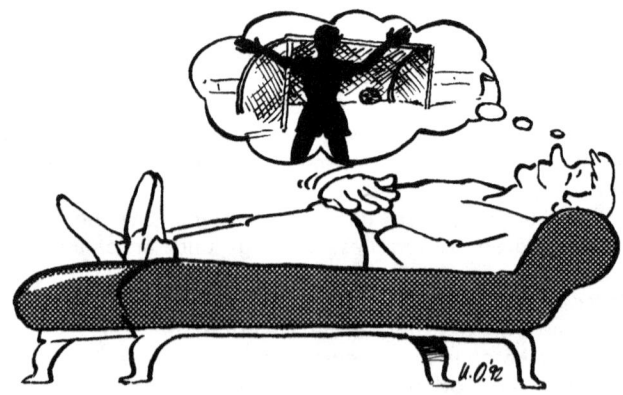

Abb. 3.1 Nutzen positiver Ressourcen beim Lernen und in Prüfungen

der rechten Hand leicht auf den Rücken der linken Hand. Führen Sie jetzt die Hand wieder zurück.

Erinnern Sie sich an die Gefühle in diesem Moment. Achten Sie auf Veränderungen des Atems, der körperlichen Leichtigkeit usw. Drücken Sie wieder, wie vorher, mit der rechten Hand auf den Rücken Ihrer linken Hand.

Stellen Sie sich die ganze Szene noch einmal mit Bildern, Geräuschen und Gefühlen vor und drücken Sie wieder mit der rechten Hand auf den linken Handrücken.

Wiederholen Sie den Vorgang noch einmal. Überprüfen Sie, wie durch Drücken der Stelle auf Ihrem linken Handrücken die Szene komplett auftaucht.

Wiederholen Sie diesen Vorgang mindestens eine Woche lang zweimal täglich.

Sie haben jetzt die Möglichkeit, immer wenn Sie es brauchen, sich durch Drücken der Stelle auf dem linken Handrücken in eine günstige innere Verfassung zu versetzen, in der das Kompetenzgefühl aus der vorgestellten Situation sich automatisch positiv in der schwierigen Situation auswirkt (z. B. beim Lernen oder in Belastungssituationen wie Vorträgen oder Prüfungen). Die Bewegung der rechten Hand zum linken Handrücken kann leicht ausgeführt werden, ohne dass dies von Beobachtern bemerkt wird.

4

Bildhafte Vorstellungen als Gedächtnisklammern

4.1 Gedächtnisleistungen und visuelle Vorstellungen

Bilder oder visuelle Vorstellungen können leicht und dauerhaft gespeichert werden. Versuchspersonen waren in erstaunlichem Maß fähig, aus einer Gesamtmenge von 10.000 Bildern diejenigen wiederzuerkennen, die vorher gezeigt worden waren (Standing 1973). Vergleichbare Leistungen lassen sich mit Wörtern oder sinnlosen Silben nicht erzielen.

Ein Phänomen, das von den Autoren als „Hypermnesie" bezeichnet wird (vgl. Erdelyi und Becker 1974; Erdelyi 1976), belegt in überraschender Weise, wie sich das Lernen von Bildern und das Lernen von verbalem Material unterscheiden. Seit Ebbinghaus (1885) seine Ergebnisse beim Lernen von sinnlosen Silben veröffentlichte, galt als unumstrittene Tatsache, dass die Erinnerungsleistung (sowohl als Wiedererkennensleistung als auch als Leistung der freien Wiedergabe) mit dem Zeitintervall nach dem ursprünglichen Lernen exponentiell abnimmt. Für bildhaftes Lernmaterial gilt aber eine ganz andere „Vergessenskurve". Werden nach dem ursprünglichen Lernen einige Wiedergabeversuche unternommen, steigt die Reproduktionsleistung mit der Zeit sogar an!

Bei extremen Gedächtnisleistungen spielen bildhafte Vorstellungen eine zentrale Rolle. Shereshevski war ein von Luria (1968) über eine längere Zeitspanne untersuchter Gedächtniskünstler. Er konnte sich z. B. nach 3-

minütigem Lernen eine Matrix von 50 Ziffern einprägen und sich dann über Jahrzehnte genau an diese Zahlenmatrix erinnern. Er konnte mühelos Folgen von 70 Ziffern, Wörtern oder Buchstaben lernen. Dies lag vermutlich an seinen Synästhesien, seiner Veranlagung mit Worten und Zahlen auch immer bildhafte Vorstellungen zu verbinden (Yaro und Ward 2007). Gleichzeitig bereiteten ihm seine automatischen bildhaften Vorstellungen aber auch Probleme. Automatisch aufsteigende Bildvorstellungen bei der Wahrnehmung von Worten und Sätzen waren so lebhaft, dass er Schwierigkeiten hatte, einem eher abstrakten verbalen Bedeutungsgehalt zu folgen. Als er als Gedächtniskünstler arbeitete, verwandte er eine Gedächtnistechnik, die der hier später beschriebenen Locitechnik stark ähnelt.

Heutige professionelle Gedächtniskünstler, die mit ihren Tricks das Fernsehpublikum in Erstaunen versetzen, arbeiten ebenfalls mit der Locitechnik, also mit bildhaften Vorstellungen als Gedächtnisklammern (vgl. hierzu Lorayne und Lucas 2000).

Ein gutes Schulbuch soll reichhaltig mit Illustrationen und Grafiken ausgestattet sein. Die wissenschaftlichen Ergebnisse bezüglich der Illustration von Lernmaterial sind eindeutig. Besonders bekannt wurde eine frühe Studie von Düker und Tausch (1970), in der gezeigt wurde, dass nicht nur solche Teile des Lernstoffes, die im Anschauungsmaterial zu beobachten waren, besser gelernt wurden. Auch Informationen, die im Anschauungsmaterial nicht zu beobachten waren, etwa der Verbreitungsraum eines bestimmten Tieres, wurden besser gelernt, wenn ein ausgestopftes Exemplar des Tieres gezeigt wurde.

Welche Merkmale von Bildern behalten und welche vergessen werden, kann Hinweise darauf geben, warum bildhafte Information besser behalten wird (Schuster und Woschek 1989): So führt z. B. die Ausarbeitung von Details in Zeichnungen im Vergleich zu Umrisslinienbildern nicht zu einer Verbesserung des Gedächtnisses (z. B. Anglin und Levie 1985). Tatsächlich werden unwesentliche Bildeinzelheiten unmittelbar nach der Darbietung vergessen (Rock et al. 1972).

Sicher gibt es aber einen wesentlichen Unterschied zwischen Bildern und Wörtern: Wörter sind immer die Bezeichnung eines allgemeinen Falles, also unterscheiden sich nicht individuell, während Bilder, auch vorgestellte Bilder, immer irgendwie einzigartig sind. Möglicherweise kann man sich auch deshalb leichter an sie erinnern. Wenn Bilder nämlich schematisch gezeichnet waren, waren sie nicht besser erinnerbar als Wörter (Nelson et al. 1974).

4.2 Die „Vagheit" visueller Vorstellungen und Erinnerungen

Auf der anderen Seite können die inneren bildhaften Prozesse sicher nicht mit der internen Generierung einer Fotografie verglichen werden. Wir hätten nicht so große Schwierigkeiten mit der naturgetreuen Abbildung unserer Umwelt, wenn tatsächlich genaue Bilder ins Gedächtnis gerufen werden könnten. Testet man visuelle Erinnerungen etwa an dem Grundriss der eigenen Wohnung (Norman und Rumelhart 1978), kann es zu erstaunlichen Abweichungen von der Wirklichkeit kommen. Kenntnisse über die Art und Weise, in der Grundrisse im Allgemeinen gestaltet sind, fließen in die Erinnerung ein. Diese Ergebnisse entsprechen auch der Erfahrung, dass Gedächtnisbilder vage und wenig ausgearbeitet sind (obwohl es hier interindividuelle Unterschiede zu geben scheint, s. Richardson 1977).

Nickerson und Adams (1979) untersuchten, wie viele Details eines Cents, also einer häufig gesehenen Münze, erinnert werden. (Das ist übrigens ein interessantes Experiment für Schulklassen und Studentengruppen: Lassen Sie einmal die Vorder- und Rückseite der Cent-Münze zeichnen!) Tatsächlich kommt es bei der Wiedergabe zu groben Abweichungen von der wirklichen Gestaltung der Münze.

Wenn das Gedächtnis für visuelle Informationen auch sehr gut ist, so zeigt sich doch, dass im einzelnen Detail kein fotografisches Abbild gespeichert, sondern in der mentalen Vorstellung eher auf gespeicherte visuelle Prototypen zurückgegriffen wird (vgl. Schumann-Hengsteler 1995). Dies z. B. ist leicht durch den Versuch demonstrierbar, eine Landkarte Europas zu zeichnen. Italien, das dem Stiefel bzw. der Form des unteren Beines ähnelt, kann recht korrekt wiedergegeben werden, die anderen Landesgrenzen machen aber Schwierigkeiten.

4.3 Historische und aktuelle Vorbehalte gegen die Bildmnemonik

Beim Lesen der in diesem Kapitel beschriebenen Techniken werden Sie vielleicht denken: „Das ist mir zu kompliziert und erfordert ja mehr Aufwand als normales Lernen." Daher werden Sie also vielleicht gar nicht erst probieren, ob die beschriebenen Verfahren funktionieren. Tatsächlich sind sie außerordentlich wirkungsvoll. Mit der Locitechnik kann sich jeder fast ohne Mühe z. B. eine Reihe von 50 Stichwörtern bei einmaligem Hören merken, und das sogar in der richtigen Reihenfolge. Ohne diese Technik ist das kaum möglich. Das glaubt man aber erst dann, wenn man es wirklich einmal ausprobiert. Mittelalterliche Gelehrte haben sich mit einer ähnlichen Technik einen riesigen Zitatenschatz aus den Werken der antiken Philosophen gemerkt. Also frisch ans Werk: Probieren Sie die Technik wenigstens einmal an einem Lernstoff, den Sie sich merken wollen. Locitechniken sind im Grundsatz die gleichen Techniken, mit denen Gedächtniskünstler Unglaubliches leisten.

Den Rhetorikschulen der Griechen waren visuelle Gedächtnistechniken bekannt (Yates 1984). Die Möglichkeiten schriftlicher Notizen (Wachstafel!) waren damals begrenzt. In unserer Zeit sind diese Gedächtnishilfen – vielleicht auch wegen der leichten Verfügbarkeit externer Speichermöglichkeiten – in Vergessenheit geraten. Es gibt aber auch noch einen anderen Grund dafür.

Die Bilder der Gedächtnistechniker wurden, gerade in einer Zeit des protestantischen Bildersturms, mit Misstrauen betrachtet: Man stelle sich etwa vor, der Christus am Kreuz würde für ein mnemotechnisches Bild verwendet oder es käme gar zu Bildern mit erotischem Inhalt. Weil man also durch die unkontrollierbaren Vorstellungsbilder einen Sittenverfall fürchten musste, verschwanden die Mnemotechniken nach einer letzten Blüte unter Winkelmann und Giordano Bruno aus dem Schulbetrieb (Vogt 2001).

Auch andere Lernbücher schätzen z. B. die Locitechnik nicht sehr hoch ein (z. B. Kugemann 1997). Das mag an einem Nachleuchten der historischen (Vor-)Urteile liegen. Auch wurden sie von den Autoren offensichtlich nicht mit der nötigen Experimentierfreude ausprobiert. Sie erschließen sich erst dem, der ihnen etwas Vertrauensvorschuss gibt! Dann kann der Einsatz dieser Lerntechnik – z. B. in Jugendgruppen, in Schulklassen, aber auch in Seniorenkursen – zu einem interessanten Programmpunkt werden. Die überraschend leicht erbrachten Gedächtnisleistungen können dann für den ganzen weiteren Umgang mit Lernanforderungen einen Motivationsschub bewirken.

Wir beginnen die Darstellung der Gedächtnistechniken, die sich der Bildvorstellungen bedienen, mit der Locitechnik, weil sie die meisten Anwendungsmöglichkeiten bietet. Hier gehen wir auch ausführlich darauf ein, wie die Gedächtnisbilder geformt werden sollen. Dies gilt dann für die folgenden Techniken gleichermaßen. Darauf folgt die Kennworttechnik, die eigentlich sehr ähnlich ist, aber anstelle der Ortsreihenfolgen auf andere bekannte Reihungen zurückgreift. Mit der Locitechnik, der Kennworttechnik, der Geschichtentechnik und der Technik der assoziativen Verbindungen kann man gleichermaßen eine Anzahl von Begriffen in einer festgelegten Reihenfolge lernen. Das wirkt zunächst nur wenig nützlich. Tatsächlich gibt es aber, bis zum Lernen von langen Zahlen, viele mögliche Anwendungen, die wir speziell bei der Locitechnik ausführlich beschreiben. Bei den anderen Techniken weisen wir dann nur noch auf spezifische Anwendungen hin. Dann folgt ein Absatz über Bildvorstellungen als Gedächtnisklammern, die für ganz verschiedene Lernstoffe ausgearbeitet sind (z. B. Vokabellernen mit der Ersatzwortmethode oder das Lernen von Namen). Wenn Sie den Text bis dahin studiert haben, dann sind Sie auch in der Lage, für neue Lernstoffe Lernhilfen mit Bildklammern zu konstruieren.

4.4 Lernen wie die Gedächtniskünstler: die Locitechnik

Bereits griechische und römische Redner benutzten die Locitechnik, um sich für den freien Vortrag die wichtigsten Punkte ihrer langen Reden einzuprägen. Ihren lateinischen Namen, übersetzt „Technik der Orte", trägt sie, weil es noch lateinische Schriften gibt, in denen sie überliefert ist (von Cicero und Quintilian). Die Erfindung der Technik wird aber schon dem griechischen Dichter Simonides, der etwa 500 v. Chr. lebte, zugeschrieben.

Eine etwas drastische Ursprungsgeschichte illustriert die Erfindung der Locitechnik und lässt ihr Grundprinzip erkennen (s. Yates 1984): Der Dichter Simonides hatte den Auftrag, in einer Gesellschaft ein Gedicht zu Ehren des Gastgebers vorzutragen. In sein Gedicht flocht er einige Verse zum Lob der Götter Castor und Pollux ein. Nach dem Vortrag zahlte der Gastgeber nun nur die Hälfte des vereinbarten Honorars und riet Simonides, sich die andere Hälfte von Castor und Pollux zu holen.

Kurz danach wurde Simonides von zwei jungen Männern – Castor und Pollux – hinausgebeten. Während er sich draußen aufhielt, stürzte das Gebäude zusammen und begrub alle im Haus unter sich. Als man die Toten ausgrub, konnten die Verwandten ihre Angehörigen nicht mehr erkennen. Simonides, der sich erinnerte, wer an welchem Platz gesessen hatte, identifizierte die Opfer.

Durch dieses Ereignis kam er auf den Gedanken, als Erinnerungshilfe bildliche Vorstellungen an verschiedenen Plätzen in einer bekannten Umgebung anzuordnen. Später können diese Plätze in der Vorstellung durchgegangen und die Informationen kann auf diese Weise abgerufen werden.

Wir haben mit einer kleinen Gruppe Studenten einmal geübt, wie die griechischen Redner nach Stichwörtern zu reden, die auf eine Ortsreihenfolge gelernt wurden: Bei der ungeübten Gruppe erwies sich das als schwierig, vier von fünf Teilnehmern mussten beim Sprechen Pausen machen, um in der Vorstellung den nächsten Ort aufzusuchen und das Bild zu finden. Wahrscheinlich braucht man eine sehr gut eingeübte Ortsreihenfolge, wie z. B. die Zimmer der eigenen Wohnung.

▶ **Vorgehensweise**
1. Eine Folge von Orten wird ausgewählt, die an einem Ihnen gut bekannten Weg liegt.
2. Die bildlichen Vorstellungen der zu lernenden Begriffe werden mit den verschiedenen Orten der Reihe nach bildhaft verbunden.
3. Beim Abrufen der Informationen geht man in der Vorstellung den Weg vom ersten Ort bis zum letzten Ort wieder ab und erkennt in den automatisch aufkommenden Vorstellungsbildern die Informationen wieder.

4.4.1 Konstruktion der Ortsreihenfolge

Einen bekannten Weg aussuchen Jeder von uns kennt viele Wege, die zur Grundlage einer Ortsreihenfolge für die Gedächtnistechnik werden können, z. B. den Weg von der eigenen Wohnung zur Schule, zur Universität, zum Arbeitsplatz. Auch der Rundgang durch die Zimmer der Wohnung, der Weg am Körper entlang vom Scheitel bis zur Zehe, die Schubladen einer Kommode, die Bücher, die in einer Reihe im Bücherbord stehen, all dies kann zur Ortsreihenfolge werden.

Wer die Konstruktion der Ortsreihenfolge verstanden hat, könnte nun auch innerhalb seines Kleiderschranks eine Ortsreihenfolge konstruieren, in seinem Auto oder sogar innerhalb seines Körpers. Die unterschiedliche Größe von Objekt und Ort kann man ja in der Vorstellung wie mit einem Zoomobjektiv ganz mühelos anpassen.

Man sieht also: Es gibt viele Möglichkeiten für Ortsreihenfolgen, selbst wenn Sie sehr viele Listen von Wörtern oder Ziffern lernen wollen!

Auf diesem Weg die Orte bestimmen Abhängig von der Anzahl der zu lernenden Begriffe muss nun auf diesem Weg eine Zahl von gut unterscheidbaren Orten gesucht werden. Dazu laufen Sie Ihren Weg in Gedanken ab und notieren sich alle auffälligen Orte, an denen Sie vorbeikommen.

Je nachdem, ob der Weg nun 10 oder 100 Orte hergeben muss, wird die „Prominenz", die Auffälligkeit des einzelnen Ortes etwas unterschiedlich ausfallen. Müssen auf einem Weg sehr viele Ort gewonnen werden, kann man manchmal Wiederholungen (Ampeln, Kreuzungen, Bahnübergänge) nicht ganz vermeiden. Die ausgewählten Orte sollten sich am besten gleichmäßig über die Wegstrecke verteilen und nicht z. B. nur in der ersten Hälfte des Weges liegen. Die Orte sind natürlich keine „objektiven" Gegebenheiten eines Weges, sondern subjektiv prominente Plätze. Der Hobbymodellbauer wird immer das Werkzeuggeschäft auf seinem Weg registrieren und insofern sich auch beim Durchschreiten in der Vorstellung daran erinnern, der Musiker vielleicht an das Verkehrszeichen mit dem Hinweis auf die Konzerthalle. Es geht bei der Auswahl der Orte also um Orte mit subjektiver, nicht mit objektiver Bedeutung.

Hinterher, wenn man in Gedanken den Weg abläuft, sollen die richtigen Orte zu den gespeicherten Bildern führen, daher ist es gut, wenn die ausgewählten Orte visuell auffällig sind. Dabei muss der Ort nicht groß sein oder die ganze visuelle Szene umfassen, auch ein umgeknickter Baum, ein besonderes Schlagloch auf der Straße kann ein solcher Ort sein, wenn er nur ausreichend auffällig ist und beim Abschreiten des Weges in der Vorstellung bemerkt wird. Nachdem eine Zahl von Orten an einem Weg bestimmt wurde, machen Sie am besten erst einmal den Test, ob Sie beim Durchschreiten des Weges in der Vorstellung auch richtig auf alle ausgewählten Orte kommen (und nicht fälschlich auch noch andere Orte aussuchen oder einige richtige Orte vergessen).

Kann man eine Ortsreihenfolge mehrfach verwenden? In den klassischen Texten zur Locitechnik wird auch von erfolgreichen Mehrfachnutzungen der gleichen Ortsreihenfolge berichtet. Man kann dann z. B. für alle Vorstellungsbilder eine andere Farbe verwenden oder sie 10 Meter über oder unter dem Ort anordnen. Dennoch kann das zu Verwechslungen führen. Am besten ist es, neue Ortsreihenfolgen zu verwenden.

> **Ein Weg am eigenen Körper entlang**
>
> Nehmen wir als Beispiel eine ganz persönliche Ortsreihenfolge, die Orte am (vorgestellten) Weg den eigenen Körper hinab. Vielleicht wollen wir 12 Orte festlegen. Dann können wir nur die größeren Einheiten als Ort am Weg den Körper hinab auswählen, z. B.: Haare – Schläfen – Stirn – Nase – Mund – Kinn – Hals – Brust – Bauch – Unterleib – Oberschenkel – Unterschenkel – Füße.

4.4.2 Bildvorstellungen herstellen

Manche Wörter sind ohne weiteres bildhaft vorstellbar: etwa das Wort „Hammer". Wenn dies nun das erste Wort einer Stichwortliste wäre, würde man es bildhaft mit dem ersten Ort der Reihenfolge verbinden, also z. B. in der Vorstellung, dass ein großer Hammer in die Haare (erster Ort) auf dem Kopf eingeflochten ist. Diese Vorstellung ist etwas ungewöhnlich. Tatsächlich sind die bildhaften Verbindungen der Stichwörter mit den Orten nicht wirklichkeitsgetreu, sondern öffnen Raum für die Fantasie. Im Abschnitt. 4.5 folgen einige Regeln, wie Verbindungsbilder konstruiert sein sollten, damit man sich später wieder gut an sie erinnert. Manchmal gibt es für Wörter aber keine Vorstellungsbilder. Dies gilt speziell für abstrakte Begriffe wie z. B. „Freiheit" oder „Relation". Dann gehört etwas mehr Aufwand dazu, ein Bild zu finden, das möglichst eindeutig mit diesem Begriff verknüpft ist. Bei Freiheit bietet sich z. B. das Vorstellungsbild der Freiheitsstatue von New York an, bei Relation das Bild eines mathematischen Bruchs, eventuell aber auch eines Steinbruchs, in dem die Steingrößen alle in einer bestimmten Relation stehen. Allerdings sind hier die Beziehungen zwischen Begriff und Bild weniger sicher, sodass es hier und da zu falschen Ablesungen aus der Vorstellung kommen kann. Daher muss der Abruf von abstrakten Wortlisten einige Male geübt werden.

Es gibt noch eine andere Methode, mit Wörtern, die kein Vorstellungsbild haben und auch kaum eine Assoziation erlauben, umzugehen. In solch einem Fall gibt es einen weiteren Kunstgriff: Man kann für die Bildvorstellung ein ähnlich klingendes Wort verwenden. Dieses Ersatzwort ermöglicht eine Bildvorstellung, die sich nun wieder leicht mit einem Ort der Ortsreihenfolge verbinden lässt. Dies wird auch noch einmal ausführlich bei der Ersatzwortmethode erklärt. Greifen wir als Beispiel einen Muskel mit einem besonders langen Namen heraus: Er heißt *sternocleidomastoideus*. Das Ersatzwort bzw. die Ersatzwortgruppe könnte sein: „Sternkleid am Mast."

Bei der Konstruktion der verbindenden Bilder von Wort und Ort sind speziell für die Locitechnik folgende Regeln hilfreich (diese Regeln gelten natürlich auch bei der Verbindung eines Ziffernbildes mit einen Ortsbild):

> • Die Bilder sollten so sein, dass sich Ortsbild und Stichwortbild gegenseitig räumlich durchdringen oder dass sie in einer Interaktion stehen. Wie kann man vorgehen, um dies zu erreichen? Man stelle sich die beiden Begriffe zuerst getrennt auf je einem transparenten Blatt gemalt vor, dann legt man die Zeichnungen gedanklich übereinander und verbindet sie zu einem sinnvollen Bild. Um sich an den Ort „Ampel" und den Begriff „Kind" zu

erinnern, ist es ungünstig, wenn Kind und Ampel nur nebeneinander in die Bildvorstellung gesetzt werden. Interaktionen, z. B. in denen ein Kind auf den Schalter an der Ampel drückt, werden leichter reproduziert. Wenn ein Begriff in der Vorstellung in anderen enthalten ist, also z. B. in einer Kiste, in einem Koffer, bleibt die Effizienz der Verbindung bestehen, obwohl man ja den zu merkenden Gegenstand nicht sehen würde (Neisser und Kerr 1973).

- Die Bilder sollten lebhaft und farbig sein. Das Stichwortbild sollte im Ortsbild deutlich auffallen, also z. B. nicht die gleiche Farbe haben oder sich in einer Umgebung befinden, in der man derartige Gegenstände erwartet (z. B. könnte ein rotes Buch auf einer roten Schreibunterlage bei einem späteren Abruf der Verbindungsbilder übersehen werden).
- Die Bilder können ruhig etwas bizarr sein. Das Stichwortbild z. B. ist riesig oder vertausendfacht, es befindet sich an einer lustigen Stelle oder ist in einer ungewöhnlichen Farbe vorgestellt.
- Es kann nicht schaden, wenn die Vorstellungen Emotion aufrufen. Ein Gedächtniskünstler scheute sich in einem Fernsehinterview, seine Vorstellungen genauer zu erklären. Was war der Grund? Er erklärte, die Hälfte seiner Vorstellungen seien sexueller Natur und daher wenig fürs Fernsehpublikum geeignet. Aber für das Lernen eignen sie sich umso besser, denn fast alle Menschen interessieren sich grundlegend für Sexuelles, und was man daran anknüpfen kann, behält man auch. Ordnen Sie die Begriffe also ruhig auf den Muskeln Ihres Freundes oder den sanften Rundungen Ihrer Freundin an.

Beispiel für die Locitechnik

Lernen Sie folgende 20 Wörter in der vorgegebenen Reihenfolge:

Nase, Buch, Kamel, Brot, Finger, Tasche, Schreibmaschine, Büroklammer, Locke, Auto, Stein, Geige, Kuchen, Schiff, Fahne, Regentropfen, Koffer, Telefon, Baum, Scheck.

Die Ortsreihenfolge könnte der Weg von Ihrer Wohnung zum Arbeitsplatz sein. Auf diesem Weg kommen Sie (beispielsweise) nacheinander an folgenden Plätzen vorbei:

Haustür, Wohnhaus des Schriftstellers X, Ampel, Holzstoß, Eisenbahnschranke, Tunnel, Kraftwerk, Ortsschild LOCUM, Fluss, Berg, Kilometerstein, Flughafen, Fabrik, Gasthaus „Zur Fregatte", Kornfeld, Reklameschild, Mietshaus, Dom, Biergarten „Zur Linde", Fenster eines Bankgebäudes.

Die zu lernenden Wörter werden nun auf folgende Weise mit den Orten bildhaft verknüpft:

Als Sie Ihr Haus verlassen, ragt eine *Nase* durch die Haustür. Sie fahren los und kommen am Haus des Schriftstellers X vorbei, das anstelle des Dachs mit einem *Buch* abgedeckt ist. Die Ampel, die Sie dann passieren, befindet sich im Bauch eines *Kamels*. Auf Ihrem Weg kommen Sie dann an einem Holzstoß vorbei, der fast von einem riesigen *Brot* verdeckt wird. Die Bahnschranke, auf die Sie zufahren, wird von einem *Finger* auf und ab bewegt. Sie müssen das Fahrlicht einschalten, weil Sie in einen Tunnel einfahren, der wie eine *Tasche* aussieht. Die folgenden Stationen sind ein Kraftwerk, das wie eine *Schreibmaschine* aussieht, das Ortsschild LOCUM, das mit einer *Büroklammer* befestigt ist, der Fluss, in dem *Locken* schwimmen, und der Berg, der durch ein *Auto* fast verdeckt ist. Sie fahren dann an einem *Stein* vorbei, der als Kilometerstein dient. Den Flughafen verbinden Sie mit dem Bild einer *Geige* und die Fabrik mit einem Stück *Kuchen*. Das Gasthaus „Zur Fregatte" ist im Bauch eines *Schiffes*, im Kornfeld dient ein Halm als Mast für eine *Fahne*, von dem dann folgenden Reklameschild fallen große *Regentropfen*. Nachdem Sie an dem hässlichen Mietshaus, das aussieht wie ein *Koffer*, vorbeigekommen sind, fahren Sie auf den Dom zu, dessen Längsschiff Sie sich als *Telefon* vorstellen. Am Biergarten „Zur Linde" stellen Sie sich einen Bierkrug mit *Baum* vor, und aus dem Fenster des Bankgebäudes kommt Ihnen ein *Scheck* entgegengeflattert (Abb. 4.1).

Hat man die Bilder einmal geformt, kann man die Begriffe nun abrufen, indem man, ausgehend von der Haustür, denselben Weg in der Vorstellung noch einmal durchläuft. Es ist aber auch möglich, den Weg in Gedanken von der letzten Station zurück zur Haustür zu verfolgen und damit die gelernten Begriffe in umgekehrter Reihenfolge zu reproduzieren. Hat man einen Ort vergessen, schadet das nichts, man findet dennoch zum nächsten relevanten Ort. Versuchen Sie die Technik jetzt einmal mit einer Ihnen bekannten Ortsfolge. Als Lernmaterial könnten Sie z. B. eine Einkaufsliste oder unsere Wortliste verwenden. Sie werden merken, das Lernen geht fast mühelos: Man stellt die Verknüpfungen einmal bildhaft im Kopf her und kümmert sich dann nicht mehr darum (d. h., es ist kein inneres Wiederholen, kein krampfhaftes Sichvorsprechen mehr nötig). Sie werden überrascht sein.

4.4.3 ▶ Lernen von Zahlen mit der Locitechnik

Zahlen sind unterschiedliche Abfolgen der immer gleichen 10 Ziffern. Daher sind lange Ziffernfolgen nicht leicht zu lernen. Die Ziffern 0 bis 9 selbst muss niemand mehr lernen, die kann jedes Kind; nur die spezielle Folge ist es, die Schwierigkeiten macht.

Auch die Ziffern kann man bildhaft an eine Ortsreihenfolge heften, dazu müssen aber die einzelnen Ziffern in ein Bild übersetzt werden (s. auch Abb. 5.3)

1 = Bleistift
2 = Schwan
3 = Gesäß seitlich
4 = umgedrehter Stuhl
5 = frei schwingender Sessel
6 = Tennisschläger
7 = Sense

4 Bildhafte Vorstellungen als Gedächtnisklammern 69

Abb. 4.1 Beispiel, wie eine Liste von Begriffen bildhaft mit einer Ortsreihenfolge verbunden werden kann

8 = Brille
9 = Wandlampe
0 = Ball

Diese Verbildlichungen der Ziffern kann man sich wegen der Ähnlichkeit von Bild und Ziffer ohne großen Aufwand merken. Nach einmaligem Durchlesen kann man die Zahl-Bild-Verbindungen schon auswendig.

Nun geht es im zweiten Schritt um die Reihenfolge. Wir verknüpfen nun wie bei den Wortlisten die in Bilder umgeformten Ziffern mit einer bekannten Ortsreihenfolge.

> **Beispiel**
> Nehmen wir die ersten 5 Ziffern der Zahl Pi als Beispiel: 3,1415. Als Ortsreihenfolge verwenden wir die Körperteile. Auf die Haare kann eine Frisur in Form eines Gesäßes imaginiert werden; aus der Schläfe ragt ein Bleistift; auf die Stirn ist mit schwarzer Farbe ein Stuhl gemalt; durch die Nase ist, wie bei einem Wilden, ein Bleistift gebohrt; der Mund hält einen Freischwingersessel zwischen den Lippen.

Will man noch weitere Ziffernfolgen lernen, benutzt man am besten neue Ortsreihenfolgen – wie wir gesehen haben, stehen ja viele zur Verfügung. Ein weiteres Beispiel für diese Vorgehensweise finden Sie in Kap. 5.

4.4.4 Wozu ist die Locitechnik noch brauchbar?

- Lernen von Listen, z. B. Merkmale von essbaren Pilzen, Schritte eines Rezeptes, Symptome einer Krankheit, Knochen der Hand (Medizinstudium), die verschiedenen Intelligenztests (Psychologiestudium) usw.
- Behalten von Handlungsfolgen, z. B. erste Hilfe, diagnostische Schritte, Maßnahmen bei einer Operation, die man im kritischen Fall nicht so leicht oder nicht so schnell nachlesen kann.
- Behalten von Bedienungsschritten selten genutzter technischer Geräte. Im kritischen Augenblick weiß man oft nicht, wie eine bestimmte Funktion eingestellt wird. Man kann dem vorbeugen, indem man für einige benötigte Funktionen die Schritte bildhaft auf eine Ortsreihenfolge legt. Nun gehen sie nicht mehr verloren. Der erste Ort dieser Reihenfolge sollte mit dem jeweiligen Gerät verklammert werden, damit man vom Gerät dann leicht zu der Ortsreihenfolge der Bedienungsschritte kommt.
- Lernen von Gliederungen für eine freie Rede, z. B. eine 5-minütige Einleitung des Themas in der mündlichen Prüfung.
- Lernen von langen Zahlen, z. B. PIN und PUK, Tresorkombinationen, Telefonnummern etc.
- Lernen von Information aus Vorträgen: Tatsächlich eignet sich die Locitechnik besser für gehörtes als gelesenes Material.
- Nehmen wir an, Sie kommen in die Lage, sich die Nummer eines wegfahrenden Fahrzeugs merken zu müssen. Die haben Sie gerade noch im Gedächtnis, haben aber Sorge, sie zu vergessen. Eine Möglichkeit, sie aufzuschreiben, gibt es vielleicht gerade nicht. Die Nummer könnte sein:

M-NM 324 678. Jetzt könnten Sie die Elemente bildhaft auf den Körper verteilen, eine (M)aus in die Haare, ein Nilpferd auf die Stirn und wieder eine Maus auf die Augenbauen, drei war Gesäß (seitlich), also ein Gesäß auf die Augen usw.

- Die Locitechnik kann auch eine Hilfe sein, Gedichte oder längere Prosapassagen auswendig zu lernen (wie es Schüler oder Schauspieler tun müssen). Für jeden Absatz oder jede Zeile verwendet man ein bildhaftes Stichwort, das dann als „Hinweisreiz" zu der Zeile oder dem Absatz führt.

4.4.5 Studien zur Effizienz

Zahlreiche Studien ergaben empirische Belege für die Effizienz der Locitechnik (Ross und Lawrence 1968; Bower 1973; Crovitz 1969).

> **Studienbeispiel**
>
> Groninger (1971) ließ Versuchspersonen mithilfe der Locitechnik eine Liste von 25 konkreten Begriffen lernen; eine Kontrollgruppe erhielt dagegen keine spezielle Lerninstruktion. Beide Gruppen konnten selbst entscheiden, wie viel Zeit sie für das sorgfältige Lernen der Liste aufwendeten. Die Teilnehmer der Experimentalgruppe brauchten weniger Zeit und erinnerten sich nach einer Woche im Durchschnitt an 6 Wörter mehr als die Kontrollgruppe. Nach fünf Wochen erinnerte sich die Experimentalgruppe im Mittel noch an 20 Wörter, die Kontrollgruppe noch an 10. Beide Gruppen konnten nach dieser Zeit aus einer Liste von 50 Wörtern die gelernten 25 vollständig wiedererkennen.
>
> **Alte Lernende.** Alte Menschen profitieren erheblich von dem Einsatz der Locimethode (Kliegl et al. 1989) – allerdings relativ zur Ausgangsleistung auch nicht mehr als junge Lernende. In der Studie von Gross et al. (2014) ließen sich die Lerngewinne durch die Locimethode auch noch nach Wochen nachweisen. Eine Ortsreihenfolge entlang eines Weges erwies sich als wirkungsvoller als eine Ortsreihenfolge innerhalb eines Hauses (Massen 2009).
>
> **Die Ortsreihenfolge.** Eine selbstgenerierte Ortsreihenfolge erwies sich als wirkungsvoller als eine vorgegebene (Moe und De Beni 2004, 2005). Anstelle einer Ortsreihenfolge kann man ganz in der Art der antiken Gedächtnispaläste auch eine virtuelle Landkarte anbieten. Eine sehr detailreiche Erinnerung an die Orte ist also nicht erforderlich (Legge et al. 2012).
>
> **Präsentation des Lernmaterials.** Die Locitechnik erweist sich bei mündlicher Präsentation des Lernmaterials als überlegen. Wahrscheinlich interferiert die Vorstellungsaufgabe mit der visuellen Aufgabe „lesen" (Moe und DeBeni 2005).

Vielleicht gibt es gerade für die Locitechnik eine neurophysiologische Begründung. Ratten haben spezielle Ortszellen, die feuern, wenn eine Sache mit einem speziellen Ort verbunden ist (Spitzer 2007). So lassen sich die Lerninhalte eventuell auch beim Menschen direkt an bestimmte Neuronen ankoppeln. Die Stationen des Kreuzweges, ja auch das moderne Stationenlernen in der Schule nutzen ja ebenfalls den Vorteil von Ortsassoziationen.

Neisser und Kerr (1973) versuchten zu isolieren, welche Elemente der bildhaften Vorstellung für die Einprägung wesentlich sind. Sie verwendeten Lernhilfen, die zwei Gegenstände so visualisieren, dass sie sich optisch gegenseitig verdecken: etwa der Schlüssel in (!) der Schreibtischschublade. Das Ergebnis der Studie spricht für die auch schon angedeutete Theorie, dass Prozesse der räumlichen Informationsverarbeitung bei den bildhaften Lernhilfen eine Rolle spielen. Lernhilfen, die eine verdeckte Vorstellung der zu verbindenden Elemente fordern, sind genauso effektiv wie Lernhilfen, die eine bildhafte Verbindung der Elemente fordern.

> **Beispiel**
>
> Unsere eigenen Erfahrungen sind ermutigend: In unseren Lehrveranstaltungen gelang es Studenten, bei erstmaliger Anwendung der Locitechnik bereits nach einmaliger Darbietung der Wörter eine Liste mit 100 konkreten Begriffen fehlerfrei zu reproduzieren. Bei unserer Arbeit mit Studenten beobachteten wir aber, dass sie bei Erinnerungsversuchen manchmal zwar den richtigen Ort fanden, das gesuchte Element jedoch nicht wiedererkannten. Dann war die Bildvorstellung meist nicht optimal. Wenn aber die bildliche Vorstellung des Elementes gefunden wurde, so wurde manchmal ein gängiges Synonym für den gesuchten Begriff genannt. Visuell ähnliche Begriffe wie z.B. Fürst und König können beim inneren „Anschauen" der Vorstellungen also verwechselt werden.

4.5 Allgemeine Hinweise für die Bildklammern

4.5.1 Lebhaftigkeit der Vorstellung

Die Instruktion zur Verwendung von lebhaften, aktiven Bildern führte, wie Delin (1969) experimentell nachwies, zu besseren Gedächtnisleistungen bei den Versuchspersonen. Wenn z. B. die Begriffe „Kind" und „Vogel" gelernt werden sollten, ist die Interaktion der Items, in unserem Beispiel ein Kind, das auf einem Vogel durch die Luft fliegt, zwar der wesentliche Faktor. Die Erinnerungsleistung kann jedoch erst verbessert werden, wenn dieses Bild detailliert ausgeführt wird, indem man sich vorstellt, wie der Vogel aussieht, wie er seine Schwingen bewegt, wie das Kind ihn mit Zurufen anspornt etc.

4.5.2 Gefühlsgeladenheit

Sadalla und Loftness (1972) variierten den emotionalen Kontext der bildlichen Vorstellungen. Die Bilder wurden von den Versuchspersonen selbst konstruiert. Es ergaben sich bedeutende Verbesserungen für emotional geladene Bilder, und zwar ohne Unterschied, ob die Gefühle positiv oder negativ waren. Die Effektivität der von einem Gedächtniskünstler verwendeten Vorstellungsbilder mit sexuellen Inhalten unterstreichen diesen Aspekt.

4.5.3 Bizarrheit

In ihrem berühmten *Memory Book* betonen Lorayne und Lucas (2000), dass die Bilder merkwürdig, unmöglich, verrückt, unlogisch und absurd sein sollten. Untersuchungen unterstützen diese These nur bedingt (Bevan und Feuer 1977; Hauck 1976; Senter und Hoffmann 1976; Riefer und Rouder 1992; Tess et al. 1999). Wenn die Bilder konkrete, lebhafte und emotionsgeladene Interaktionen der Elemente enthalten, stellt die Bizarrheit keinen zusätzlichen Vorteil dar. Allerdings erfüllen bizarre Vorstellungen diese Kriterien häufig auch und können deshalb verwendet werden. Die mangelnde Wirksamkeit der Instruktion, bizarre Bilder zu erzeugen, könnte jedoch auch daran liegen, dass manche Personen Schwierigkeiten haben, bizarre Vorstellungen zu erzeugen, und deshalb keine besseren Ergebnisse damit erzielen (Campos et al. 1999). Eventuell sind bizarre Bilder in der Vorstellung weniger lebhaft und verlieren dadurch an Effekt (Worthen und Loveland 2000)

4.5.4 Selbsterzeugte versus vorgegebene Bilder

In seinen Untersuchungen zur Ersatzwortmethode (Abschn. 4.9) stellte Atkinson (1975) fest, dass die Vorgabe von gut visualisierbaren Schlüsselwörtern zu Leistungsverbesserungen führte. Dies bestätigt sich auch in späteren Untersuchungen. Die Vorgabe der bildlichen Vorstellung in Form von Strichzeichnungen hatte dagegen einen Leistungsrückgang zur Folge. Andere Ergebnisse sind uneinheitlich. Treat und Reese (1976) und Campione und Brown (1977) fanden heraus, dass Versuchspersonen (ältere Menschen, Kinder und geistig Retardierte), die nicht in der Lage waren, geeignete Bilder selbst zu generieren, von der Vorgabe von Bildern profitierten. Natürlich: Bei der Locitechnik hilft es nicht, wenn man die Ortsreihenfolge vorgibt, die sollte man ja vorab schon gut kennen (Moe und DeBeni 2004).

4.6 Kennworttechnik

Auch bei der Kennwortmethode werden die zu lernenden Begriffe an bereits gelernte Reihenfolgen bildhaft angeheftet. Die gut gelernte Reihenfolge ist z. B. das Alphabet. Wenn jedem Buchstaben ein Tier zugeordnet wird, hat man jetzt eine Reihe von Bildvorstellungen, an die man die neue Information bildhaft heften kann (z. B. A = Affe, B = Bär, C = Chamäleon.) Die Kennworttechnik ermöglicht, wie die Locitechnik, den unmittelbaren Zugriff auf ein beliebiges Element der Serie.

A – Affe
B – Bär
C – Chamäleon
D – Dachs
E – Elefant
F – Fuchs
G – Gans
H – Hase
I – Igel
J – Jaguar
K – Kuh
L – Lamm
M – Maus
N – Nashorn
O – Ochse
P – Panther
Q – Qualle
R – Rabe
S – Sau
T – Tintenfisch
U – Uhu
V – Vase
W – Wolf

X – Xylophon
Y – Yak
Z – Zebra

Sie können auch andere Tiere nehmen, die mit dem gleichen Buchstaben anfangen. Die Liste der 26 Kennwörter haben Sie schon nach ein- bis zweimaligem Lesen gelernt, weil ja jedes Tier mit dem jeweiligen Buchstaben des Alphabetes beginnt.

> **Beispiel**
> Bei einer Autopanne ist es nützlich, die wichtigsten Verursachungsmöglichkeiten zu kennen. Checklisten helfen in solchen Fällen, die Fehlerquelle aufzusuchen. Zum Lernen einer solchen Checkliste „Autopanne" verwenden wir das folgende alphabetische Kennwortsystem:
> Bei einer Autopanne sind (beispielsweise) folgende Maßnahmen durchzuführen:
>
> **A** – Warnblinkanlage einschalten,
> **B** – Warndreieck aufstellen.
> **C** – Kontrolle: kein Treibstoff?
> **D** – Kontrolle: elektrisches Kabel lose?
> **E** – Kontrolle: Kühlwassertemperatur zu hoch?
> **F** – Kontrolle: Öldruck (Öldrucklampe an)?
> **G** – Kontrolle: Reifen platt?
>
> Der Maßnahmenkatalog wird nun bildhaft mit dem Tieralphabet verbunden. Dabei müssen nur die ersten 7 „Haken" der 26er-Reihe verwendet werden. Wir schlagen folgende Vorstellungen vor, Sie können natürlich auch eigene entwickeln:
>
> **A** – Affe, der im Takt der eingeschalteten Warnblinkanlage auf und nieder hüpft.
> **B** – Bär, der mit dem Warndreieck spielt.
> **C** – Ein Chamäleon, das aus dem Tankstutzen lugt.
> **D** – Ein Dachs mit einem losen Kabel im Maul.
> **E** – Elefant, der mit dem Rüssel Kühlwasser nachfüllt.
> **F** – Fuchs mit rotleuchtenden Öldrucklampen als Augen.
> **G** – Gans, die versucht, mit ihrem Schnabel einen Reifen platt zu beißen.
>
> Beim Abruf der Information werden auf dem Umweg über den Buchstaben das Kennwort und dann über die bildhafte Vorstellung die Maßnahme gefunden.
> Andere Kennwortsysteme arbeiten mit der (gut bekannten) Reihenfolge der Zahlen, an die mit Reimen Kennworte geknüpft sind (Für den Aspiranten der Gedächtniskunst: Mit den Worten des phonetischen Systems lassen sich leicht hundert geordnete Kennworte erzeugen.). Zum Beispiel könnte ein solches System so aussehen:

> eins – Mainz
> zwei – Blei
> drei – Brei
> vier – Bier
> fünf – Strümpf
> sechs – Hex
> sieben – Rüben
> acht – Tracht
> neun – Scheun
>
> Der obige Maßnahmenkatalog für die Autopanne könnte nach diesem System wie folgt gelernt werden:
>
> eins – Mainz: An den Türmen des Mainzer Domes blinkt eine Warnblinkanlage
> zwei – Blei: Das Warndreieck kommt mir schwer wie Blei vor
> drei – Brei: Der Tank ist mit Brei gefüllt usw.

4.6.1 Studien zur Effizienz

Die Versuchspersonen von Bower (1972) verknüpften bis zu 20 Lernelemente mit einem Kennwort und reproduzierten bei freier Erinnerung von 5 Listen mit je 20 Substantiven ca. 2,5-mal so viel Lernelemente wie die Kontrollgruppe. Die Reihenfolge der Wörter wurde nicht berücksichtigt.

Für das Lernen von Listen ist die Effizienz der Kennworttechnik im Vergleich zu Kontrollgruppen ohne mnemonische Instruktion in zahlreichen Untersuchungen nachgewiesen worden (Hunter 1964; Bugelski et al. 1968; Foth 1973). Santa et al. (1973) zeigten, dass die Kennworttechnik einfachem Wiederholen nur dann überlegen ist, wenn die Kennworte konkrete Begriffe sind und die Instruktion ausdrücklich die Verwendung interagierender bildlicher Vorstellungen von Kennwort und zu lernendem Begriff verlangt. Die Leistungen der Versuchspersonen, die mit der Kennworttechnik ohne bildliche Vorstellung arbeiteten, lagen deutlich unter denen der Personen, die mit einfachem Wiederholen lernten. Auch die Gliederungspunkte eines Vortrags oder des Stoffs für Prüfungen oder Listen zu erledigender Aufgaben ließen sich effektiv lernen (Harris und Blaiser 1997).

Inwieweit auch eine Langzeiterinnerung gewährleistet ist, scheint nicht ohne weiteres klar (Krinsky und Krinsky 1996). Möglicherweise müssen nach dem Erwerb weitere Übungen das Behalten sichern.

4.6.2 Anwendungsmöglichkeiten

Die Kennworttechnik kann in den selben Anwendungsbereichen wie die anderen bisher geschilderten Techniken verwendet werden.

Darüber hinaus ist sie besonders geeignet, wenn der unmittelbare Abruf bestimmter einzelner Informationen aus einer Liste verlangt wird. Die Frage z. B., wie das 7. Gebot lautet, kann direkt beantwortet werden, wenn die Kennworttechnik beim Lernen aller Gebote verwendet wurde: (z. B. 7 – Rüben – Stehlen: bildliche Vorstellung eines Diebes, der Rüben stiehlt. Du sollst nicht stehlen. Welche Kollegin sitzt im Büro Nr. 6? 6 – Hex – Müller: bildliche Vorstellung einer weisen Zauberin mit den Gesichtszügen von Frau Müller.)

Hat man einmal damit gearbeitet, steht die Reihe der Kennworte ohne weitere Vorbereitung zur Verfügung, sodass man sie spontan anwenden kann (anders als etwa Ortsreihenfolgen, bei der Locitechnik, die etwas vorbereitet werden müssen).

4.7 Technik der assoziativen Verbindungen

Die Technik der assoziativen Verbindungen basiert auf der Erfahrung, dass man sich leichter an eine Reihe von Informationselementen erinnern kann, wenn sie untereinander verknüpft sind. Die zunächst unverbundenen Informationen werden also einfach bildhaft miteinander verknüpft.

> **Übersicht**
>
> Diese assoziativen Verknüpfungen werden in zwei Schritten hergestellt:
>
> 1. Zu jeder Information, die gelernt werden soll, wird eine bildhafte Vorstellung entwickelt.
> 2. Die bildliche Vorstellung jeder Information wird mit der bildlichen Vorstellung der nächsten Information verbunden.
>
> Auf diese Weise entsteht eine Assoziationskette, in der der Abruf eines Elements automatisch die Erinnerung an das folgende hervorruft. Die Methode ermöglicht es, sich an die Elemente exakt in der vorgegebenen Reihenfolge zu erinnern. Allerdings – anders als bei der gerade geschilderten Locitechnik und der Kennworttechnik – gehen die folgenden Informationen verloren, wenn man sich an eine Verknüpfung nicht mehr erinnert. Wenn Sie die Technik einmal ausprobieren wollen, arbeiten Sie bitte das folgende Beispiel durch.

> **Beispiel**
>
> Lernen Sie die folgenden 10 Begriffe nach der Methode der assoziativen Verbindung:
>
> Hut‿Kugelschreiber‿Arzt‿Löwe‿Tulpe‿Zahn‿Schlüssel‿Lampe‿Tasse‿Kamin

Die Schleifen verdeutlichen, dass immer zwei Begriffe in einer bildlichen Vorstellung verbunden werden sollen. Die erste visuelle Assoziation ist zwischen den Begriffen „Hut" und „Kugelschreiber" herzustellen. Sie können sich z. B. einen Hut vorstellen, der anstelle von Straußenfedern mit Kugelschreibern geschmückt ist. Als Nächstes stellen Sie sich einen Kugelschreiber vor, mit dem gerade ein Arzt im weißen Kittel blau angemalt wird. Das Bild für „Arzt" und „Löwe" könnte zeigen, wie ein Arzt einen Löwen operiert. Stellen Sie zu den restlichen Begriffen eigene visuelle Assoziationen her. Wichtig dabei ist, dass Sie sich bemühen, diese Assoziationen so klar wie möglich zu visualisieren.

Reproduzieren Sie nun die Begriffe, indem Sie mit dem ersten Begriff „Hut" beginnen und der Reihe nach fortschreiten. Notieren Sie die behaltenen Begriffe und vergleichen Sie diese mit der vorgegebenen Liste. Sie können die von Ihnen gebildete Assoziationskette jetzt auch rückwärts abrufen.

In der Assoziationskette stellt das vorausgehende Element den Suchhinweis für das folgende dar. Eine Ausnahme bildet das erste Element der Kette, für das kein Hinweis vorhanden ist und das deshalb leicht vergessen werden kann. Wenn ein Begriff nicht reproduziert werden kann, steht er auch als Abrufreiz für den nächsten nicht zur Verfügung. Um das Vergessen des ersten Begriffs zu verhindern, wird empfohlen (Lorayne und Lucas 2000), ihn bildlich mit der Informationsquelle zu verknüpfen, z. B. mit dem Cover des vorliegenden Buches oder bei mündlicher Darbietung mit der Person, die die Wortreihe vorspricht. Der erste Begriff könnte auch mit dem Zweck der Informationsgruppe verbunden werden.

4.7.1 Studien zur Effizienz

Studenten, die Wortlisten mit der Technik der assoziativen Verbindung lernten, brauchten weniger Zeit und machten weniger Fehler als die Kontrollgruppe (Delin 1969). In einer anderen Untersuchung desselben

Autors (1969) reproduzierten Studenten, die die Technik benutzten, nach einmaliger Darbietung einer 20-Wort-Liste im Mittel 15 Begriffe. Das Mittel bei der Gruppe, die kein System benutzte, lag dagegen bei nur 5 Begriffen. In der Tendenz ähnliche Ergebnisse erhielten Mueller und Jablonski (1970) sowie Bugelski (1974).

4.7.2 Anwendungsmöglichkeiten

Die Technik der assoziativen Verbindung ist besonders zum Memorieren von Informationen in festgelegter Reihenfolge geeignet. Man braucht, anders als bei der Locitechnik oder bei der Kennworttechnik keine vorbereitete Reihenfolge, sodass man diese Technik leicht spontan einsetzen kann, wenn man sich eine Begriffsreihe merken möchte.

4.8 Geschichtentechnik

Die Geschichtentechnik erleichtert, wie die Technik der assoziativen Verbindungen, das Lernen von Informationsreihen. Anders als bei dieser Technik werden jedoch nicht nur immer zwei Begriffe miteinander verbunden, sondern alle Informationen werden in den (logischen) Zusammenhang einer Geschichte gebracht.

Die Geschichte muss sich also irgendwie plausibel entfalten, unzusammenhängende Sätze würden die Erinnerung an die Elemente nicht gewährleisten. Zudem sollte das erste Element mit der Situation verbunden werden, in der die Information gebraucht wird (Aufhänger). Gerade, wenn man Geschichten für verschiedene Gelegenheiten und Aufgaben hat, muss ja erst immer einmal die richtige Geschichte aufgerufen werden. Es gibt noch etwas zu beachten: Damit man später weiß, was ist Geschichte, was ist Lernelement, sollten in der Geschichte möglichst keine anderen Substantive als die Hinweisreize für die Lernelemente vorkommen.

Erstes, nicht optimales Beispiel

Nehmen wir hier die 10 Begriffe aus dem Beispiel zur Technik der assoziativen Verbindungen (Abschn. 4.7) (Hut Kugelschreiber Arzt Löwe Tulpe Zahn Schlüssel Lampe Tasse Kamin), bei der es auf die Reihenfolge nicht ankommt. Jeder Begriff steht für eine Erledigung, die ich mir für den Tag vorgenommen habe (To-be-done-Liste).

> Diese erste Geschichte hat keinen „Aufhänger" und enthält neben den Begriffen aus der Liste auch noch andere Substantive (nämlich Straße, Hutmacher, Frau).
> Der alte Hut soll repariert werden. Mit dem *Kugelschreiber* notiert sich der *Arzt*, dem der Hut gehört, dass der Hutmacher in der *Löwen*straße wohnt. Für die Frau des Hutmachers schneidet er eine *Tulpe* und geht los. Obwohl ihn sein *Zahn* schmerzt, vergisst er nicht, mit dem *Schlüssel* abzusperren. Der Hutmacher besieht sich den alten Hut genau unter der *Lampe*, trinkt genüsslich aus seiner *Tasse* und wirft ihn verächtlich in den offenen *Kamin*.

> **Also ein zweiter Versuch**
>
> Die To-be-done-Liste (Aufhänger) steckt pfiffig an meinem *Hut*. Leider hat der *Kugelschreiber* aber den Hut befleckt. Mit der *Lampe* muss ich das mal genau anschauen. Na ja, mit einer *Tulpe* am Hut fällt es nicht mehr auf. Freudig pfeife ich durch den *Zahn*, der aber leider wehtut. Also gehe ich – mutig wie ein *Löwe* – jetzt zum *Arzt*. Den *Schlüssel* habe ich korrekt eingesteckt. Lieber säße ich allerdings am *Kamin* und tränke aus einer *Tasse*.
>
> Die Begriffe werden abgerufen, indem die Geschichte von Anfang an durchgegangen wird, wobei (hoffentlich) die kritischen Begriffe wieder erkannt werden. Allerdings wird bei diesem Versuch die Reihenfolge der zu bestimmenden Begriffe nicht berücksichtigt.

4.8.1 Studien zur Effizienz

Obwohl die Versuchspersonen bei der Geschichtentechnik nur aufgefordert werden, eine Geschichte aus den Informationen zu konstruieren, benutzen sie über die Anweisung hinaus spontan bildliche Vorstellungen. Es ist anzunehmen, dass diese spontanen Visualisierungen der konstruierten Geschichten wesentlich zur von vielen Autoren belegten hohen Effizienz der Methode beitragen. Die Untersuchung von Santa et al. (1973) stützt diese Annahme. Versuchspersonen lernten 6 Listen mit je 10 Wörtern nach 8 verschiedenen Instruktionen.

Bei Listen mit konkreten Begriffen zeigte sich deutlich, dass die Anweisungen, die bildliche Vorstellung verlangten, zu hohen Reproduktionsleistungen führten. Eine Sonderstellung nahm die Geschichtentechnik ein, die auch ohne Visualisierungsinstruktion zu den zwei effektivsten Techniken gehörte. Beim Lernen von abstrakten Wortlisten blieben dagegen alle 8 Mnemotechniken dieser Studie ohne Effekt. Aus diesen Befunden schließen Santa et al., dass die Effekte auch bei der Geschichtentechnik – wie bei den anderen effektiven Techniken – auf bildlichen Vorstellungen basieren. Wir schließen uns diesem Argument an und beschreiben deshalb die Geschichtentechnik im Rahmen dieses Kapitels über bildliche Vorstellungen.

Ein Nachteil der Geschichtentechnik liegt darin, dass es mit erheblichem Aufwand verbunden sein kann, wenn aus einer längeren Reihe von unverbundenen Wörtern sinnvolle und logische Zusammenhänge konstruiert werden müssen. Auch die bei der Technik der assoziativen Verbindungen leicht zu realisierende Erinnerung in umgekehrter als der vorgegebenen Reihenfolge stößt bei der Geschichtentechnik auf Schwierigkeiten.

Herausgehoben sei hier die Untersuchung von Bower und Clark (1969), deren Versuchspersonen sich mit der Geschichtentechnik an 93 % der Begriffe von 10 Listen mit je 12 Wörtern erinnerten. Die Kontrollgruppe, die ohne besondere Lerninstruktion arbeitete, erinnerte sich dagegen nur an 13 % der Wörter.

Die Mitglieder der Experimentalgruppe konnten nach eigenem Lerntempo arbeiten und die Lernzeit (in der Regel zwischen 30 und 40 min) selbst bestimmen. Die Mitglieder der Kontrollgruppe mussten die Aufgabe in der von den „Untersuchungszwillingen" benötigten Zeit bewältigen. Die beeindruckendsten Effekte von Mnemotechniken waren dann zu beobachten, wenn die Versuchspersonen genügend Zeit bekamen, die Methode auch in Ruhe auszuführen. Experimente, in denen ungeübte Versuchspersonen Mnemotechniken unter Zeitdruck anwenden, sind zur Bewertung der Effizienz dieser Techniken nur mit Einschränkungen geeignet. Wenn nicht kontrolliert werden kann, ob die Versuchspersonen tatsächlich nach den Instruktionen arbeiten, so sollte doch zumindest sichergestellt sein, dass sie die Möglichkeiten dazu haben.

Im Zusammenhang mit der Geschichtentechnik ist ein Forschungsergebnis von Micko und Thüring (1985) besonders interessant. Hier erinnerten sich die Versuchspersonen besser an die Geschichten mit den zu lernenden Begriffen, wenn die Sätze durch die Konjunktionen „und" oder „denn" miteinander verbunden wurden, als an Geschichten ohne diese Satzverbindungen.

4.8.2 Anwendungsmöglichkeiten

Die Geschichtentechnik ist wie die Technik der assoziativen Verbindung besonders zum Lernen von Informationen in festgelegter Reihenfolge geeignet. Sie kann spontan eingesetzt werden, weil sie keinerlei Vorbereitung erfordert.

4.9 Ersatzwortmethode

Bei dieser Methode werden bildliche Vorstellungen zur Aneignung eines fremdsprachigen Vokabulars oder von Fremdwortbedeutungen eingesetzt. Man kann sie auch schon in historischen Quellen finden.

Atkinson und Raugh (1975, 1977) belebten die Ersatzwortmethode wieder.

> ▶ **Vorgehensweise**
>
> Nach der Ersatzwortmethode vollzieht sich das Lernen fremdsprachiger Vokabeln in zwei Schritten:
>
> 1. Schritt: Der Lernende muss die gesprochene Vokabel mit einem Wort der Muttersprache verbinden, das ähnlich wie die ganze oder ein Teil der zu lernenden Vokabel klingt. Das ist das Ersatzwort.
>
> 2. Schritt: Der Lernende muss die bildliche Vorstellung dieses Ersatzworts mit der bildlichen Vorstellung der Übersetzung verbinden. Das fremdsprachige Wort wird also durch akustische Ähnlichkeit mit dem Ersatzwort verbunden, während das Ersatzwort mit der Übersetzung durch bildliche Vorstellung verknüpft wird.

> **Beispiel**
>
> Das englische Wort *duck* (Ente) klingt gesprochen so ähnlich wie das deutsche Wort Dock. Die bildliche Vorstellung könnte ein riesiges Dock sein, in dem eine Ente schwimmt. Hört man nun das Wort *duck,* fällt dem Lernenden das Bild ein (Dock mit Ente), und die Bedeutung ist gefunden. Die Technik funktioniert in beide Übersetzungsrichtungen: Von der Vokabel kommt man durch die Wortähnlichkeit auf das Ersatzwort (*duck* – Dock) und dann auf das mnemonische Bild (Ente im riesigen Dock), aus dem man die Bedeutung (Ente) abliest. Von dem deutschen Wort (Ente) kommt man auf das Bild.
>
> Natürlich muss das Ersatzwort nicht so klingen wie das geschriebene Wort, sondern so, wie das fremdsprachige Wort ausgesprochen werden soll. Beispiel: Aschenbecher heißt auf italienisch *portacenere*. Als Ersatzwort fand eine Studentengruppe zunächst das Wort „Portalscharnier". Dabei liegt aber die Betonung nicht auf dem zweiten Wortteil *cenere*. Daher suchte die Gruppe weiter und fand schnell die Lösung „porta scheene (schöne)".
>
> Die Verbindung von Vokabel und Übersetzung kann aber auch durch einen Satz erfolgen. Nehmen wir als Beispiel das englische Wort *hippopotamus* und die Übersetzung „Nilpferd". Das Ersatzwort kann ja auch nur einen Teil der Vokabel aufgreifen. Hier verwenden wir nur das Wortende *mus*. Der Satz wäre: „Das dicke Nilpferd hat zu viel Mus gegessen."

> Wie Vokabeln lassen sich mit der Ersatzwortmethode auch Fremdwortbedeutungen lernen. Nehmen wir z. B. das schöne Wort „Pagnierung" (Bedeutet „Seitenzahlsetzung"). Hier könnten wir uns einen Pagen (Ersatzwort, Ersatzwort) vorstellen, der unten auf die Seite die Seitenzahlen schreibt. Hat das zu lernende Wort kein Vorstellungsbild, wie z. B. bei abstrakten Wörtern, ist es aber besser mit dem Schlüsselwort einen Satz zu bilden.

Die Ersatzwörter sollen nach Atkinson und Raugh (1975) folgende Bedingungen erfüllen:

- Das Ersatzwort muss möglichst ähnlich klingen wie das ganze oder ein Teil des Fremdworts.
- Es sollte leicht möglich sein, ein einprägsames Bild zu entwickeln, das Ersatzwort und Übersetzung verbindet.
- Jedes Ersatzwort sollte im Rahmen eines zu lernenden Vokabulars mit nur einer bestimmten Übersetzung verknüpft werden.

4.9.1 Studien zur Effizienz

Atkinson und Raugh (1975) ließen amerikanische Studenten an drei Tagen je 40 russische Vokabeln lernen. Als am vierten Tag alle 120 Vokabeln abgefragt wurden, beherrschte die Gruppe, die nach der Ersatzwortmethode arbeitete, 72 % der Vokabeln gegenüber 46 % der Kontrollgruppe. Bei einem unangekündigten Test nach ca. 43 Tagen lagen die Leistungen in der Experimentalgruppe bei 43 % und in der Kontrollgruppe bei 28 %. Es gibt weitere positive Wirkungsstudien (z. B. Campos et al. 2014). Die Untersuchungen bestätigen die Effektivität der Ersatzwortmethode auch beim schulischen Lernen von Vokabeln (Lawson und Hogben 1998). Die Lernenden haben den Eindruck, dass sich die Ersatzwörter am besten für Substantive, am zweitbesten für Verben und am schlechtesten für Adjektive eignet. Dies liegt sicher an der unterschiedlichen Vorstellbarkeit dieser Wortklassen. Sperber (1989) kann auf erfolgreiche Überprüfungen für die Sprachen Deutsch, Französisch, Hebräisch, Koreanisch, Latein, Malaiisch, Navajo, Russisch und Spanisch verweisen.

Insgesamt ergaben sich folgende Tendenzen zur optimalen Gestaltung der Ersatzwortmethode:

- Die Art des Lernens: Wenn die Versuchspersonen das Wort in beide Richtungen (also von der Vokabel zur Übersetzung und von der Übersetzung zur Vokabel) trainieren, ist der Lernerfolg deutlich besser (Wyra und Hungi 2007).

- Wird der Lernstoff aber bald wieder vergessen? Erste Studien verweisen auf eine langfristige Verbesserung durch die Ersatzworttechnik (Wang und Thomas 1966). Es scheint andererseits so, als würde der so erworbene Lernstoff aber auch schnell wieder vergessen, wenn er nicht unmittelbar nach dem Lernen überprüft, wiederholt bzw. gebraucht wird (Wang und Thomas 1995).
- Braucht man mehr Lernzeit mit der Methode? Entgegen einer häufig geäußerten Kritik gegenüber den Mnemotechniken erhöht die Ersatzwortmethode die nötige Lernzeit nicht. Im Gegenteil, Studenten lernten unter Anwendung der Methode schneller als ohne die Methode. Der Nutzen der Ersatzwortmethode scheint auch relativ unabhängig von der Intelligenz des Lernenden zu sein (vgl. zusammenfassend Sperber 1989).
- Sollten die Ersatzwörter vorgegeben werden oder ist die Methode effektiver, wenn die Versuchspersonen die Ersatzwörter selbst entwickeln? Es scheint, dass die Versuchspersonen erfolgreicher sind, wenn die (von der gleichen Altersgruppe gefundenen) Ersatzwörter vorgegeben werden (Campos 2004; Campos et al. 2014b). Eine einzelne Person mag manchmal Schwierigkeiten haben, ein geeignetes Ersatzwort zu finden; wir haben die Erfahrung gemacht, dass Gruppen in dieser Hinsicht sehr erfolgreich sind. Lehrer könnten z. B. einmal eine Unterrichtsstunde nutzen, um für eine Anzahl von Vokabeln geeignete Ersatzwörter zu finden. Bislang gibt es keine Lexika von Ersatzwörtern für die Vokabeln verschiedener Sprachen. Das ist aus unserer Sicht aber ein Projekt, das für die kommenden Generationen von Lernern einen großen Nutzen haben würde.
- Die Ersatzwörter in Verbindung mit vorgegebenen zeichnerischen Darstellungen waren freiem Lernen und dem Lernen mit vorgegebener hierarchischer Organisation überlegen. Ist es günstig, die bildhafte Verbindung als Bild vorzugeben? Ja, dies erwies sich bei leicht und bei schwer vorstellbaren Vokabeln als effektiver (Campos 2004).
- Ist die Instruktion, bildliche Vorstellungen zu benutzen, für die Ersatzwortmethode bedeutsam oder sind die Leistungen gleich gut, wenn das Ersatzwort und seine Übersetzung in einem sinnvollen Satz verbunden werden? Die Leistungen sind bei bildlicher Vorstellung signifikant besser. Hat das zu lernende Wort kein Vorstellungsbild, wie z. B. bei abstrakten Begriffen, ist es besser, mit dem Schlüsselwort einen Satz zu bilden.

4.9.2 Anwendungsmöglichkeiten

Die Ersatzwortmethode kann sehr effizient zum Erwerb fremdsprachiger Vokabeln und zum Lernen von Fremdwörtern eingesetzt werden. Möglich ist auch die Anwendung dieser Technik zum Erwerb der vielen Fachtermini z. B. im Medizin- oder Psychologiestudium. Lernstoffe: Die Methode erwies sich in einigen Untersuchungen auch als effektiv zum Lernen von Fakten aus zusammenhängenden Texten. Schüler der 8. Klasse lernten aus Texten Eigenschaften von Mineralien (Levin et al. 1986) und Informationen über amerikanische Städte (Levin et al. 1983). Dretzke und Levin (1990) führten Schüler in einer 55-minütigen Sitzung in den Gebrauch von Mnemotechniken ein. Die Schüler profitierten stark von der Verwendung der Ersatzwortmethode beim Lernen von biografischen Daten amerikanischer Präsidenten. Für das Vokabular eines Einführungskurses in Psychologie setzten Carney und Levin (1998) diese Methode erfolgreich ein. Es zeigten sich Vorteile im direkten Abruf der Begriffe und bei Anwendungsaufgaben. Zehn- bis 12-jährige Schüler lernten musikgeschichtliche Daten dauerhaft besser als eine Kontrollgruppe ohne diese Mnemotechnik (Brigham und Brigham 1998). Carney und Joel (2008) ließen im Psychologieunterricht die Bezeichnungen der Phobien erfolgreich mit Ersatzwörtern lernen.

4.10 Bildklammern für Namen und Gesichter

Es macht immer einen guten Eindruck, wenn man sich die Namen von Gästen und Geschäftspartnern merken kann, wenn sie zum ersten Mal bei einer Vorstellung genannt werden. Leider ist das ziemlich schwer. Gesichter können wir uns normalerweise recht gut merken, nach dem Namen suchen wir nach kürzester Zeit oft erfolglos.

Es gibt Ratschläge, die helfen ein wenig: Beachten Sie den Namen, wenn er genannt wird, und wiederholen Sie ihn mit der Begrüßung (Guten Tag Herr …, freut mich, Sie zu sehen, Herr …). Wenn es nur um Vornamen geht, hilft es auch, an eine andere Person mit dem gleichen Vornamen zu denken und die in Gedanken mit dem neuen Bekannten zu verbinden. Bei Nachnamen kann das allerdings nicht helfen.

Hier kann eine Bildklammer gefunden werden. Dazu müsste im Vorstellungsbild die Verbindung von Gesicht und Name erreicht werden. Zunächst betrachtet man das Gesicht (und den Körper) der Person, die vorgestellt wird oder ihren Namen nennt, genau und versucht, ein auffälliges Merkmal zu finden. Das kann eine spitze Nase, die Frisur, die Augen oder Gesichtsform sein. Es muss ein Merkmal sein, das bei einem Wiedertreffen ins Auge fällt (also nicht die Frisur, der Dreitagebart oder ähnliche vergängliche Merkmale). Nur wenn das Ziel ausschließlich ist, den Namen nur für einen Abend zu behalten, kann man auch ein Merkmal der Kleidung wählen.

> **Beispiel**
>
> Hat die betreffende Person einen Namen, der eine Bedeutung hat, wie Bäcker oder Schmidt oder Faßbinder, so versucht man, eine bildliche Vorstellung herzustellen, die das auffällige Merkmal und die Bedeutung des Namens kombiniert. Beim Bäcker mit der Glatze könnte man sich einen blanken Brotlaib vorstellen (Abb. 4.2).
>
> Bei Namen, die keinem Wort der deutschen Sprache entsprechen, müsste zusätzlich versucht werden, dem Namen eine Bedeutung zu geben. Das klingt nun recht kompliziert, aber in Trainingskursen gelingt es den Lernenden nach einer kurzen Einführung, z. B. die 40 Namen der Anwesenden auf Anhieb zu lernen. Meistens allerdings sind Namen nicht sinnvoll und entsprechen nicht der üblichen Silbenfolge der deutschen Sprache, z. B. könnten Samulowski oder Barkowski zwar die lustigsten Gesichtsmerkmale haben, es ergäbe sich dennoch keine bildhafte Kombination mit dem Namen. Hier muss man zu ähnlich klingenden Ersatzwörtern greifen, die dann ihrerseits eine Bedeutung haben. Bei Samulowski könnte man an einen „Sammelski" denken, der in einer Sammlervitrine liegt, bei Barkowski könnte man an den „Barkauf eines Skis" denken und ein entsprechendes Bild formen.
>
> Die Wortfolge „bar kauf ski" könnte man nun in ein Bild umsetzen, das zu den Merkmalen des Gesichts oder der Gestalt des Namenträgers passt, indem wir das Skilaufen als natürliches Hobby des athletischen Bekannten imaginieren.

Das System verlangt einige Übung in der Bildung der Ersatzwörter, aber auf jeden Fall wird die Aufmerksamkeit bei dem Versuch, ein Ersatzwort zu bilden, in einem solchen Ausmaß auf den Namen gelenkt, dass ein Lernen schon wahrscheinlicher wird (vgl. Kap. 7). Gedächtnistrainer, die mit dem System gearbeitet haben, konnten es zu einer so großen Geschicklichkeit

Abb. 4.2 Beispiel, wie die Verbindung eines Namens mit den Merkmalen eines Gesichts geformt werden könnte

bringen, dass sie nach einem einmaligen Hören der Namen 500 Personen, die eine Vorführung der Gedächtniskunst besuchten, mit dem richtigen Namen verabschieden konnten. Loryane und Lucas (2000) empfehlen, sich den Namen, den man sich merken möchte, ruhig noch einmal nennen zu lassen, und das Bild, das Namen und Gesicht verbindet, im Laufe eines Abends – z. B. bei einer Party – noch einmal zu wiederholen. Vielleicht führt die Verwendung des Systems auch dazu, dass Sie Ihren Gesprächspartner häufiger anlächeln, wenn Ihnen nämlich das – lustige – Bild, das Sie geformt haben, wieder einfällt. Das muss keine unangenehme Folge der Gedächtnishilfe sein.

4.10.1 Effizienz der Bildklammern für Namen und Gesichter

Yarmey (1970) und Hastings (1982) zeigten, dass bei der Verknüpfung von Namen und Gesichtern eine bildhafte Vorstellung das Lernen verbessert. Die Verknüpfung von Namen und Gesichtern erwies sich als wirkungsvoller als irgendeine spontan eingesetzte Strategie zum Namenlernen (Carney et al. 1997). Dies gilt für kurzfristiges und langfristiges Behalten. Campos et al. (2014c) replizierten diese Ergebnisse und stellen fest, dass die Bildklammer auch noch mit anderen Informationen über die Person angereichert werden kann.

4.11 (Selbsterstellte) Bildklammern für weitere, spezielle Stoffe

Wenn man das Prinzip der Gedächtnisklammer durch Vorstellungsbilder verstanden hat, kann man es auch dazu verwenden, für spezielle Lernstoffe neue Mnemotechniken als Lernhilfen zu konstruieren. Natürlich muss man dazu Kenntnis von dem Lernstoff haben. Betrachtet man Lernstoffe einmal unter dem Blickwinkel ihrer Eignung für eine solche Anwendung, ergeben sich überraschend viele Möglichkeiten. Mit Initiative und Fantasie könnte damit noch jeder zur Erleichterung des Lernens für kommende Generationen beitragen. Hier sind einige Beispiele genannt, die es bereits gibt, und Beispiele, die von einem Autor des Buches entwickelt wurden, und schließlich sind Ideen für zukünftige Anwendungen aufgezählt.

Beispiele

- Das Morsealphabet lässt sich mithilfe einer etwas abgewandelten Locitechnik lernen (Höntsch 1990; Lorayne und Lucas 2000). Das Prinzip sei hier ganz kurz angedeutet: Die Buchstaben werden mit einer Bildvorstellung verknüpft (z. B. A sieht so aus wie ein Zelt), die man sich leicht merken kann. Die Morsezeichen müssen nun auch in ein Bild umgesetzt werden. Dazu findet man Wörter für die Morsezeichen. R steht immer für ein kurzes Zeichen, und T für ein langes Zeichen. Das Morsezeichen A (kurz, lang) kann also mit dem Wort Rute belegt werden. Nun verbindet man in der Bildklammer Zelt und Rute z. B.: Die Rute liegt im Zelt.
- Es gibt die Möglichkeit, Blockflötengriffe zu visualisieren und in eine bildhafte Verbindung zu den Noten zu bringen.
- Nicht jeder Mensch lernt das Lesen und Schreiben. Wir alle hatten unsere Mühe mit dem Lernen des Alphabetes. Können visuelle Lernhilfen das Lernen des Alphabets erleichtern?
Hier gab es vonseiten der Pädagogen verschiedene Versuche, z. B. in der Waldorfpädagogik, deren Erfolge allerdings nicht systematisch erfasst sind. Eine Studie von Marsh und Desberg (1978) verwendete als Lernhilfe Bilder, die mit dem gleichen Laut begannen wie der zu lernende Buchstabe. Eigene Untersuchungen zu diesem Thema, bei denen die Buchstaben als menschliche Körperhaltung interpretiert wurden, führten zu ermutigenderen Ergebnissen. Mit dieser visuellen Lernhilfe war bei gleicher Lernzeit die spätere Fehlerzahl bei einem Test mit gedruckten Buchstaben nur etwa halb so hoch wie in der Kontrollgruppe. Man kann die Verknüpfung von Buchstabe und Phonem dabei durch eine Bildklammer anbieten. Jeder Buchstabe ist wie eine Körperhaltung gezeichnet, und die Ausgestaltung der Zeichnung lenkt auf das Phonem (Das T wie eine Tänzerin mit ausgebreiteten Armen (vgl. Abb. 4.3; Schuster und Faethe 1990).
- Alle fremden Alphabete kann man mit Bildklammern lernen (z. B. gibt es Lösungen für das kyrillische Alphabet und das griechische Alphabet (vgl. Schuster und Dumpert 2008). Für die chinesischen Schriftzeichen gibt es einen historischen Versuch, der leider nur ganz rudimentär erhalten ist (Spence 1989). Es würde sich aber lohnen, diese Aufgabe noch einmal aufzunehmen. Man sucht eine Sache, die dem Schriftzeichen ähnlich sieht, und die verklammert man im Bild mit der Bedeutung des Schriftzeichens. Das Gleiche ist natürlich mit der japanischen Schrift, der arabischen Schrift oder mit Hieroglyphenschriften möglich.
- So öffnet sich ein Universum von möglichen Anwendungen überall da, wo auch heute noch ein eher mechanisches Lernen erforderlich ist.
  - Note und Klaviertaste
  - Ersatzwörter für alle Nerven und Muskeln
  - Jahreszahlen (Zahlen in Bilder umsetzen) und historische Fakten
  - Merkhilfe für gefallene Karten in Kartenspielen (vgl. Schuster und Dumpert 2008)
  - Orte, an die man Sachen gelegt hat
  - verschiedene Barcodes
  - Befehlskürzel in Progammiersprachen
  - Blindenschrift
  - Armzeichen der Seefahrt
  - Passwörter (Nelson und Vu 2010)

Abb. 4.3 Auch beim Buchstabenlernen verbessern bildhafte Hilfen des Einprägen der Form des Buchstabens und die Verbindung mit einem Phonem. (Schuster und Faethe 1990)

4.12 Spezielle Anwendergruppen

4.12.1 Kinder

Die Einsetzbarkeit der beschriebenen Mnemotechniken für sehr junge Kinder wirft drei Fragen auf:

1. Speichern junge Kinder ohnehin eher bildhaft und haben daher keinen zusätzlichen Gewinn von entsprechenden Mnemotechniken?
2. Ab wann sind Kinder in der Lage, den ein wenig komplizierten Instruktionen zu folgen?
3. Können sehr junge Kinder überhaupt selbstständig Fantasiebilder formen?

Eine Antwort auf diese Fragen würde klären, ab welchem Alter es sinnvoll ist, die entsprechenden Lerntechniken in der Schule als Hilfe anzubieten. Higbee (1976) gibt einen kurzen Report über den Einsatz der Kennworttechnik bei zwei 7½-jährigen Kindern, die das System mit Erfolg und vor allem mit Spaß an der Aufgabe einsetzten. Geht es nicht um die Verbindung von zwei Informationen in einem Bild, sondern wird nur verbale und bildhafte Darbietung eines Lernmaterials verglichen, profitieren bereits Vorschulkinder (mittleres Alter = 4 Jahre, 2 Monate) von der bildhaften Darbietung mehr als von der verbalen Darbietung (Perlmutter und Myers 1975).

Studien, die im Entwicklungsvergleich viele Materialarten, Lernprozeduren und Testprozeduren verglichen, kommen bei sehr jungen und erwachsenen Versuchspersonen zum gleichen Ergebnis, weshalb vermutet werden kann, dass bezüglich der funktionellen Einbettung der visuellen Vorstellung im Entwicklungsverlauf keine qualitativen Veränderungen vorliegen (Arabie und Kosslyn 1975; Jusczyk et al. 1975; Holoyak et al. 1972).

Nach unserer Meinung wird ein Nachteil jüngerer Versuchspersonen bei der Instruktion zu komplizierten mnemotechnischen Prozeduren am ehesten in einem mangelnden Instruktionsverständnis zu suchen sein. Es muss also auf jeden Fall kindgemäß erklärt werden, was zu tun ist.

4.12.2 Alte Menschen

Gerade im Bereich Gedächtnis und Merkfähigkeit scheint im hohen Lebensalter bei erhaltenem Altgedächtnis ein biologisch mitbedingter Abbau beobachtbar. Hulicka und Grossmann (1967) konnten zeigen, dass Memorierungsstrategien den Unterschied zu jüngeren Versuchspersonen aufheben können. Das Lerndefizit der alten Personen könnte wenigstens zum Teil auch darauf zurückgeführt werden, dass die geeigneten Lernstrategien nicht mehr benutzt und verlernt wurden (Schuster und Barkowski 1980). Robertson-Taschabo et al. (1976) trainierten alte Personen in der Verwendung bildhafter Lerntechniken und berichten positive Ergebnisse. Gerade die Locitechnik führte auch bei alten Menschen zu deutlichen Leistungssteigerungen (Kliegl et al. 1989). Auch bei alten Menschen, die in Heimen leben, zeigte ein Rehabilitationsprogramm mit Mnemotechniken Wirkung (Piccolini et al. 1992).

4.12.3 Geistig Retardierte

Die Einschränkungen, die für junge Kinder erwähnt wurden, müssen für geistig retardierte Menschen entsprechend stärker ins Gewicht fallen. Eine Untersuchung (Brown und Barclay 1976), die mit *labeling* vorging, d. h. die Benennung von Bildern forderte, war erst nach einer Trainingsphase bei Versuchspersonen erfolgreich, die ein Mindest-MA (*mental age*) von 8 Jahren hatten. Lebrato und Ellis (1974) hatten mit einer Vorstellungsaufgabe bei 18-jährigen Versuchspersonen mit einem Intelligenzquotienten von 56 nur nach einer Trainingsphase und auch nur dann Erfolg, wenn die mentalen Vorstellungen vorgegeben wurden.

4.12.4 Ängstliche Personen

Hohe Ängstlichkeit kann die geistige Funktionsfähigkeit einschränken. Wahrscheinlich setzen Hochängstliche auch ihre Kenntnisse über den Umgang mit dem Gedächtnis weniger flexibel ein. Kann also bei Examensvorbereitungen oder unter anderen angstauslösenden Bedingungen eine bildhafte Memorierungstechnik weiterhelfen? Hier gibt eine Untersuchung von Edmundson und Nelson (1976) Auskunft. Tatsächlich werden Memorisierungsstrategien von ängstlichen Personen weniger häufig eingesetzt. Das Lerndefizit der ängstlichen Personen gegenüber einer weniger ängstlichen Kontrollgruppe konnte durch eine bildhafte Technik aber ausgeglichen werden.

4.12.5 Vorstellungsfähige

Von den hier beschriebenen Mnemotechniken, die bildhafte Vorstellung einsetzen, profitieren am meisten die Menschen, die leicht lebhafte Vorstellungsbilder erzeugen können (Campos et al. 2002).

4.13 Bildhafte Prozesse beim kreativen Denken

Wieweit bildhafte Prozesse ganz allgemein bei der menschlichen Informationsverarbeitung, also auch beim kreativen Denken, eine Rolle spielen, ist noch wenig erforscht und steht hier nicht im Mittelpunkt.

Biografien vieler kreativer Denker erwähnen ausdrücklich die Nutzung bildhafter Vorstellungen (etwa Poincarés mathematische Problemlösung, Kekulés Kreisstruktur des Benzols, Heisenberg und die Quantenmechanik u. a.). Bestimmte Kreativitäts- oder auch Problemlösetechniken in therapeutischen Sitzungen heben besonders auf bildhafte Prozesse ab (Grof 1878; Leuner 1975).

Eine mögliche Ursache der Wirkung von visuellen Vorstellungen beim Denken wird von Hadamard (1945, S. 61) vorgeschlagen: „Ich brauche sie [die bildhafte Vorstellung], um mir alle Teile eines Arguments gemeinsam vorzustellen, sie zusammen zu erkennen und ein Ganzes daraus zu machen, kurz, um eine Synthese zu erreichen …"

Möglicherweise erlaubt eine bildliche Vorstellung, wie auch ein externes Bild, eine simultane Verarbeitung mehrerer Elemente, während mehr verbale Verarbeitungsformen einen sukzessiven Abruf der Einzelinformationen erfordern. So kommt es vielleicht auch, dass die Mnemotechniker des Mittelalters den Gedächtnisbildern geradezu magische Kräfte zugeschrieben haben.

5

Lerntechniken für Namen, Abkürzungen und Zahlen

5.1 Bedeutungsarmes Lernmaterial

Manchmal weiß eine Person den Namen eines Bekannten oder ein bestimmtes Wort, es liegt ihr sozusagen auf der Zunge, aber es will ihr nicht einfallen. Manchmal kann sie angeben, mit welchem Buchstaben das gesuchte Wort anfängt, oder Wörter, die ähnlich klingen, abrufen. Wellmann (1977) fragte nach den Bezeichnungen für seltene Objekte und prüfte, was seinen Versuchspersonen einfiel, wenn sie sich an das gesuchte Wort nicht gleich erinnern konnten. Dabei zeigte sich, dass sehr wohl der erste Buchstabe oder der Klang der Wörter, die produziert werden, mit dem gesuchten Wort übereinstimmen können. Auf der anderen Seite zeigte sich auch, dass Wörter, die ganz anders klangen, aber eine ähnliche Bedeutung hatten, abgerufen wurden. Das belegt wiederum, dass die Speicherung im Gedächtnis *phonemisch,* nach dem Wortklang, und *semantisch,* nach der Bedeutung, organisiert ist.

Die Klangähnlichkeit führt zu einem gesuchten Wort; so kann man sich die lernerleichternde Wirkung von Gedichten und Reimen vorstellen, bei denen das letzte Wort der Zeile wiederum hilft, sich an das letzte Wort der folgenden Zeile und deren Sinn zu erinnern.

Die Bedeutung scheint das bevorzugte Format, die Einheit zu sein, in der ein Gedächtnisinhalt gespeichert ist. Aber oft haben Informationen eben keine Bedeutung oder keine allzu leicht unterscheidbare Bedeutung, sodass die Einordnung in ein System von Bedeutungen schwerfällt.

Es wäre falsch zu sagen, Zahlen seien bedeutungslos. Wie Farben Eigenschaftsbeziehungen für Objekte sind, so sind Zahlen Eigenschaften für Mengen. Aber das Bedeutungsspektrum von Zahlen ist nicht sehr groß: Es gibt nur zehn individuelle Bedeutungen. Werden größere Mengen gekennzeichnet, wiederholen sich diese Elemente auf eine Art, die zwar systematisch, aber in der Kombination nicht bedeutungsvoll ist. Will man also Zahlen bedeutungsvoll machen, so wäre es begrifflich präziser, von dem Versuch zu sprechen, das Spektrum von zehn unterscheidbaren Bedeutungen zu erweitern. Wenn man im Gespräch große Zahlen erwähnt, z. B. einen Lottogewinn oder das Vermögen eines reichen Mitmenschen, so spricht man von einer Million oder einem Millionär. Hier werden Ziffernfolgen aufgegriffen, die sich nur aus zwei der möglichen zehn Bedeutungen zusammensetzen und besonders leicht zu verarbeiten sind. Für solche Zahlen gibt es auch jeweils abgehobene Begriffe, Bedeutungen: Hundert, Tausend, Million, Milliarde.

5.1.1 Bedeutung und Abkürzungen

In manchen Fällen kann man die Information reduzieren und gleichzeitig eine Bedeutung hinzufügen, die das Einprägen erleichtert. Die musikalischen Bezeichnungen Do, Re, Mi, Fa, So sind jeweils die ersten Silben aus einem unter Musikern gut bekannten mehrzeiligen Text. Dieses Beispiel entspricht jedoch noch nicht ganz dem „Bedeutungsvollmachen", weil die zugrunde liegende Bedeutung nur den Personen zugänglich ist, die den entsprechenden Text kennen. Andere Abkürzungen sind hier eindrucksvoller, z. B. JET anstelle von „Joint European Torus" (hier handelt es sich um eine Kernforschungsanlage der EU in England) oder KUMI anstelle von Kultusminister. Natürlich erfordert das Entwickeln bedeutungshaltiger Abkürzungen Einfallsreichtum und einige Beschäftigung mit der Sache, sodass sich die Empfehlung zur Erfindung bedeutungshaltiger Abkürzungen eher an den Lehrenden wenden sollte, der weiß, dass bestimmte Informationen immer wieder gelernt werden, und der deshalb einmal die Arbeit investiert, eine solche bedeutungshaltige Abkürzung zu erfinden.

5.1.2 Bedeutung und Reimwörter beim Zahlenlernen

Besonders im Geschichtsunterricht kennen der erfahrene Pädagoge und auch der geplagte Schüler bald eine Reihe von Möglichkeiten, Zahlen in Verbindung mit Ereignissen zu lernen. Lernhilfen bieten Reime auf

Zahlen an, z. B. 3 3 3 : Issos Keilerei, 7 5 3: Rom kroch aus dem Ei. Die Verbindung von Bedeutung und Zahl wird durch den Reim hergestellt. Phonemisch ähnliche Wörter verschiedener Bedeutung steuern im Netzwerk des Wissens die gleiche Stelle an.

5.1.3 Bedeutung durch Assoziation zu bekannten Zahlen

Es gibt natürlich auch die Möglichkeit, zu den Zahlen direkt Bedeutungen zu assoziieren. Das versuchen auch sehr viele Menschen, wenn sie Zahlen lernen sollen. Bei der Zahl 284.578 könnte z. B. 28 mein eigenes Alter sein, 45 könnte das Alter der Mutter und 78 das Alter der Großmutter sein. Sie erinnern sich an die Untersuchung von Ericsson et al. (1980), dessen Versuchsperson Zahlen lernte, indem sie diese mit Rekordzeiten in Verbindung brachte (Abschn. 1.1). Das Spektrum der Möglichkeiten ist groß, es könnten Konfektionsgrößen, Hausnummern, Preise, Geburtstage usw. Verwendung finden. Für Mathematiker oder Personen, die berufsmäßig mit Zahlen zu tun haben, hat die Zahl oder Zahlengruppe ohnehin Bedeutung. Da gibt es Primzahlen, Zahlen, die sich durch besonders viele Zahlen teilen lassen, die erste Stelle hinter dem Komma von 2, sodass solche Personen beim Lernen von Zahlen oft gar nicht mehr nach Assoziationen suchen müssen, sondern bereits eine Vielzahl von Bedeutungen kennen. Z. B. wird von Aitken, einem Gedächtniskünstler und Professor der Mathematik, berichtet, er habe bei der Erwähnung der Zahl 1961 sofort erkannt, dass es sich um 37×53 oder um $44^2 + 5^2$ oder um $40^2 + 19^2$ handelt (vgl. Baddeley 1979). Weil nicht anzunehmen ist, dass der Leser dieses Buches noch Mathematikprofessor werden möchte, reicht diese Schilderung natürlich nicht, um das Lernen von Zahlen zu verbessern. Wir müssten einen systematischen Weg finden, wie man Zahlen Bedeutungen zuordnet. Im Folgenden werden Mnemotechniken. d. h. *Gedächtnissysteme*, vorgestellt, mit denen man Zahlen – und wenn man das Prinzip erweitert, jeder beliebigen sinnfreien Einheit – Bedeutungen zuordnen kann.

5.2 Phonetisches System

▶ Um Zahlen bedeutungshaltig zu machen, werden sie im ersten Schritt des phonetischen Systems mit Buchstaben assoziiert. Aus den Buchstaben können dann im zweiten Schritt Bedeutungen gebildet werden, die sich nicht so leicht verwechseln lassen wie die Ziffern. Das System, das wir hier vorstellen, hat sich schon bewährt und wird in anderen Sprachen in der gleichen Art angeboten. Auch wir verwenden hier die übliche Verknüpfung von Buchstabe und Zahl. (vgl. Lorayne und Lucas 2000; Beyer 1974). Damit man unterschiedlichste Wörter formen kann, wird jeder Zahl nicht nur ein Buchstabe, sondern eine Phonemgruppe zugeordnet. Die Zuordnung wird durch eine bedeutungshaltige Merkhilfe (*Assoziation*) erleichtert:

Die 1 hat *einen* senkrechten Strich und steht für *t* und *d*, die als Buchstabe auch einen senkrechten Strich haben.
Die 2 wird durch einen Buchstaben mit *zwei* senkrechten Strichen, das *N*, repräsentiert.
Die 3 wird durch einen Buchstaben, der in der Kleinschrift *drei* senkrechte Striche besitzt, repräsentiert, das *m*.
Die 4 wird durch den letzten Buchstaben des Wortes *vier*, das *r* repräsentiert.
Die 5 wird dem Buchstaben *L* zugeordnet, weil das *L* im lateinischen Zahlensystem 50 bedeutet.
Die 6 klingt im Wort wie *ch* und *x*, das verwandte Phonem *sch* wird hinzugenommen.
Wenn man die Form der 7 zweimal verwendet, kann man einen Großbuchstaben K formen. Die verwandten Laute, *ck*, *g*, *Q* und *J* kommen hinzu (Abb. 5.1).
Die 8 hat Ähnlichkeit mit einem handgeschriebenen *f*, die verwandten Laute *pf* und *v* können auch für die Acht stehen (Abb. 5.2).
Die 9 hat eine Formähnlichkeit mit dem *p* und dem *b*.
Die 0 ist der letzte Buchstabe dieser Zahlenreihe und wird durch das *z* ausgedrückt, das auch der Anfang des englischen Wortes für 0 (*zero*) ist. Ähnlich wie *z* sind die Laute *s*, *c* und *ß*.

Abb. 5.1 Das K könnte man aus 2-mal der 7 zusammensetzen

5 Lerntechniken für Namen, Abkürzungen und Zahlen

Abb. 5.2 Das handgeschriebene f ähnelt der 8

Liste der Codewörter für die Zahlen von 1 bis 100. (Nach Beyer 1974; die gleiche Liste wird aber wohl schon seit einigen Jahrzehnten verwendet.)

0 = Hose	26 = Nische	51 = Latte	76 = Koch
1 = Tee	27 = Onko	52 = Leine	77 = Geige
2 = Noah	28 = Napf	53 = Lamm	78 = Kaff
3 = Oma	29 = Nabe	54 = Lore	79 = Kappe
4 = Reh	30 = Maus	55 = Lilie	80 = Fass
5 = Löwe	31 = Matte	56 = Leiche	81 = Pfote
6 = Schuh	32 = Mine	57 = Liege	82 = Pfanne
7 = Kuh	33 = Mumm	58 = Lava	83 = Vim
8 = Pfau	34 = Meer	59 = Lippe	84 = Feier
9 = Bau	35 = Maul	60 = Schuss	85 = Feile
10 = Dose	36 = Masche	61 = Schutt	86 = Fisch
11 = Tod	37 = Mücke	62 = Schiene	87 = Feige
12 = Ton	38 = Muff	63 = Schaum	88 = Pfeife
13 = Dom	39 = Mopp	64 = Schere	89 = Vopo
14 = Teer	40 = Rose	65 = Schal	90 = Bus
15 = Diele	41 = Rute	66 = Scheich	91 = Boot
16 = Tisch	42 = Rinne	67 = Scheck	92 = Bahn
17 = Teig	43 = Ramme	68 = Schiff	93 = Baum
18 = Topf	44 = Rohr	69 = Scheibe	94 = Bär
19 = Taube	45 = Rolle	70 = Käse	95 = Ball
20 = Nase	46 = Rache	71 = Kette	96 = Busch
21 = Niete	47 = Rock	72 = Kanne	97 = Backe
22 = Nonne	48 = Riff	73 = Kamm	98 = Puff
23 = Name	49 = Rippe	74 = Karre	99 = Popo
24 = Nero	50 = Lasso	75 = Kohle	100 = Dosis
25 = Nil			

Die Zahlen sind also durch die Konsonanten repräsentiert. Keiner der Vokale a, e, i, o, u steht für eine Ziffer. Wenn Wörter geformt werden sollen, können die Vokale also frei verwendet werden. Dies gilt auch für die Umlaute.

Die Konsonanten w, y und h kommen bei der Zuordnung zu den Buchstaben nicht vor. Das h hört man bei der Aussprache deutscher Wörter kaum, das y ist sehr selten, nur das w hätte noch untergebracht werden können.

Versuchen Sie einmal, ob Sie nach einem einmaligen Durchlesen bereits in der Lage sind, die Zuordnungen von Zahlen und Buchstaben bzw. Phonemen wiederzugeben. Wenn nicht, sollten Sie den Text noch einmal lesen.

Es erleichtert die Arbeit mit dem phonetischen System, dass für die Zahlen 1 bis 100 bereits eine Gruppe von Codewörtern entwickelt ist. Diese Liste muss man nicht auswendig lernen, man kann sie verwenden, wenn eine bestimmte Zahl gelernt werden soll. Die Phonemgruppen für die einzelnen Ziffern muss man aber im Kopf haben. Man kann diese Codewörter verwenden, um größere Zahlen aufzuspalten (auch beim Sprechen gibt man Telefonnummern ja in Zweiergruppen an), oder man kann sie als ein Kennwortsystem mit 100 (!) in einer festen Reihenfolge angeordneten konkreten Begriffen verwenden, etwa um eine Stichwortliste für eine Prüfung auswendig zu lernen.

Sicher haben Sie gemerkt, dass bei diesen Codewörtern jeweils der einzelne Laut zählt, ob er sich aus einem einfachen oder einem doppelten Buchstaben zusammensetzt, spielt keine Rolle.

Es ist üblich, wenn eine Ziffer zweimal hintereinander vorkommt, ein Wort zu bilden, das zwischen die beiden gleichen Phoneme für die Zahl einen Vokal einschiebt. Die Zahl 499 müsste also z. B. nicht Rippe, sondern möglicherweise Reh-Popo heißen.

Will man größere Zahlen aus den Codewörtern zusammensetzen, wie z. B. Jahreszahlen, so kann es vorkommen, dass die Zahlengruppe 01, 02 vorkommt. Bei einem Geburtsjahr 1804 müsste ein Codewort für 04 vorhanden sein. Längere Folgen von Nullen, also 00, 000 usw. könnten ebenfalls in Zahlengruppen vorkommen. Zur Verbesserung der Anwendungsmöglichkeit müssen wir der Codeworttabelle also die folgenden Wörter hinzufügen:

00	Soße	05	Zoll
01	Zote	06	Zeus
02	Zone	07	Zacke
03	Zahm	08	Zofe
04	Zier	09	Suppe

Die Folge 000 könnte aus Hose und Soße zusammengesetzt werden usw.

Die Buchstaben-Phonem-Kombinationen können nun auf zwei Arten eingesetzt werden: Bei der ersten Methode werden Wörter gebildet, die mit jedem relevanten Konsonanten eine Zahl chiffrieren: So könnte man sich die Nummer des Weckdienstes 114 durch das Wort Dieter merken: D = 1, ie =

Vokal, t = 1, e = Vokal, r = 4, oder die Nummer der Zeitansage 119 durch das Wort Teetipp: T = 1, e = Vokal, e = Vokal, t = 1, i = Vokal, p = 9.

Je länger die Zahl, umso schwerer ist es natürlich, ein einziges Wort zu finden, in dem alle Ziffern codiert sind. Das ist auch gar nicht nötig. Bei langen Zahlen können verschiedene Wörter verwendet werden.

Wir wollen es am Beispiel der $\sqrt{2}$ einmal probieren: Die Zahl lautet auf 5 Stellen genau: 1,41421 also: Torte (1 4 1), rund (4 2 1).

Sie können versuchen, für Zahlen, die für Sie selbst wichtig sind, ein solches Wort bzw. einen Satz zu formen: z. B. für die Kontonummer, die Passnummer, die Telefonnummer der Freundin, die Autonummer oder Ähnliches.

Mit ein wenig Anstrengung lassen sich noch weit längere Wörter so formen, mit denen man eine Zahl codieren kann. Es ist aber oft nicht leicht, ein Wort aus mehreren relevanten Konsonanten zu bilden. Mancher Lernende mag es als leichter empfinden, Sätze zu bilden, deren Wörter jeweils mit dem Phonem für eine Zahl beginnen. Nehmen wir als Beispiel die Zahl pi, die bei der Berechnung von Kreisdurchmesser und Kreisfläche eine Rolle spielt. Sie lautet auf 4 Stellen hinter dem Komma 3,1416. Einer von vielen möglichen Sätzen, in denen man diese Zahl verarbeiten könnte, wäre: *M*an (3) *d*reht (1) *R*äder (4) durch (1) *S*chwung (6). Dieser Satz stellt gleichzeitig eine assoziative Beziehung zur Bedeutung der Zahl pi her. Merkposten: d und t stehen beide für 1, das sieht man nicht in der Tabelle.

5.2.1 ▸ Geburtstage, Jahreszahlen und Termine

Man möchte sich z. B. einen Geburtstag merken oder den Hochzeitstag. Nehmen wir als Beispiel das Geburtsjahr von Goethe, nach dem Lehrer manchmal fragen. Goethe wurde 1749 geboren: Also können wir die Zahl aus den Wörtern Teig und Rippe zusammensetzen. Eventuell könnte man eine bildhafte Vorstellung formen, wie Goethe aus Teig eine Rippe formt. Dieses Bild hebt auf den Akt des Erschaffens ab.

Oder nehmen wir einmal einen Geburtstag, z. B. den 28. Januar. Wie kann man sich den Monat jetzt einprägen? Die Monate können nach ihrer Reihenfolge ebenfalls in Zahlen von 1 bis 12 umgelesen werden. Es ergäbe sich für diesen Geburtstag das Codewortpaar Napf und Tee, und man könnte sich bildhaft vorstellen, wie der Geburtstagstee aus dem Napf getrunken wird.

Auf die gleiche Weise lassen sich Termine lernen. Stellen Sie sich vor, Sie wollen sich am Freitagabend um 19.30 Uhr treffen. Auch den Wochentag kann man wieder leicht in eine Zahl umlesen. Man kann dabei die Tabelle verwenden, man kann aber auch für die Zahl des Freitags (Montag 1, Dienstag 2, Mittwoch 3, Donnerstag 4, Freitag 5, Samstag 6, Sonntag 7, Sonntag war der siebte Tag, an dem der Herr ruhte, die Zahlenfolge liegt also nahe) ein neues Wort erfinden, das auf die Person passt, die man treffen möchte: z. B. Löwe, Taube, Maus (die beiden letzten Wörter stehen für die Uhrzeit 19.30). Diese drei Begriffe (sie entstammen der Liste der Codewörter) könnten in einem Satz oder in einem Bild kombiniert werden.

5.2.2 Phonetisches System als Kennwortreihe

Die zweite Verwendungsmöglichkeit für die Zahlenwörter – hat man diese Wort und Zahlzuordnungen einmal gelernt – stellt ein Kennwortsystem mit 100 Elementen zur Verfügung. Die Zahlen ersetzen das Alphabet oder die Orte als die feste Reihenfolge, an die mit bildlicher Vorstellung eine andere Reihe von Lernelementen assoziativ gekettet wird.

Nehmen Sie an, Sie wollten in einem kleinen einführenden Vortrag in der Prüfung erst etwas über den Begriff des Lernens sagen, dann über das Dreispeichermodell und dann über die Ordnung des Wissens.

Das erste Kennwort 01 wäre Hose, Sie könnten sich vorstellen, dass in der Hosentasche ein Zettel mit der Definition von Lernen ist.

Das zweite Kennwort 02 wäre Tee: Jetzt können Sie sich vorstellen, wie Tee in 3 verschiedenen hintereinander liegenden Speicherkammern untergebracht ist.

Das dritte Kennwort 03 wäre Noah: Hier können Sie sich vorstellen, wie Noah die Tiere auf der Arche nach ihrer Klassenzugehörigkeit ordnet.

Wenn man einmal die Mühe auf sich nimmt, die Zahlenwörter für die Zahlen von 1 bis 100 zu lernen, ist es dann leicht, eine Reihenfolge von 100 Elementen zu lernen.

5.3 Zahlenbedeutung und bildhafte Vorstellung

▶ In Kap. 3 haben wir im Zusammenhang mit der Locitechnik ein Beispiel für das Lernen von Ziffernfolgen beschrieben. Wir wollen hier ein zweites Beispiel für diese Vorgehensweise geben. Mithilfe der Abb. 5.3 ist die Übersetzung der Ziffern in Bildern leicht möglich:

Abb. 5.3 Möglichkeiten, wie die Zahlen in eine bildhafte Form gebracht werden können

Die 1 sieht aus wie ein Bleistift,
die 2 wie ein Schwan,
die 3 wie ein Gesäß,
die 4 wie ein umgedrehter Stuhl,
die 5 wie ein moderner Sessel,
die 6 wie ein Tennisschläger,
die 7 wie eine Sense,
die 8 wie eine Brille,
die 9 wie eine Lampe,
die 0 wie ein Ball.

Man geht z. B. in Gedanken z. B. im Uhrzeigersinn an den Wänden des Zimmers entlang und verteilt die Bilder der Ziffern der zu merkenden Zahl im Raum. Wenn man diesen Weg dann in der Vorstellung abschreitet, treten die Bilder wieder ins Bewusstsein, und die Zahl ist rekonstruierbar. Nehmen wir als Beispiel die Zahl, mit der man Yard in Meter umrechnen kann: 1 yd ist 0,9144 m. Wenn ich z. B. durch das Wohnzimmer gehe, treffe ich zuerst auf die Couch: Ich stelle mir einen *Ball* auf der Couch vor.

Neben der Couch steht eine Kommode: Ich stelle mir vor, dass diese eine *Lampe* trägt. Verfolge ich meinen Weg von der Kommode weiter, treffe ich auf einen Schrank: Den stelle ich mir mit einem großen *Bleistift* angefüllt vor. An der Wand steht ein Stuhl: Ich stelle mir vor, der *Stuhl steht auf dem Kopf*. Darauf folgt eine Tür. Ich stelle mir vor, gegen die Tür lehnt ein auf dem *Kopf stehender Stuhl*. Beim Abruf gehe ich den Weg durch das Zimmer wieder ab, und über die Bilder finde ich die Ziffern in richtiger Folge.

5.4 Rhythmisierung beim Zahlenlernen

Zahlen (z. B. Telefonnummern) werden beim Lernen und bei späteren Abrufen (v. Cube 1970) rhythmisch wiedergegeben, wie etwa die Strophe eines Liedes. Kybernetiker haben vorgerechnet, dass so die Informationsmenge der Zahl reduziert wird. Dies scheint uns aber für die Wirksamkeit der Rhythmisierung nicht im Vordergrund zu stehen. Wenn für gesungene und gesprochene Sprache unterschiedlich störbare Gehirnzentren verantwortlich sind, wird auch dieses Phänomen nur zum Teil zur Wirksamkeit der Rhythmisierung beitragen. Die Zahlen 284.578 z. B. werden in Zweiergruppen zu 3 individuellen, klanglich unterscheidbaren Elementen gemacht, während ohne Rhythmisierung 6 solcher leicht verwechselbarer Elemente gelernt werden müssten. Fasst man in einem Wort 3 Zahlen zusammen, wird die Menge der phonemisch eindeutigen Elemente noch weiter reduziert. Das Verfahren der Rhythmisierung wird spontan von den meisten Menschen angewandt. Sie werden Spaß haben zu beobachten, wie schwer es ist, eine Zahl, die man in rhythmischen Gruppen gelernt hat, in Ziffern aufzusagen. Versuchen Sie dies einmal mit Ihrer eigenen Telefonnummer oder einer Telefonnummer, die Sie gut kennen. Die Gruppierung der Zahl führt zu einer „phonemischen" Individualisierung, zu einer Reduktion der „sinnlosen" Klanggruppen, die auswendig gelernt werden müssen.

Eventuell kann man sich den Vorteil der Rhythmisierung, der Gruppierung auch durch die Begrenzung des Kurzzeitspeichers erklären. Eine sechsstellige Telefonnummer wird auf 3 „Wörter" oder nur 2 „Wörter" reduziert, die jeweils einen Kurzzeitspeicherplatz einnehmen.

5.4.1 Mögliche Anwendungen

Es ist am besten, wenn Sie das phonetische System am Beispiel von Zahlen ausprobieren, die Sie wirklich lernen und wissen sollten, z. B.:

- Telefonnummern von Bekannten, Freunden, Verwandten;
- Kontonummer (wahrscheinlich wissen Sie die Ihre schon auswendig);
- Geheimzahl für Geldautomaten;
- Personal- oder Matrikelnummern, die man immer wieder beim Ausfüllen von Formularen benötigt;
- Nummer des Personalausweises;
- Autonummer;
- Geburtstage der Bekannten;
- Nummern von Zahlenschlössern, mit denen Sie umgehen müssen;
- Steuernummer;
- Postleitzahlen, die Sie häufig verwenden;
- Bestellnummer eines Artikels, den Sie erwerben wollen;
- Lottozahlen, die Sie getippt haben;
- Entfernungen, die Sie vom Kilometerzähler ablesen, um sie später abzurechnen;
- Telefonnotrufnummern, Auftragsdienste, Taxiruf;
- Radiofrequenzen mit Verkehrsfunkdurchsage oder von Sendern mit speziellen Programmen (Hitparade);
- Umrechnungswerte: Wechselkurse, Umrechnung von Maßeinheiten;
- Fahrzeiten von Bussen und Straßenbahnen;
- Konfektionsgrößen der Partnerin/des Partners, um ein „passendes" Geschenk mitbringen zu können;
- Telefonnummer des Hausarztes;
- Konstanten, z. B. e, π, $\sqrt{2}$.

5.4.2 Studien zur Effizienz

Die Wirksamkeit der geschilderten Techniken wurde in verschiedenen wissenschaftlichen Untersuchungen nachgewiesen.

Brautman (1973) verwendet das phonetische System beim Lernen von Telefonnummern und vergleicht den Lernerfolg mit einer Gruppe, die keine Kenntnis der Mnemotechnik hatte. In einem Test nach 24 h war die Lernleistung der Gruppe, die das phonetische System verwendet hatte, mehr als doppelt so hoch wie die Lernleistung einer Kontrollgruppe, deren Telefonnummern aus Buchstaben und Zahlen bestanden, und mehr als viermal so hoch wie die Lernleistung einer Kontrollgruppe, deren Telefonnummern (wie es hier üblich ist) ausschließlich aus Zahlen bestanden. Auch wenn das phonetische System als Reimwort oder Reihenfolgensystem verwendet wird, lässt sich zeigen, dass Probanden, die dieses System trainiert hatten, in der Lernleistung besser abschnitten (Senter und Hauser 1968; Delin 1969). Ebenso berichtet Higbee aus seinen Kursen (1977) über positive Erfahrungen mit dem phonetischen System sowohl als Ersatzwortsystem, um eine Reihenfolge von Wörtern zu lernen, als auch, um Zahlen zu lernen. Derwinger et al. (2003) wiesen die Effizienz des phonetischen Systems bei über 90-jährigen Menschen nach.

In unseren eigenen Kursen konnten wir besonders beim Lernen von Zahlen erstaunliche Erfolge mit dem phonetischen System demonstrieren, gerade wenn es darum geht, eine größere Menge oder besonders lange Zahlen zu lernen.

In einigen Arbeiten werden aber auch negative Resultate berichtet (Patton 1986: Selbstkonstruktion der Codewörter, Bruce und Clemons 1982). In einer anschließenden Arbeit versuchen Patton und Lantzy (1987), die Bedingungen zu klären, unter denen der Einsatz des phonetischen Systems die Erinnerung an Zahlen verbessert. Nur wenn die Versuchspersonen ausreichend Übung mit dem System hatten, führte es zu einer 50-prozentigen Lernverbesserung. Wenn aber die Versuchspersonen die phonetischen Codewörter selbst konstruieren mussten, kam es (bei einer gegebenen Zeitbegrenzung) zu Verschlechterungen der Lernleistung.

Bei vielen Lerntechniken ist es das Problem, den Lernenden zu überreden, die Lerntechnik auch anzuwenden und den zusätzlichen Aufwand auf sich zu nehmen (Persensky und Senter 1970a). Durch die Demonstration der Effekte der Lerntechnik sind solche skeptischen Einstellungen zu überwinden.

Natürlich wird nur der Anwender die Mühe auf sich nehmen, ein solches System zu lernen und zu üben, der auch tatsächlich häufig mit Zahlen umgehen muss.

6

Ordnungen des Wissens

Das Langzeitgedächtnis lässt sich mit einer sehr großen Bibliothek, die über fast unbegrenzt viele Stellplätze für Bücher verfügt, vergleichen. Wenn der Benutzer auf der Suche nach einem bestimmten Buch nun alle Regale durchsehen müsste, würde er u. U. Wochen und Monate benötigen, bis er es gefunden hätte. Eine solche Bibliothek wäre ziemlich nutzlos. Deshalb verfügen große Bibliotheken über eine Ordnung, die festlegt, an welchem Platz ein Buch eingestellt werden muss und was der Benutzer zu tun hat, um ein Buch, das er sucht, schnell zu finden. Die Leistungsfähigkeit einer Bibliothek wird ganz wesentlich davon abhängen, wie gut deren Ordnungssystem ist. Auch das Langzeitgedächtnis muss über ein Ordnungssystem verfügen, es wäre anders nicht zu erklären, dass Menschen in der Lage sind, aus der großen Menge der gespeicherten Informationen sehr schnell und relativ zuverlässig eine ganz bestimmte abzurufen.

6.1 Organisation und Vergessen

Mit der Analogie zwischen großer Bibliothek und Langzeitgedächtnis lässt sich auch das Phänomen des Vergessens veranschaulichen. Vergessen oder genauer, die Unfähigkeit, Gelerntes zu reproduzieren, kann z. B. auf das Fehlen geeigneter Suchhinweise zurückgeführt werden.

Nach Prüfungen klagten Studenten oft, dass sie die Antworten gewusst hätten, aber aus den Fragen des Prüfers nicht entnehmen konnten, was dieser wissen wollte. Die Prüferfragen stellten offenbar keinen geeigneten

Abrufreiz dar, und die – eventuell an der falschen Stelle – gespeicherte Information wurde nicht aktiviert und abgerufen.

Tulving und Pearlstone (1966) prüften die Theorie des abrufreizabhängigen Vergessens, indem sie Versuchspersonen eine Liste mit Substantiven aus 4 Kategorien lernen ließen. Die Experimentalgruppe erhielt zusätzlich zu den Wörtern die Kategoriebezeichnungen und konnte sich mithilfe dieser Abrufreize an signifikant mehr Wörter erinnern als die Kontrollgruppe. Die Befunde weisen darauf hin, dass viele Informationen zwar gespeichert, aber nicht ohne Weiteres abrufbar sind, entweder weil sie an einem falschen Platz eingeordnet sind oder weil der Zugang zur Information nicht gut dokumentiert wurde und damit verloren gegangen ist.

Lernhilfen sollten gegen diese Formen von Informationsverlust schützen, indem sie für die richtige Einordnung der Informationen im Speichersystem sorgen und sichere Abrufstrategien bereitstellen. Dazu ist in der Regel erforderlich, dass die zu lernende Information sortiert – mit einem anderen Wort „organisiert" – wird. Mit diesem Aspekt des Gedächtnisprozesses – der Organisation des zu lernenden Materials – befassen wir uns in diesem Kapitel.

6.2 Lernhilfen durch semantische Organisation

Die Arbeitsweise des LZS (Langzeitspeicher) ähnelt der eines Apothekers, der die verschiedensten Medikamente angeliefert bekommt und diese exakt in die dafür vorgesehenen Fächer einordnet. Für jede Arznei gibt es nur einen ganz bestimmten Ort. Wenn ein Patient ein bestimmtes Mittel verlangt, muss der Apotheker nur wissen, in welches Fach er es gelegt hat. Von entscheidender Bedeutung für den Abruf einer Information ist nach diesem Modell, dass sie bei der Einspeicherung am richtigen Platz eingeordnet wurde.

Die Logik der Ordnung muss nicht unbedingt den Gesetzen der formalen Logik folgen. Der Lernende kann durchaus auch eine eigene Ordnung erstellen.

Die folgenden Kartierungen des Wissens sind immer auch eine aktive Verarbeitung des Stoffes, allein schon dadurch wird der Stoff gelernt.

6.3 Kategoriale Bedeutungskarte, der hierarchische Abrufplan

Aufgefordert, eine Liste von Wörtern zu reproduzieren, überlegt die Versuchsperson zunächst, was ihr zu dem Thema alles einfällt, um dann die richtigen Wörter wiederzuerkennen. Besteht die geforderte Aufgabe z. B. darin, sich an bestimmte Säugetiere der Liste zu erinnern, so könnte die Versuchsperson zuerst alle Säugetiere, die ihr bekannt sind, generieren. Die vorher gelernten Wörter der Liste müssen dann nur noch wiedererkannt werden. Es kann auch sein, dass die zur Probe erzeugten Begriffe eine unvollständige Speicherung so ergänzen. Entscheidend für die Gedächtnisleistung ist nach diesem Modell eine Strategie, die zur Generierung geeigneter Probeinformationen führt.

Die Lernhilfe besteht darin, für die Lerninhalte eine Gruppe von Oberbegriffen zu finden und die Inhalte (in Stichworten) darunter aufzuführen.

Die Verwendung dieser Lern- und Abrufhilfe ist zur Aneignung von sonst oft quälend erworbenem Faktenwissen hervorragend geeignet. Der Anwendungsbereich von Abrufplänen erweitert sich, wenn beim Lernen von Prosatexten die zentralen Informationen hierarchisch strukturiert werden können.

Zur Einübung in diese Form, einen Text zu lernen, schlagen wir vor, dass Sie den folgenden Text aus einem Erdkundebuch für das 7. Schuljahr lesen, die wichtigsten Begriffe heraussuchen und diese in einen hierarchischen Abrufplan einordnen.

Beispiel

„Während die Pygmäen nur Sammler, Fischer und Jäger sind, treiben die eigentlichen Neger [Originaltext; heute würde man das Wort Neger wegen seiner rassistischen Konnotation* nicht verwenden] des Urwaldes Feldbau. Sie gürteln einige Bäume, indem sie die Rinde ringsum einkerben, so daß sie absterben, und roden mit Hackmesser und Feuer das Buschwerk. Die Frauen pflanzen dann zwischen den stehengebliebenen Baumstümpfen mit Hilfe des Grabstockes, dessen unteres Ende spatenartig verbreitert ist, Bananen und Maniok. Die Maniokstaude wird 2 m hoch.
   Aus ihren Wurzelknollen gewinnt man Stärkemehl. Schon nach ein paar Jahren ist der Boden erschöpft. Ein neues Stück muss dann gerodet werden, während die alte Fläche rasch wieder überwuchert wird. Die Bantuneger halten auch einige Haustiere, vorwiegend Hühner und Ziegen. Ihre rechteckigen Hütten errichten sie zum Schutz gegen Tiere und Feuchtigkeit oft auf Pfählen. Unter mächtigen Palmen stehen sie in langer Reihe nebeneinander. Mit Hilfe der Trommelsprache, die im Wald weithin hörbar ist, verständigt man sich von Dorf zu Dorf" (Textbeispiel aus: Langer et al. 1974).

Es gibt verschiedene Möglichkeiten, die Information dieses Textes hierarchisch zu ordnen. Wir schlagen die in Abb. 6.1 dargestellte vor.

Anregung: Nehmen Sie sich nach dem Lernen aus einem Lehrbuch einmal die Schlagwortliste des Lehrbuchs vor und überprüfen Sie, ob Sie wissen, a) was jedes Stichwort bedeutet, b) in welchem Zusammenhang es im Text vorkommt. Überprüfen Sie ihre Lösungen durch Nachschlagen.

Evidenz: Bower et al. (1969) wiesen die Effizienz hierarchischer Abrufpläne nach: Den Versuchspersonen wurden z. B. Informationen zum Thema „Mineralien" in Form einer Hierarchie von Begriffen vorgegeben (Abb. 6.2) Im Vergleich zur Darbietung ungeordneter Informationen waren die Leistungen ganz erheblich besser.

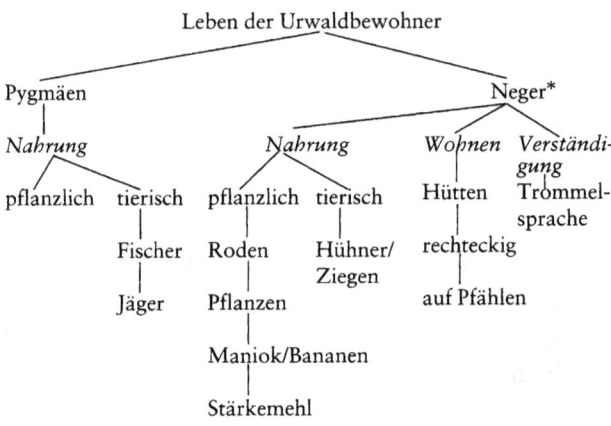

Abb. 6.1 Hierarchische Ordnung der Informationen aus dem Textbeispiel

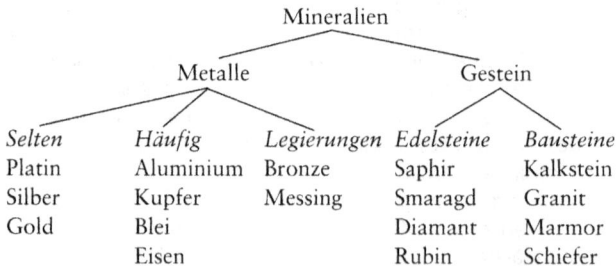

Abb. 6.2 Hierarchisch geordnete Informationen zum Thema Mineralien (Bower et al. 1969)

6.4 Serielle Bedeutungskarte, die Netzplantechnik

Bei der Netzplantechnik muss der Lernende zunächst die wichtigsten Gedanken (Begriffe) des Lernmaterials identifizieren und deren Beziehungen zueinander bestimmen. Die Gedanken werden dann grafisch als Knotenpunkte, die Beziehungen der Gedanken zu einander als Verbindungslinien dargestellt. Dansereau et al. (1979) unterscheiden hierarchische Strukturen, Kettenstrukturen und Clusterstrukturen (Tab. 6.1). Der semantische Netzplan ermöglicht durch die Visualisierung die simultane Verarbeitung der Knotenpunkte und deren Beziehungen zueinander. Zudem kann beim Erinnern des Lernstoffs das Netzwerk als Abrufplan dienen.

	Kettenstrukturen	
„führt zu"-Verbindung *Übung* $\downarrow F$ *Meisterschaft*	Der Gegenstand, Gedanke, Prozess oder Begriff eines Knotenpunkts führt zu dem Gegenstand, Gedanken, Prozess oder Begriff in einem anderen Knotenpunkt	Führt zu Resultiert aus Verursacht Bewirkt
	Clusterstrukturen	
Analogieverbindungen	Der Gegenstand, Gedanke, Prozess oder Begriff eines Knotenpunkts ist analog, ähnlich, gleich oder korrespondiert mit einem Gegenstand, Gedanken, Prozess oder Begriff in einem anderen Knotenpunkt	Ist analog Ist ähnlich Ist gleich Korrespondiert mit
Langzeitspeicher $\xrightarrow{A}$ *Bibliothek* „Charakteristisches Merkmal" – Verbindung *Himmel*	Der Gegenstand, Gedanke, Prozess oder Begriff eines Knotenpunkts hat die Eigenschaft, Qualität, das Merkmal, Detail, Besondere des Gegenstands, Gedankens, Prozesses oder Begriffs eines anderen Knotenpunkts	Hat Ist gekennzeichnet durch
$\xrightarrow{Ch}$ *blau* Evidenzverbindung *Armbruch*	Der Gegenstand, Gedanke, Prozess oder Begriff eines Knotenpunkts liefert Evidenz, Fakten, Daten, Hinweis, Beweis für den Gegenstand, Gedanken, Prozess oder Begriff in einem anderen Knotenpunkt	Weist hin auf Illustriert durch Zeigt durch Unterstützt
$\xrightarrow{E}$ *Röntgenstrahlen*		Belegt

Tab. 6.1 Semantische Netzstrukturen. (Nach Dansereau et al. 1979)

	Hierarchische Strukturen	Schlüsselfragen
„Teil von"-Verbindung *Hand* ↓T *Finger*	Der Inhalt eines niedrigeren Knotenpunkts ist ein Teil des Gegenstands, Prozesses, der Idee oder des Begriffs eines höheren Knotenpunkts	Ist Teil von Ist Segment von
„Beispiel für"-Verbindung *Schulen* ↓B *Gymnasium*	Der Inhalt eines niedrigeren Knotenpunkts ist ein Beispiel für die Klasse oder Kategorie von Prozessen, Ideen, Begriffen oder Gegenständen eines höheren Knotenpunkts	Ist typisch für Gehört zur Kategorie Ist ein Beispiel für Mehrere davon ergeben ein

Während die Mindmap (Abschn. 6.5) radial von einer zentralen Ordnungsidee ausgeht, kann der Netzplan linear dem Verlauf des Textes folgen und ist so eine Darstellungsweise der Ideen des Textes, die bei längeren Texten über mehrere Seiten übersichtlicher ist.

Evidenz: Dansereau et al. (1979) konnten nachweisen, dass Studenten, die mit der Netzplantechnik gelernt hatten, mehr von den wichtigsten Informationen des Lernstoffs reproduzierten als die Kontrollgruppe.

An einem längeren Text soll die Netzplantechnik demonstriert werden.

> **Beispiel: Der kreative Prozess (aus: Schuster und Beisl 1978)**
>
> Ein von Kramer (1975) berichteter Fall soll den Vorgang der Sublimierung, der Umlenkung der gefährlichen und unerwünschten Impulse des Es in sozial wünschenswerte konstruktive Aktivitäten verdeutlichen.
>
> „In einer Gruppe von Jungen entwickelte sich eine wilde Konkurrenz, wer den größten Penis aus Ton modellieren könne. Der Bastelraum wurde total verwüstet, die Erzieherin mußte eingreifen und das Vorhaben beenden. Tags darauf versuchten die Jungen, besonders hohe Häuser, z. B. das Empire State Building, aus Ton herzustellen. Die gemischt aggressiven, sexuellen Impulse waren in eine symbolische Darstellung umgemünzt, zu einer sozial wünschenswerten Verhaltensweise sublimiert worden. Die schöpferische Produktion selbst ist nach Freud nicht so sehr das Ergebnis bewußter Anstrengungen als vielmehr vorbewußter oder unbewußter Prozesse, deren Ergebnis plötzlich im Bewußtsein aufleuchtet, ohne daß ihr Zustandekommen im Einzelnen zu rekonstruieren wäre. Auch im Traum können schöpferische Einfälle entstehen. Freud (1972, S. 581) schreibt: ‚Wir neigen wahrscheinlich in viel zu hohem Maße zur Überschätzung des bewußten Charakters auch der intellektuellen und künstlerischen Produktionen. Aus den Mitteilungen einiger höchstproduktiver Menschen, wie Goethe und Helmholtz, erfahren wir doch eher, daß das

Wesentliche und Neue ihrer Schöpfungen ihnen einfallsartig gegeben wurde und fast fertig zu ihrer Wahrnehmung kam.' Jeder weiß über Gelegenheiten zu berichten, wo ein dringendes Problem nicht durch analytisches Denken, sondern durch einen plötzlichen Einfall, einen ‚Gedankenblitz' gelöst wurde, ohne daß unsere bewußte Aufmerksamkeit sich gerade mit diesem Problem beschäftigte. Am kreativen Prozeß sind also unbewußte, und das heißt in der psychoanalytischen Theorie auch esnahe, primäre Vorgänge beteiligt. So sehen auch heute die psychoanalytischen Autoren Ehrenzweig (1969) und Müller-Braunschweig (1974) den Moment der Kreativität als eine vorübergehende Entdifferenzierung des Ich, als einen zeitweiligen Rückschritt in eine entwicklungsmäßig frühere Phase. Während das Denken des Ich begrifflich und logisch ist, ist das Denken des Unbewußten, das primäre Denken, bildhaft und symbolisch. Inhalte, die ins Unbewußte verdrängt sind und bei ihrem Auftauchen im Bewußtsein die Anpassungsleistung des Ich stören würden, werden bei der ‚Reise' ins Bewußte symbolisiert, das heißt durch Bilder ersetzt, deren Bedeutung der Person nur zum Teil oder gar nicht klar wird. Im Folgenden wird noch näher erläutert, welche Symbole verwendet werden und in welchem Maß Symbole individuelle oder generelle Gültigkeit haben.

In Symboldarstellungen können auch verdrängte Affekte freigelegt werden. So kann die kreative Tätigkeit zur Gesundung der Person beitragen. Es entspricht auch einer häufig berichteten Alltagserfahrung, daß musikalische oder darstellende Tätigkeiten in der Lage sind, Verstimmungen aufzulösen und zu einer neuen Sicht der eigenen Situation anzuregen. Um zu wirklich künstlerischen Leistungen zu führen, muß der Prozeß der Entdifferenzierung des Ich natürlich auf günstige Bedingungen treffen. Im Unbewußten muß ein reich strukturierter Binnenraum angetroffen werden. Allerdings richtet die referierte Theorie die Aufmerksamkeit weniger auf die Frage, welche Leistung aus der Menge der Darstellungen durch besondere Kunstfertigkeit beeindruckt, sondern vielmehr darauf, wie bei Kunstwerken oder auch Kinderzeichnungen die abgebildeten Inhalte auf dem Hintergrund des persönlichen Erlebens des ‚Produzenten' zu interpretieren sind. Künstler und Kunstbetrachter können im Kunstwerk auf die gleiche Weise Triebenergie reduzieren bzw. Konfliktspannungen bewältigen. Der Künstler gibt eine bestimmte Art der Konfliktdarstellung vor, in deren Betrachtung der ‚reproduktive Künstler', der Rezipient, eigene, eventuell ähnliche Konflikte ähnlich bearbeiten kann. Weil die künstlerische Tätigkeit eine zeitweilige Entdifferenzierung (neutraler formuliert: Aufhebung) der üblichen und geforderten Denkstrukturen ist, kann auch Alkoholeinfluß, Drogeneinfluß, ja in einigen Fällen sogar der Einfluß verschiedener Geisteskrankheiten fördernd auf die herzustellenden Werke oder aber auf die Aufnahmefähigkeit wirken. Künstler verwenden verschiedenste Techniken, um sich aus den gewohnten Bahnen stringenten Denkens zu lösen und zu einem bildhaften, assoziativen Denken zu gelangen.

Am Beispiel einer Statue von Michelangelo und von zwei Bildern van Goghs soll die psychoanalytische Erklärung der Wirkung und der Entstehung von Kunstwerken demonstriert werden. Freud war von der Moses-Statue des Michelangelo (Rom, S. Pietro in Vincoli) außerordentlich beeindruckt. Er schreibt, daß er diese Skulptur oft besuchte und stundenlang vor ihr verweilte. In einem Aufsatz (1914) versucht er eine Interpretation ihrer Wirkung, nach dem er belegt, daß die Interpretationen der Kunstkritiker der Zeit zum einen sehr unterschiedlich ausfallen, zum anderen stark an der subjektiven Empfindung orientiert sind. Freud faßt die Statue als den Endpunkt einer gerade abgelaufenen Bewegungsfolge auf. Aus der Stellung von Hand, Bart, Fuß und Blick rekonstruiert er in detektivisch anmutender Schlusskette eine hypothetische Abfolge. Moses sitzt am Hang des Berges Sinai, um auszuruhen. Unter seinem Arm trägt er die Gesetzestafeln. Als er seinen Blick auf das Volk Juda lenkt, sieht er es um das Goldene Kalb tanzen und will im ersten Zorn aufspringen. (Was er laut Überlieferung der Bibel auch tut. Wutentbrannt zerschmettert er die Gesetzestafeln am Fels.) Er beherrscht seinen Zorn jedoch, um die Gesetzestafeln nicht fallen zu lassen. Die Statue zeigt Moses in dem Moment, in dem er, sich selbst beherrschend, seinen zerstörerischen Impuls überwunden hat. Der Betrachter erkennt die menschliche Größe der Pose und ist von der Szene beeindruckt, die den Kampf der seelischen Instanzen abbildet, dem Kampf zwischen dem aggressiven Impuls des Es und der willentlichen Kontrolle des Ich. Nach Freud wird hier die ‚stolzeste menschliche Leistung' ins Bild gesetzt. Sowohl das Thema als auch die Arbeit mit Hammer und Meißel am Stein haben für den als aggressiv und schwierig geltenden Michelangelo eine persönliche Bedeutung gehabt (vgl. Müller-Braunschweig 1974). Die persönlichen Konflikte des Künstlers werden stellvertretend in der Darstellung gelöst. Dabei erlaubt es die Arbeit, aggressive Energie abzuführen. Der Konflikt zwischen Ich und Es ist kein individueller Konflikt des Künstlers, sondern ein Gegensatz in jedem Menschen, so daß die dargestellte Lösung für jeden ein Stück Gültigkeit hat. Freud versucht zu belegen, daß der Künstler bewußt danach strebte, diesen Effekt zu erreichen, bzw. daß das Zusammenspiel der Stellungen der Statue vom Künstler bewusst hergestellt wurde, um den Eindruck der beschriebenen Bewegungsfolge zu vermitteln. Es verwundert, daß gerade Freud, der doch der Wirkung unbewußter Determinanten breiten Raum gibt, eine Absicht des Künstlers aufzeigen möchte. Es ist umstritten, ob van Gogh als ‚geisteskrank' diagnostiziert werden muß, auf jeden Fall fordern sein ungewöhnliches Leben und seine ungewöhnliche Größe als Maler eine psychologische Studie geradezu heraus (Nagara 1973). Der Briefwechsel Vincents mit seinem Bruder Theo erlaubt es, ein genaueres Bild seiner psychischen Situation zu gewinnen, als es von der geistigen Disposition vieler anderer Künstler möglich ist, von denen der Nachwelt nur die Werke erhalten sind.

Van Gogh ‚sublimierte' in der Malerei sexuelle Energie, Libido. Er schrieb selbst oft darüber, daß der Geschlechtsverkehr dem Malen abträglich sei und riet einem jüngeren Malerfreund, vierzehntäglich eine Prostituierte aufzusuchen, um nicht allzu sehr von der Arbeit abgelenkt zu werden. Nagaras Deutung bleibt aber nicht bei so allgemeinen Aussagen stehen, sondern analysiert auch die Entstehungsgeschichte der einzelnen Bilder unter Berücksichtigung der seelischen Situation des Künstlers. Ein Beispiel soll herausgegriffen werden. Es gibt zwei Bilder, auf denen leere Stühle dargestellt sind. Es handelt sich um den Stuhl Gauguins, der zu dieser Zeit in Arles zu Besuch war, und um van Goghs Stuhl. Während des Aufenthaltes Gauguins war es zu Streitigkeiten zwischen den beiden Malern gekommen, und Gauguin wollte abreisen. In dieser Situation werden in van Gogh wieder Erinnerungen an Trennungen von seinem Vater wach, zu dem er ein ambivalentes Verhältnis hatte. Er verehrte ihn, verzieh ihm aber die Trennungen nie ganz, stritt oft mit ihm und fühlte sich leicht verletzt und abgelehnt. Die Aggression gegen den Vater wendet sich gegen Gauguin. Der unbewußte Tötungswunsch drückt sich in dem Symbol des leeren Stuhles aus. Nagara kann nachweisen, daß dieses Symbol für van Gogh wirklich die Bedeutung des Todes besaß. Der Künstler hatte sich einige Zeit zuvor von einem Bild beeindruckt gezeigt, in dem der leere Stuhl eines Verstorbenen abgebildet war, und bemühte sich sogar, dieses Bild antiquarisch für einen Freund zu beschaffen. Der Konflikt des Künstlers wird so stark, daß er auch sein Verhalten beeinflußt. Abends verfolgt van Gogh seinen Besucher mit einem Rasiermesser. Als dieser sich umwendet und seinen Verfolger entdeckt, geht Vincent zurück ins Haus und schneidet sich ein Ohr ab, das er dann einer Prostituierten schenkt. Das starke Über-Ich bzw. Gewissen des sehr religiösen Mannes – er hatte Laienprediger werden wollen – wendet die Aggression gegen die eigene Person: Die Kastrationsdrohung, die vom Vater erlebt wird, vollstreckt er symbolisch am eigenen Ohr, das ja dann auch bezeichnenderweise einer Prostituierten geschenkt wird. In den Bildern werden unbewußte Wünsche sichtbar, die das Ich nicht zulassen kann, weil sie die Realitätsanpassung stark gefährden würden. Die symbolische Darstellung solcher Wünsche wird oft als Selbstheilungsversuch interpretiert, als Versuch, sie in der Darstellung soweit abzubauen, daß sie nicht auf das Verhalten übergreifen. Van Gogh erlebte das Malen immer als berauschend, es befreite ihn von seinen Konflikten. Aus diesem Grund sind in seiner nur wenige Jahre währenden Schaffensperiode außerordentlich viele Bilder entstanden. Symbole – wie die leeren Stühle in den Bildern van Goghs – können individuell sein, aber auch generell für viele Menschen die gleiche Bedeutung haben. Es gibt einige Traumsymbole, von denen Freud annahm, daß ihre Bedeutung innerhalb der europäischen Kultur festgelegt sei."

Wie dieser Text mithilfe der Netzplantechnik aufgeschlüsselt werden kann, zeigt Abb. 6.3.

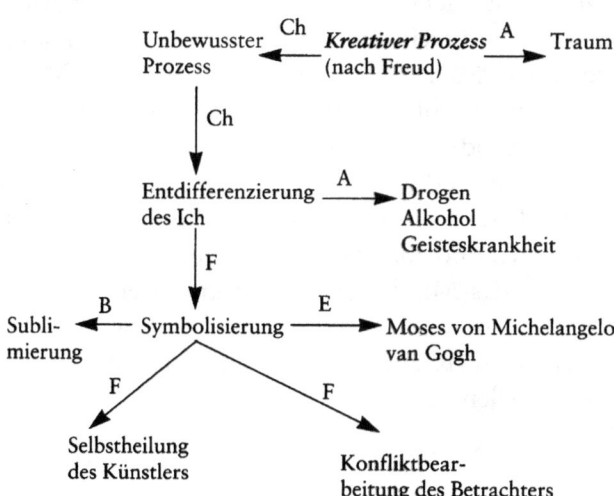

Abb. 6.3 Nach der Netzplantechnik erarbeitete Ordnung der Informationen aus dem Beispieltext zum kreativen Prozess

6.5 Mindmapping

Die Brüder Tony und Barry Buzan veröffentlichen 1993 in England und 1999 in deutscher Übersetzung *Das Mind-Map-Buch*. Der anspruchsvolle Untertitel „Die beste Methode zur Steigerung ihres geistigen Potentials" macht einen hohen Anspruch deutlich, der mit der hier vorgestellten Methode verbunden ist. *Das Mind-Map-Buch* ist nach ihrer Meinung „eine Einführung in die geistige Alphabetisierung, ein Konzept, das hoffentlich tiefgehende positive Auswirkungen auf den einzelnen, die Familie, auf Organisationen, Gesellschaften und die Zivilisation allgemein haben wird" (Buzan und Buzan 1999, S. 286). Wir teilen nicht die Meinung der Autoren, dass die Menschheit sich in einem „geistig analphabetischen Zustand" (S. 286) befinde und dass die Anwendung der Mindmaprichtlinien der Weg aus diesem Zustand heraus sei. Wir werden allerdings darstellen, dass wir das Mindmapping durchaus als eine nützliche Methode ansehen, Wissen zu organisieren und damit besser zu lernen. Die Mindmapmethode soll nach Buzan und Buzan nicht nur das Lernen verbessern, sondern auch die Kreativität und das Problemlösen in verschiedenen Lebensbereichen fördern.

Die Anwendungsbereiche der Selbstanalyse, Entscheidungsfindung und Problemlösung im persönlichen und familiären Bereich führen wir in unserer Zusammenfassung nicht aus. Hier wird eine Nähe zur Psychotherapie bzw. zur Selbstbehandlung postuliert, die nicht Gegenstand dieses Buches sind. Ob Mindmaps dazu geeignet sind, bezweifeln wir aus unseren Erfahrungen als Psychotherapeuten. Im Vorfeld von schwierigen Lebensentscheidungen, als Vorbereitung und Grundlage für Gespräche mit vertrauten, gutgesinnten Menschen können wir uns das Mindmapping als unterstützende und problemstrukturierende Strategie vorstellen. Im Rahmen des vorliegenden Buches richten wir unsere Aufmerksamkeit besonders auf die Anwendung des Mindmapping in Bildung und Ausbildung, d. h. zum Lernen aus schriftlichen Texten, zum Erstellen von Mitschriften bei Vorträgen und zur Vorbereitung von eigenen Texten. Wir sehen in diesen Bereichen das Mindmapping als eine Methode, die ähnlich wie hierarchische Abrufpläne und Netzplantechnik geeignet ist, Lernstoff, d. h. eigene Texte oder die Texte anderer, sinnvoll zu reduzieren, zu ordnen und übersichtlich darzustellen.

▶ **Beispiel**

In Abb. 6.4 finden Sie eine Mindmap mit den grundlegenden Ordnungsideen (GOI, ein Begriff von Buzan und Buzan 1999), die im folgenden Text ausgeführt werden. Die GOI sind in der Mindmap die Hauptzweige, die von dem zentralen Begriff „Mindmapping" strahlenförmig ausgehen.

Als Leser können Sie diese im Sinne eines Advance Organizers (Abschn. 6.7) verwenden und sich damit einen Überblick, ein Wissensgerüst, verschaffen, das Ihnen das Verstehen und Lernen des Textes erleichtert.

Aus einem Text selbst eine Mindmap zu entwickeln führt zu vertieftem Verstehen und damit zum besseren Behalten. Die fertige Mindmap ist dann sehr praktisch, wenn man sie z. B. zur Vorbereitung auf eine Prüfung mehrfach zur Hand nimmt und sich anhand der Zeichnung mit den Stichwörtern an die wichtigen Inhalte erinnert. Die Erinnerungsleistung kann noch weiter verbessert werden, wenn die Mindmap später um neue Ideen ergänzt oder einfach noch ein oder mehrere Male neu gezeichnet wird.

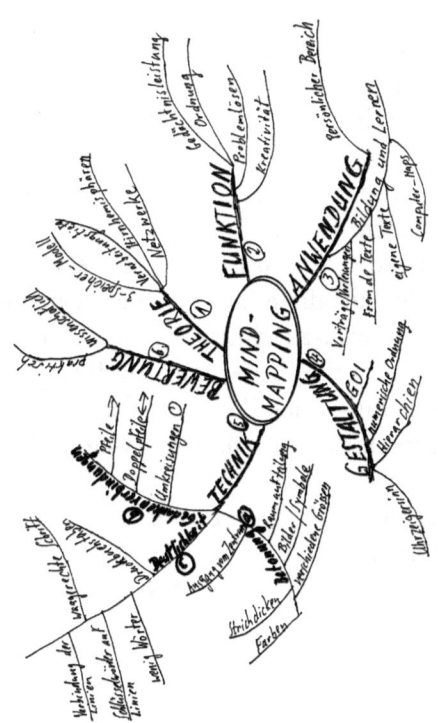

Abb. 6.4 Beispiel für eine Mindmap

Grundlegendes zur Erstellung einer Mindmap

Die Erstellung einer Mindmap beginnt immer damit, dass das Thema, Problem, die Fragestellung in der Mitte des Blattes als Stichwort oder auch in kreativer Form als Zeichnung oder Bild eingetragen wird. Wird ein übliches DIN-A4-Blatt verwendet, so soll auf jeden Fall im Querformat gearbeitet werden. Von diesem Mittelpunkt aus verzweigen sich dann Zweige in unterschiedlicher Gestaltung. Mit Bezug zur Kapazitätsgrenze des Kurzzeitgedächtnisses auf ca. 7 Einheiten soll die Mindmap nicht mehr als etwa 7 Hauptzweige (bzw. GOI) enthalten. In der Beispielsmindmap sind die 6 Hauptzweige dem Uhrzeigersinn nach angeordnet und mit den Ziffern 1 bis 6 versehen. Aus drucktechnischen Gründen wurde in unserem Beispiel auf viele Gestaltungsmöglichkeiten wie Farbigkeit, Bilder, Pfeile und Dreidimensionalität verzichtet. Der wichtigste – und vielleicht schwierigste – Arbeitsschritt ist die Identifikation der grundlegenden Ordnungsideen (GOI). Für die Bearbeitung eines Lehrbuchs empfiehlt sich folgende Vorgehensweise: Lesen Sie dazu zunächst den Text auf dem Umschlag des Buches, den Klappentext. Sehen Sie sich dann das Inhaltsverzeichnis sehr gründlich an. Lesen Sie das Vorwort und, wenn vorhanden, die Zusammenfassungen der einzelnen Kapitel. Erst dann „überfliegen" Sie (noch einmal) das erste Kapitel und achten auf Schlüsselbegriffe, die häufig typografisch (kursiv, fett, unterstrichen) hervorgehoben sind, und versuchen, die Grundgedanken zu identifizieren. Wenn ein Text Grafiken, Bilder, Tabellen enthält, lesen Sie die Bildunterschriften und Erläuterungen. Häufig finden Sie hier die zentralen Gedanken des Abschnitts konzentriert zusammengefasst.

Es kann sein, dass Sie auf diese Weise zunächst mehr GOI finden, als für Ihre Zwecke brauchbar sind. Zeichnen Sie zunächst alle als Zweige in eine erste Mindmap ein und prüfen Sie dann, welche Ordnungsideen für Ihr Interesse, Ihre Fragestellung oder Ihre Aufgabe die wichtigsten sind. Wenn etwa 7 GOI gefunden sind, wird für jedes weitere Kapitel eine Mindmap entwickelt. Die Hauptzweige (die GOI) aller Kapitel werden dann beim genaueren Lesen durch weitere Ersatzwörter aus den einzelnen Absätzen und weitere Verzweigungen ausdifferenziert.

Die Grundgedanken des ganzen Buches können dann noch einmal aus den Kapitelmaps herausgefiltert und in einer Gesamtmindmap zusammengefasst werden. Für unsere Beispielsmindmap fanden wir auf diesem Wege zu nächst zu viele Ordnungsideen und entschieden uns dann, die auszuwählen, die aus unserer Sicht die wichtigsten für das Verständnis der Methode, ihre Anwendung und ihre Bewertung im Rahmen eines kurzen Textes sind. Wir haben auf diesem Wege, ausgehend von dem Standardwerk von Buzan und Buzan, die folgenden GOI gewählt, die als Hauptzweige in unserer Mindmap (Abb. 6.4) eingezeichnet sind: 1) Theorie, 2) Funktion, 3) Anwendungen, 4) Gestaltung, 5) Techniken, 6) Bewertung. Im Folgenden sollen diese grundlegenden Ordnungsideen ausgeführt und differenziert werden.

1 Theorie Die Mindmappingmethode stützt sich auf die gedächtnispsychologischen Erkenntnisse, wie sie in den Kap. 1 und 7 (Dreispeichermodell, Verarbeitungstiefe) ausgeführt sind. Aus der Hirnhemisphärenforschung leitet das Mindmapping die Notwendigkeit ganzheitlichen Lernens und besonders der Visualisierung ab. Die Annahme, dass im Langzeitgedächtnis die Informationen in Form von Netzwerken repräsentiert sind, findet ihre Entsprechung in der äußeren Form der Mindmaps, in der die Verknüpfungen der einzelnen Ideen durch Striche oder Pfeile symbolisiert werden. Die Darstellung der Information in Form eines zentralen „Knotens" (in der Mitte des Blattes) und den davon ausgehenden zahlreichen Ästen entspricht dem Modell des Langzeitgedächtnisses als komplexer Verzweigungsstruktur eher als eine lineare Ordnung, in der ein Gedanke immer nur auf den nächsten folgen kann (wie z. B. in herkömmlichen Textgliederungen oder ausformulierten Texten).

2 Funktion Die Funktion der Mindmaps liegt vorwiegend darin, eigene Ideen zu ordnen oder auch die zentralen Gedanken aus den Texten anderer zu strukturieren und damit Verständnis und Gedächtnisleistung zu verbessern.

3 Anwendungen Im Rahmen von „Bildung" und „Lernen" sehen wir die Arbeit mit Mindmaps als nützliche Strategie bei der Erstellung von Mitschriften in Vorlesungen und Vorträgen sowie zum sinnvollen Lernen aus schriftlichen Texten.

Die flexible Struktur von Mindmaps ermöglicht es, bei Vorträgen das Wesentliche anschaulich zu notieren, ohne die Aufmerksamkeit durch übermäßiges Mitschreiben zu belasten. Am Ende eines Vortrags lässt sich in wenigen Minuten eine vorläufige Mindmap aus den notierten Gliederungspunkten erstellen. Diese Mindmap kann später als wichtiger Leitfaden beim Nacharbeiten von Vorlesungen und Vorträgen dienen, indem weitere Ideen und Differenzierung aus anderen Informationsquellen, wie z. B. Büchern, dem Internet oder aus Diskussionen mit anderen Studierenden einfach nachgetragen werden. Werden die Mindmaps dann als Grundlage von Wiederholungen und Vertiefungen verwendet, sind sie gut geeignet, sich auf Prüfungen vorzubereiten. Gegenüber dem wiederholten Lesen liegt darin sowohl ein zeit- als auch ein gedächtnispsychologischer Vorteil. Gleiches gilt, wenn Lernstoff aus Büchern und Zeitschriften anstatt in herkömmlichen Zusammenfassungen in Form von Mindmaps komprimiert wird. Auch beim Erstellen eigener Texte und Referate können die Mindmaps helfen, große Stoffmengen zu reduzieren, überschaubar zu machen, zu gliedern und die Zusammenhänge zu verdeutlichen.

4 Gestaltung Der Kern, der die Qualität von Mindmaps bestimmt, liegt in den grundlegenden Ordnungsideen (GOI). Wie man zu diesen GOI kommt, haben wir oben bereits ausgeführt. In der Mindmap sollen dann die Beziehungen dieser GOI zum Thema und untereinander abgebildet werden. Dazu bieten sich verschiedene Ordnungssysteme an, z. B. Hierarchien, numerische Ordnungen oder auch die Ordnung im Uhrzeigersinn. In unserer Beispielmap haben wir uns für eine Kombination von numerischer Ordnung und Ordnung im Uhrzeigersinn entschieden.

5 Die grafische Gesaltung von Mind Maps Die Wirksamkeit von Mind Maps für eine bessere Erinnerung an den dort verarbeiteten Stoff hat die Ursache, dass eine nur verbale Information in das bildhafte Format einer Art „Landkarte" umgewandelt wird. Je einzigartiger dieses Landkarte wird, umso eher wird sie auch erinnert. Also soll man einige Mühe auf die grafische Gestaltung der Mind Maps verwenden.

Mit der Hand gezeichnet: Gestalten Sie Form und Farbe der Pfeile. Auch wenn Sie nicht besonders gut zeichnen können, sind Sie in der Lage, Smilies oder Symbole in die Kästen oder an die Pfeile anzufügen. Sie können aus der Mind Map eine Collage machen, indem Sie aus Zeitschriften passende Bilder ausschneiden und an die Kästen oder Pfeile kleben.

Wenn Sie eines der im Internet angebotenen Programme zur Anfertigung von Mindmaps verwenden, gibt es ebenfalls viele Möglichkeiten zur Gestaltung der Pfeile, der Rahmen und der Hintergrundfarbe der Begriffskästen. In die Begriffskästchen können Sie Fotos aus dem Ordner „eigene Bilder" einfügen (sie lassen sich dann leicht auf die passende Größe verkleinern) oder Sie wählen etwas aus dem Symbol- und Smilie-Vorrat, der vom Computer angeboten wird.

Tatsächlich kann man für die Pfeilstruktur auch passende Landkartenausschnitte (z. B. einen Verteilerkreis) wählen und hat so noch eine zusätzliche Merkhilfe für die mind-maps.

6 Techniken der Darstellung Techniken zur Betonung von Gedanken (Hervorhebung bzw. Unterscheidung nach Bedeutung):

- Wichtig ist die Raumaufteilung. Um ausreichend Platz für die verschiedenen Ideen zu haben, beginnt man immer in der Mitte des quergelegten Blattes. Die Mittelposition symbolisiert damit auch gleich das Zentrum des gesamten Inhalts. Hier bietet sich besonders eine bildhafte, mehrfarbige und eventuell dreidimensionale Gestaltung an.
- Durch unterschiedliche Größen und Dicken von Bildern, Schriften, Linien und Symbolen lässt sich die Bedeutung von bestimmten Gedanken hervorheben, z. B. sollten Zentrallinien dicker gezeichnet werden.

Techniken zur Darstellung von Verbindungen von Gedanken:

- Verbindungen zwischen den einzelnen Verästelungen können durch Pfeile bzw. Doppelpfeile oder die Verwendung gleicher Farben symbolisiert werden. Zusammengehörige Verästelungskonturen können mit Linien „umkreist" und damit in ihrer Bedeutung hervorgehoben werden.

Techniken, um maximale Deutlichkeit und Übersichtlichkeit zur Erreichen:

- Möglichst nur ein Ersatzwort pro Linie formulieren, auf jeden Fall sehr knappe Formulierungen.
- Wörter in Druckbuchstaben schreiben.
- Die Ersatzwörter auf die Linien schreiben. Die Länge der Linien entspricht der Länge der Ersatzwörter.
- Die Wörter auf den Linien sollen möglichst waagerecht und damit gut lesbar stehen.
- Die Linien werden miteinander verbunden.

Auf dem Hintergrund dieser allgemeinen Vorschläge kann und sollte jeder Mindmapper seinen eigenen persönlichen Stil entwickeln. An der Beispielmap können Sie erkennen, dass der Stil der Autoren weniger orientiert ist an ästhetisch künstlerischer Gestaltung als an dem Versuch, das Wesentliche zum Thema Mindmaps inhaltlich zu strukturieren und zu ordnen.

7 Mindmaps im Computer herstellen Inzwischen existieren Computerprogramme, mit denen Mindmaps professionell erstellt werden können. Die Einarbeitung in die komplexen Programme ist jedoch relativ aufwendig. Sie wird sich in der Regel erst dann lohnen, wenn die erstellten Maps z. B. als didaktische Hilfsmittel von Dozenten zur Verdeutlichung ihres Gedankengangs für die Zuhörer groß und lesbar projiziert werden. „Handgemachte" Mindmaps können jedoch in der Regel viel schneller hergestellt werden und erfüllen, bis auf einige Feinheiten, im Wesentlichen denselben Zweck.

8 Bewertung und Evidenz Wir halten das Mindmapping für geeignet, aus schriftlichen Quellen oder Vorträgen zu lernen oder eigene Texte für sich selbst und für andere verständlicher zu machen. Die Vorgehensweise enthält in kreativer Zusammenführung sehr viele der in der Gedächtnispsychologie als effektiv nachgewiesene Elemente, wie z. B. die Reduktion des Stoffes auf das Wesentliche (GOI = grundlegende Ordnungsideen), die anschauliche Verknüpfung der Ideen untereinander und mit bereits vorhandenem Wissen, die Visualisierung und die emotionale Beteiligung durch die Möglichkeit der ästhetischen und kreativen Gestaltung. Besonders praktisch – und in dieser Hinsicht den anderen Methoden der Wissensorganisation überlegen – ist die hohe Flexibilität der Vorgehensweise. Festgelegt ist eigentlich nur das Thema in der Mitte des Blattes. Um dieses Zentrum herum lassen sich dann die grundlegenden Ordnungsideen nach wenigen allgemeinen Regeln sehr flexible anordnen und durch weitere Verzweigungen ergänzen und differenzieren.

Farrand et al. (2002) zeigen (nach einer Woche) einen Lerngewinn der Mindmaptechnik gegenüber einer selbst gewählten Studiertechnik von 10 %. Eine als „Mindmap" (oder auch hierarchisch) gestaltete Webseite führte zu besseren Behaltenseffekten als in Listen oder alphabetisch dargebotener Information über ein Unternehmen (Petrik 2001). Es erscheint plausibel, dass das Selbsterstellen von Mindmaps einen höheren Lerngewinn bringt als das Durcharbeiten von Mindmaps, die von Experten erstellt wurden (Jüngst 1988).

Kim et al. (2004) zeigen, dass Mindmaps und Organisationspläne auch bei Schülern mit Behinderungen zu einem Lerngewinn führen. Grundschüler waren nach ausführlichem Training aber noch nicht in der Lage, selbst eine Begriffskarte zu erstellen. Sie konnten jedoch eine vorgegebene Karte ergänzen und korrigieren (Chang et al. 2007).

6.6 Verständlichkeit

Die Autoren Langer et al. (1999) entwickelten ein Konzept zur Gestaltung verständlicher und damit auch lernbarer Texte. Sie gingen von der Beobachtung aus, dass verschieden gestaltete Texte mit gleichem Sachverhalt unterschiedlich gut gelernt wurden und führten dies auf die Darstellungsart der Information zurück. Die Textmerkmale, die diese Unterschiede bewirkten, fassten die Autoren in dem Konzept „Verständlichkeit" zusammen. Wenn Lernende kompliziertere Texte nach diesem Konzept selbst verständlich machen, entspricht dies einer tiefen Verabeitung (s. Kap. 7) und führt zu guten Lernergebnissen.

Verständlichkeit ließ sich in folgende vier weitgehend voneinander unabhängige Dimensionen aufschlüsseln:

1. Dimension: Einfachheit Diese Dimension bezieht sich in erster Linie auf Satzbau und Wortwahl. Sie variiert zwischen den beiden Polen Einfachheit und Kompliziertheit. Einfachheit ist charakterisiert durch kurze einfache Sätze, geläufige Wörter, Konkretheit und Anschaulichkeit. Das Optimum für die Lernbarkeit eines Textes liegt bei maximaler Einfachheit. Vermutlich lassen einfache Texte leichter bildhafte Vorstellungen zu.

2. Dimension: Gliederung/Ordnung Diese Dimension bezieht sich auf die Organisation des Textes. Die Verfasser unterscheiden 2 Aspekte dieser Dimension:

- Innere Gliederung/Ordnung: Die Sätze sind folgerichtig aufeinander bezogen und die Information sinnvoll geordnet. Eine solche sinnvolle Ordnung kann sich z. B. als hierarchischer Abrufplan oder auch als Mindmap darstellen lassen.
- Äußere Gliederung/Ordnung: Der Aufbau des Textes wird sichtbar gemacht, z. B. durch übersichtliches Gruppieren zusammengehöriger Teile, sichtbare Unterscheidung von Wesentlichem und Unwesentlichem, durch Hervorhebungen, Zusammenfassungen etc.

Verständliche Texte zeichnen sich durch Gliederung, Folgerichtigkeit, Übersichtlichkeit aus und lassen den „roten Faden" erkennen. Von der Struktur des Textes hängt wesentlich ab, welche Informationen behalten werden. An die zentralen Gedanken erinnert man sich häufiger als an die untergeordneten Informationen (Meyer 1977). Wenn der Text nicht gut gegliedert ist, können der hierarchische Abrufplan, eine Mindmap oder ein Netzplan nachträglich am Text entwickelt werden und sowohl äußere als auch innere Gliederung herstellen.

3. Dimension: Kürze/Prägnanz Texte können knapp und gedrängt oder eher weitschweifig sein. Das Optimum für die Verständlichkeit liegt zwischen diesen Polen.

4. Dimension: Zusätzliche Stimulanz Es gibt zahlreiche Möglichkeiten, Texte anregend, interessant, abwechslungsreich und persönlich zu gestalten, um den Leser zusätzlich zu motivieren. Zu viel oder zu wenig Stimulanz kann die Texte schwerer verständlich machen. Optimal verständliche Texte sind möglichst einfach formuliert, gut gegliedert und weder zu gedrängt noch zu weitschweifig dargestellt. Solche Texte können durch ein mittleres Ausmaß an zusätzlicher Stimulanz weiter verbessert werden. Bei weniger gut gegliedertem Text gefährdet zusätzliche Stimulanz eher die Übersichtlichkeit und sollte deshalb nicht oder nur in sehr geringem Ausmaß vorkommen.

Nach diesen vier Dimensionen optimierte Texte werden von Lesern unterschiedlicher Schulbildung, unterschiedlicher Intelligenz und unterschiedlichen Alters besser gelernt. Textoptimierung stellt damit nicht nur eine Lernhilfe für unterdurchschnittlich Begabte dar, sondern auch Begabte lernen optimierte Texte besser.

Die Erstellung verständlicher Texte ist lernbar. Die Autoren Langer et al. (1999) haben zusammen mit ihren wissenschaftlichen Untersuchungen zum Verständlichkeitskonzept ein Selbsttrainingsprogramm zur Einübung des Verfassens verständlicher Texte veröffentlicht.

> Die Erstellung lernbarer Texte ist wichtig für Lehrende. Wir empfehlen darüber hinaus dem Lernenden, Texte selbst nach den vier Dimensionen zu bearbeiten. Durch Umformulieren in einfachere Sätze und Wörter, Herstellen oder Veränderung der Ordnung/Gliederung, Ausführen gedrängter bzw. Präzisierung weitschweifiger Texte und Erfinden stimulierender Effekte kann die Lernleistung verbessert werden (Abschn. 6.7).

6.7 Vorangestellte Organisationshilfe (Advance Organizer)

Die bisher dargestellten, auf der Organisation des Lernmaterials basierenden Lernhilfen wirken eher durch die Bereitstellung geeigneter Abrufstrategien als durch die Sicherung der richtigen Einspeicherung in das Langzeitgedächtnis. Nach Ausubel wird gelernt, wenn neue Informationen in das bereits vorhandene, geordnete Wissen integriert werden können. Das organisierte Wissen von der Welt, die kognitive Struktur, wird ihrerseits durch Integration neuer Informationen modifiziert.

Der Prozess des Einfügens neuen Wissens durch Veränderung der bestehenden Wissensstruktur kann nur stattfinden, wenn eine für den Lernstoff geeignete kognitive Struktur vorhanden ist. Da dies nicht immer gewährleistet ist, schlägt Ausubel (1974) vor, durch einen „Vorspann" vor dem zu lernenden Text die spezifische kognitive Struktur herzustellen.

> **Beispiel**
>
> Der funktionale Wert einer einfachen vorangestellten Organisierungshilfe soll Ihnen an einer kleinen Aufgabe demonstriert werden. Lesen Sie dazu bitte den folgenden Text von Taylor (1977) durch:
> „Es handelt sich weder um eine Kunst noch um eine Wissenschaft, sondern eher um eine erlernbare Fertigkeit. Viele werden abgeschreckt, weil sie es sich nicht zutrauen, und andere, die darüber nachlesen, bekommen den Eindruck, daß man eine Menge Kenntnisse, Geschicklichkeit und Schnelligkeit dafür benötigt. In Wirklichkeit ist die Sache sehr einfach. Man braucht nur die richtige Ausrüstung und etwas Übung. Ohne geeignetes Werkzeug ist es zu anstrengend und man könnte sich dabei verletzen. Andererseits ist es sehr einfach und sicher mit der geeigneten Ausrüstung. Es empfiehlt sich, die beste Ausrüstung zu wählen und diese in gutem Zustand zu halten. Wenn Sie beginnen, bedenken Sie, daß sehr feines Papier verwendet wird und daß der Winkel deshalb nicht größer als 15° sein sollte. Sie können den Winkel so prüfen: Der vordere Teil des Papiers liegt auf einer glatten Unterlage, der hintere auf Ihrem Daumen, der seinerseits ebenfalls die Unterlage berührt. Dann stimmt der Winkel. Wenn Sie das Gerät benutzen, so bewegen Sie es vorsichtig hin und her. Versuchen Sie niemals, es vor dieser Bewegung zu schließen, das Ergebnis würde katastrophal sein. Versuchen Sie immer, denselben Winkel einzuhalten, achten Sie auf gleichmäßigem Umfang. Mit ein wenig Übung werden Sie es bald beherrschen und Ihre Freunde und Bekannten damit beeindrucken können."
> *Wenn den Lesern vorweg mitgeteilt wurde, dass es sich bei dem Text um eine Anweisung für das Drehen einer Zigarette handelt, erinnerten sie sich an doppelt so viele Informationen wie die Leser ohne diese Vorinformation.*

Studien zur Effektivität Ob Advance Organizer Lernen tatsächlich erleichtern, bleibt umstritten. Barnes und Clawson (1975) fanden bei 32 veröffentlichten Studien 12 mit und 20 ohne positive Lerneffekte. Nach Mayer (1979) bewirken Advance Organizer positive Effekte, wenn der Lernerfolg mit Anwendungsaufgaben gemessen wird, wenn die Lernenden nicht bereits vorher über geeignete kognitive Konzepte verfügen (Ausubel und Fitzgerald 1961), bei Texten von großer Faktendichte (Ausubel 1963), wenn sie die logischen Beziehungen innerhalb des Lernstoffs generieren helfen, wenn sie helfen, bereits vorhandenes mit neuem Wissen zu verknüpfen. Zudem sollen sie auf die kognitive Struktur des einzelnen Lernenden zugeschnitten sein.

Dazu müsste die individuelle kognitive Struktur, die ja in der Regel nicht bekannt ist, erst erforscht werden. Dies bedeutet, dass relativ hoher Aufwand für die Entwicklung geeigneter Advance Organizer erforderlich ist, die dann nur für einzelne Lernende oder für sehr homogene Gruppen verwendbar sind. Es wird in den meisten Fällen sinnvoller sein, die Zeit für die Optimierung des Lernstoffs selbst (z. B. nach Langer, v. Thun, Tausch) zu verwenden.

6.8 Lernen aus Hypertext

Ein Hypertext bietet das Wissen als Netz von Knoten (Wissenselementen) und Verbindungen an. Der Lerner folgt – indem er immer eine aus mehreren möglichen Verbindungen aussucht – seinem eigenen Weg durch den Stoff. Die Darbietung von Hypertext erfolgt aus dem Computer, in dem die komplexe Gesamtstruktur des Wissens gespeichert ist. Meist wird Hypertext auf CD-Roms angeboten. In einer ersten etwas fortschrittsgläubigen Euphorie wurde in der Literatur der Überzeugung Ausdruck gegeben, dass dieses Lernen dem menschlichen Gedächtnis mehr entspreche, da ja auch dort eine vernetzte Wissensstruktur bestehe. Allerdings muss ja auch die Struktur des Hypertextes sequenziell durchlaufen werden, sodass sich die komplexe Struktur des Wissens erst – wie die Landkarte der eigenen Umgebung – bei vielfältigem Durchschreiten aufbaut. Aber auch einen Lageplan lernt man ja nicht besonders effektiv durch immer neue Wege durch die Lokation. Schneller wüsste man über die Morphologie einer Lokation der eigenen Umgebung Bescheid, wenn man auf eine Landkarte blicken könnte (das entspräche der Darbietung des Stoffes des Hypertextes in Mindmaps) oder wenn eine geordnete Instruktion die möglichen Wege erklärt. Entsprechend hat sich auch gezeigt, dass das Lernen aus Hypertext dem Lernen eines gegliederten Lehrbuchtextes weder im Detailwissen noch im Verständnis überlegen ist. Bei geringem Vorwissen schneiden Lernende mit Hypertext sogar erheblich schlechter ab als Lernende eines gegliederten Lehrbuchtextes. Nur bei hohem Vorwissen erscheint Hypertext zur Vertiefung der Kenntnis über die Vernetztheit des Wissens geeignet (Gerdes 2002). Vernetztheit von Wissen ist ja zudem keine „objektive" Variable. Ob die Vernetzung, die ein Autor vorgibt, der Vernetzung entspricht, die ein Anwender benötigen würde, ist in den angebotenen Texten völlig unüberprüft, ja nicht einmal bewusst hinterfragt.

7

Tiefe der Verarbeitung

In 1972 und 1990 veröffentlichten Beiträgen stellen Craik und Lockhart das Dreispeichermodell des Gedächtnisses in Frage und setzen anstelle der drei Speicherstufen ein Kontinuum, das Kontinuum der „Tiefe der Verarbeitung" (*depth of processing*, *processing* hier im Sinne von Informationsverarbeitung).

7.1 Was bedeutet tiefe Verarbeitung?

Je tiefer eine Information verarbeitet wird, umso leichter wird sie gelernt und umso länger wird sie behalten. Das Konzept der „Tiefe" ist von den Autoren eher bildhaft gemeint. Die Metapher bezieht sich auf einen Computer, der Information in äußeren und zentralen Schaltstellen verarbeiten kann. Gelangt die Information in zentrale Schaltstellen, so wird sie „gespeichert".

Deutlicher wird das Konzept der Verarbeitungstiefe durch die Operationalisierungen in Experimenten. Dabei gibt es Lerninstruktionen, die entweder eine *syntaktische* (grammatische, weniger tiefe Verarbeitung) oder eine *semantische* (inhaltliche, tiefere Verarbeitung) Bearbeitung des Lernstoffs fordern, z. B. eine Beurteilung von Gesichtern bezüglich des Geschlechts (weniger tiefe Verarbeitung) oder bezüglich der empfundenen Sympathie (tiefe Verarbeitung).

Stützende Experimente

Die Ergebnisse zahlreicher Experimente sind von der Betrachtungsweise des Common Sense aus nicht überraschend. Muss man beurteilen, ob ein Wort z. B. groß oder klein geschrieben ist, so muss man es bedeutungsmäßig gar nicht zur Kenntnis nehmen und wird bei einem späteren Reproduktionsversuch nur wenige der vorher beurteilten Wörter wiedergeben können. Muss man dagegen beurteilen, ob ein Wort in einen gegebenen Satz passt, so ist klar, dass man die Bedeutung des Wortes zur Kenntnis nehmen muss.

Einige Untersuchungen belegen, dass auch bei verschiedenen semantischen Aufgaben Unterschiede in den Ebenen der Informationsverarbeitung bestehen können (Abb. 7.1).

Benton et al. (1983) zeigen, dass solche Textpassagen besser behalten wurden, über die die Leser – durch nachfolgende Fragen angeregt – mehr Entscheidungen treffen mussten. Gerade dieses Ergebnis lässt sich leicht in die pädagogische Praxis umsetzen. Bugg et al. (2008) bestätigen die Vorteile der bedeutungsbezogenen Bearbeitung von Texten im Psychologieunterricht.

Subjektive Bedeutsamkeit

Bei der Variation der Anweisungen, wie mit dem Lernmaterial umzugehen ist (Orientierungsaufgaben), erweist sich eine Instruktion als besonders wirkungsvoll: die Aufforderung, die subjektive Bedeutsamkeit des Lernmaterials zu erhöhen.

Rogers et al. (1977) fanden, dass es zu einer höheren Behaltensleistung führt, wenn die Versuchsperson beurteilen muss, ob ein bestimmtes Adjektiv

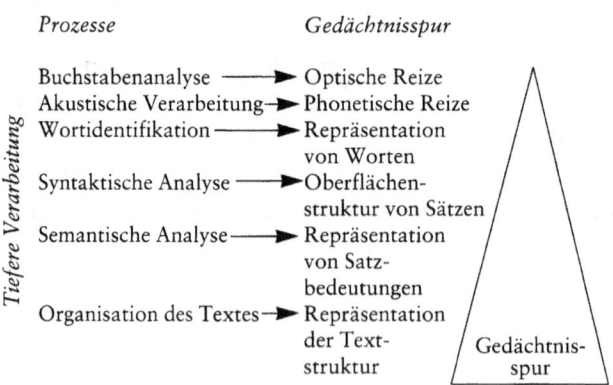

Abb. 7.1 Verarbeitungsstufen beim Lesen eines Texts

auf sie selbst zutrifft, als wenn sie beurteilen muss, ob ein Adjektiv synonym zu einem anderen vorgegebenen Adjektiv ist. Die lernstützende Wirkung der *selfreference* (Selbstbezogenheit) ist mittlerweile gut bestätigt (Symons und Johnson 1997; Singh 1995). Dies gilt auch für alte Personen (Hamami et al. 2011).

Auch bei Textpassagen, die sich auf das Selbst beziehen lassen, ergibt sich ein Lernvorteil (Reeder et al. 1987). Sollte die Information dagegen auf Prinzessin Diana bezogen werden, war der Lernvorteil nicht so eindeutig. Möglicherweise ist die Wissensstruktur „Prinzessin Diana" nicht so umfangreich wie die Selbststruktur, möglicherweise sind es aber neben der tieferen Verarbeitung auch affektive Prozesse, die den Lernvorteil bewirken.

Überhaupt scheint die Erregung, d. h. allgemeiner die Beteiligung von Emotion, für das Lernen höchst relevant. Heuer und Reisberg (1990) zeigen ein Dia unter vier Instruktionen:

1. Vater besucht eine Autowerkstatt. (Man sieht ihn auf dem Boden liegen.)
2. Ein Chirurg führt eine Operation durch: Das gleiche Bild zeigt nun den Operierten.
3. Es soll angegeben werden, aus welchem Film die vorher gezeigten Dias stammen (es gibt aber keine Entsprechung).
4. Man soll sich die Details der Dias einprägen.

Nach 14 Tagen folgt ein Merktest: Die höhere Erregung bei der „Chirurgie"-Instruktion führt zu einer besseren Erinnerung an die zentrale Idee und an Details im Vergleich zu allen anderen Gruppen (also auch Gruppen mit der Instruktion zu tieferer Verarbeitung; Brown und Kulik 1977).

Aus einer Lehrveranstaltung wurden besonders die Passagen behalten, die ironisch, persönlich waren (Keenan et al. 1977). Versuchspersonen erinnerten sich aus Diskussionen, an denen sie teilnahmen, häufiger an ihre eigenen als an die Äußerungen anderer Diskussionsteilnehmer (Wagner 1985). Dies kann sowohl mit der höheren gefühlsmäßigen Beteiligung bei eigenen Beiträgen als auch mit der Verfügbarkeit einer differenzierteren Wissensstruktur für diese erklärt werden.

Natürlich wäre es ein Zirkelschluss, Ereignisse mit affektiver Beteiligung prinzipiell auf der „höchsten" Verarbeitungsstufe anzusiedeln. Wenn aber Ereignisse für eine Person *bedeutungsvoll* und wichtig sind und dann nach allen möglichen Komponenten und in allen verfügbaren Informationsprozessoren verarbeitet werden, wird auch eine *„tiefere" Informationsanalyse* durchgeführt. Insofern widersprechen die Ergebnisse zur affektiven Beteiligung der These von der Verarbeitungstiefe nicht.

Wie das Interesse die Einprägung beflügelt, können wir oft erleben. Die Telefonnummer des Flirts, die Autonummer des Freundes, die verliehene Summe Geld sind Zahlen, die sich schnell und ohne Mühe merken lassen. Wenn man ein Hobby betreibt, gibt es erstaunlich viele Informationen, die man in dieser Sache sozusagen im Vorbeigehen aufnehmen kann. Allerdings treten bedeutungsvolle persönlich relevante Informationen meist auch nicht so geballt auf wie Lehrbuchinformationen. Aus Kinderbüchern weiß man, dass Tiere das Interesse wecken. Auch im Experiment mit Studenten konnte nachgewiesen werden, dass Eigenschaften, die Tieren zugeordnet wurden, besser behalten wurden (Van Arsdall et al. 2013). Also, animieren Sie ihren Text z. B. einfach mit ein paar Tierbildern. Wenn wir einmal das Dreispeichermodell des Gedächtnisses zugrunde legen, so ist klar, dass die Zuflussgeschwindigkeit zum Langzeitspeicher auf ein zeitlich gestaffeltes Eintreffen von bedeutungsvollen Informationen ausgelegt ist. Alle halbe Stunde ist man sicher in der Lage, einen wichtigen Satz bei einmaliger Darbietung dauerhaft zu speichern. Kommen die Sätze aber alle 20 bis 30 s, so gehen Informationen verloren. Man müsste einmal ausprobieren, wie die Lernerfolge sich gestalten würden, wenn man einen auf wesentliche Sätze *reduzierten* Lernstoff sätzeweise alle halbe Stunde aufnimmt und jeweils die *persönliche Bedeutsamkeit* der Sätze herstellt.

Es ist noch verhältnismäßig unklar, wie die Verbindung von persönlicher Bedeutsamkeit des Lernstoffs und Gedächtnis funktioniert. Bei hoher Erregung, wie bei Flugzeugabstürzen, wichtigen Lebensereignissen, unter hoher Angst, scheint das Gedächtnis für die Ereignisse erstaunlich lange und vital aufrechterhalten zu bleiben. Allerdings kann man in solchen Situationen nicht *irgendeinen* Stoff lernen, denn die Lernfähigkeit für nicht die Situation betreffendes Material ist gering. Der Kandidat hat die Antwort, die ihm kurz vor der Prüfung gesagt wurde, oft vergessen. Nie aber wird er vergessen, wie Prüfer und Prüfungsraum ausschauten.

> **Beispiel**
>
> Psychologiestoff kann bedeutungsvoll werden, indem man Therapievorschläge auf eigene Probleme bezieht. Könnte Biochemie relevant werden, wenn man mit den Medikamenten beginnt, die der Lernende einmal genommen hat, oder der Medizinstoff, wenn man ausgehend von eigenen Krankheiten ein Lerngebiet erschließen würde? Möglicherweise würden die systematische Anleitung und der Mut zu einem solchen Vorgehen manches Studium erleichtern. Leider stellen die meisten Lernangebote zu wenig Raum für die mögliche subjektive Bedeutung bereit.

7.2 Anwendungsmöglichkeiten

Für das eigene Lernen und für die Pädagogik stellt sich also die Frage: wie werden die „tiefen" Analysatoren des Gehirns aktiviert, wie kann man versuchen, Information bedeutungsvoll werden zu lassen?

▶ Wir haben hier verschiedene Arten von Orientierungsaufgaben zu unterscheiden: solche, die nur eine oberflächliche Verarbeitung nahelegen, solche, die eine tiefe Verarbeitung ermöglichen, und solche, die das Einbeziehen der subjektiven Bedeutung erlauben.

Oberflächliche Verarbeitung

- durchlesen,
- wiederholen,
- anschauen,
- lernen (je nachdem, ob der Lernende „Lernaktivitäten" einsetzt).

> ▶ **Tiefe Verarbeitung**
>
> - Anwendungen finden.
> - Fragen zum Text entwerfen: Welche Fragen könnten im Examen vorkommen?
> - Rollenspiel eines Examens.
> - Gibt es missbräuchliche Anwendungen, Gefahren eines Wissensgebiets?
> - Ist der Stoff irgendwo in der Alltagserfahrung, Naturheilkunde, im Wissen von alten Frauen vorhanden?
> - Modell für einen Vorgang entwerfen (auf dem Papier).
> - Analogien finden.
> - Pressenotiz schreiben.
> - Bei Büchern: Besprechung anfertigen.
> - Zwei bis drei Fachlehrbücher vergleichen (Textähnlichkeiten? Gliederungsähnlichkeiten? Besonders mit zur Zeit des Erscheinens modernen amerikanischen Büchern).
> - Könnte man es verfilmen?
> - Beurteilen, welche Teile des Textes ein Praktiker der Medizin, Biologie, Architektur auswendig können sollte.
> - In Gruppen die Zentralität der Aussagen bewerten, Bewertungen vergleichen.
> - Feststellen und vergleichen, was man vorher zu dem Thema gedacht, gewusst hat.
> - Jemandem berichten.
> - Zusammenfassen.
> - Assoziationen bilden.
> - Unterstreichen.

- Exzerpte anfertigen.
- Überflüssige Sätze streichen.
- Was passiert bei Umkehrung?
- Organisation umbauen.
- Überschriften finden.
- Gegenargumente finden.
- Fragen nach dem Text beantworten (Rothkopf und Bisbicos 1971).
- Mindmap anfertigen.
- Netzplan entwerfen.
- Hierarchischen Abrufplan erstellen.

Auf jeden Fall sichern diese Orientierungsaufgaben, dass die Aufmerksamkeit voll auf das Lernmaterial gerichtet wird. Es ist einer der wesentlichen Gründe, warum es nicht zum Lernen kommt, wenn die Aufmerksamkeit mit anderen Dingen, Erinnerungen, Planungen usw. beschäftigt ist. Mit etwas Übung kann man feststellen, woran man gerade denkt, und wenn das nicht der zu lernende Stoff ist, sondern, z. B. was passiert, wenn man in der Prüfung durchfällt, dann sollte man eine der hier vorgeschlagenen Orientierungsaufgaben wählen. Man könnte geradezu sagen, dass es sich um Aufgaben handelt, welche die Verarbeitungskapazität, die beim Lesen eines Textes noch für andere Aufgaben bleibt, belegen, und zwar aufgabenrelevant belegen.

Subjektive Bedeutung
- Welchen persönlichen Nutzen könnte man aus dem zu erwerbenden Wissen ziehen (Leutner et al. 2001)?
- Herausschreiben, was die Freundin/den Freund interessiert.
- In welcher Beziehung könnten die Aussagen zum Hobby stehen?
- Welche Fragen könnte man einem Mitstudierenden stellen, die er wahrscheinlich nicht beantworten könnte?
- Stichworte für einen kurzen Vortrag herausschreiben, der dann auch gehalten werden muss.
- Wie könnte man mit der Information Geld verdienen?

Gegenargumente finden

▶ Persönliche Bedeutung wird oft durch die Möglichkeit des Gegenarguments hergestellt. Mit ihm kann der Argumentierende seine Ebenbürtigkeit dem Lehrer, Dozenten und Buchautor gegenüber beweisen.

Daher sollte ein Stoff auch nicht alle möglichen und vorgetragenen Gegenargumente vorwegnehmen, sondern dem Lernenden Gelegenheit geben, selbst Gegenargumente zu formulieren und die Argumentationskette gegen den vorgetragenen Gedanken eventuell anhand von zusätzlichem Material weiterzuverfolgen.

> **Beispiel**
>
> In einem älteren, wenn auch insgesamt heute noch nützlichen Buch zu Lerntechniken (Zielke 1967), findet sich folgende Passage:
> „Farbe in der Mnemotechnik
>
>> So wie wir uns beim Ordnen gern der Farben bedienen, indem wir farbige Karteikarten, Ordner, Mappen, Reiter, Zwischenpapier benutzen, so kann eine vorangestellte Farbe Ordnung im geistigen Raum bringen. Farbvorstellungen werden mitunter von Rednern eingesetzt. Bei der Ausarbeitung und Gliederung ihres Referates notieren sie die einzelnen Gedanken auf verschiedenfarbigen Blättern. Beim Vortragen selbst versetzen sie sich phantasiereich in farbige Räume, die sie nicht eher verlassen, bis der darin abgelegte Merkstoff aufgelesen wurde. So kann beispielsweise eine Abteilung der Rede sich mit vorweggenommenen Einwänden befassen, zu der die Notizen zuvor auf rotem Konzeptpapier festgehalten waren. Während des Vortrages stellt sich der Redner bildhaft einen roten Raum vor, in dem er die einzelnen Argumente aufsammelt."

Dies könnte ein Text sein, der gelernt werden müsste. Nachdem Sie in Kap. 4 einige Kenntnisse über die Mnemotechniken gewonnen haben, die bildhafte Vorstellungen einsetzen, könnten Sie sich anhand des Textbeispiels überlegen, welche Argumente es gegen diese vorgeschlagene Mnemotechnik geben könnte:

- Die Technik wird schwierig, wenn sehr viele Teile einer Rede zu unterscheiden sind, weil Argumente aus ähnlichen Farbräumen verwechselt werden können.
- Es gibt hier keine Möglichkeit festzustellen, ob wirklich alle Argumente, die in einer Farbe notiert waren, abgerufen werden können.
- Es ist nicht klar, warum der Redner sich Räume vorstellen soll. Soll er die Argumente wie in der Locitechnik in eine bildhafte Interaktion mit den Gegenständen bringen, die in einem Raum stehen?
- Farbe und Argument gehen in der geistigen Vorstellung keine Interaktion ein. Dies hatte sich aber in der empirischen Erforschung der bildhaften Vorstellung als wesentlich erwiesen.

- Es ist nicht klar, warum dieser Abschnitt nur auf Redner bezogen wird. Kann die Technik bei einem kleinen Vortrag in einer Prüfung keine Verwendung finden?
- Es ist nicht klar, was mit dem Wort „phantasiereich" gemeint ist. Handelt es sich um fantastisch ausgestaltete Räume oder wird es als besondere Tätigkeit der Fantasie eingeschätzt, sich einen farbigen Raum vorzustellen?
- Ist ganz klar, in welchem Zusammenhang der geistige Raum und der farbige Raum der Vorstellung stehen?

Nach diesen Gegenargumenten soll jedoch der Hinweis nicht fehlen, dass einige der Gedächtnisspezialisten, z. B. Lorayne und Lucas (2000) meinen, dass man z. B. eine Ortsreihe mehrfach benutzen kann, wenn man bei jeder Reihe von Begriffen, die an die gleichen Orte bildhaft gekoppelt werden, in der Vorstellung eine andere Grundfarbe verwendet.

Oft fehlt unmittelbar vor Prüfungen die Ruhe, die vorgeschlagenen Operationen durchzuführen. Techniken zur Herstellung subjektiver Bedeutung sollten vorwiegend während des Studiums erprobt werden.

Natürlich wird in der lebendigen Unterrichtspraxis schon immer versucht, die Lernenden zu einer tieferen Verarbeitung anzuhalten und auch den Stoff so darzubieten, dass er eine hohe subjektive Relevanz besitzt. Insgesamt ist es wohl das, was man unter einem motivierenden Unterricht versteht. Insofern richtet sich dieses Kapitel weniger an den Lehrer, der die hier berichteten Vorschläge schon lange aus eigener Erfahrung verwirklicht, sondern eher an den einzelnen Lernenden, der vor der Anforderung steht, einen bestimmten Stoff zu lernen. Der Lernende kann sich beruhigt eine günstige Aufgabe stellen und sicher sein, dass er seine Zeit für Übungen verwendet, die ihn seinem Ziel, eben dem Lernen des Stoffs, näher bringen. Tatsächlich ist der Lernerfolg mithilfe der Orientierungsaufgaben, die eine tiefere Verarbeitung erfordern, mit dem Lernerfolg vergleichbar, der sich bei der Absicht zu lernen einstellte (Bower und Martin 1974; Mistler-Lachman 1974). Tiefere Verarbeitung, Verstehen, Gliedern und Lernen können sogar aus der Sicht der verschiedensten theoretischen Ansätze das Gleiche wie Lernen sein.

Zusammenfassen

▶ Im Verlauf eines Studiums ist für den Studenten oft unklar, was er mit dem angebotenen Stoff tun kann. Soll er von Büchern Exzerpte machen, was viel Zeit kostet und von anderen Kommilitonen bereits vorher geleistet wurde? Die Zusammenfassung des Textes wäre ohne Mühe kopierbar. Im Licht der hier berichteten Forschungen ist klar, dass ein Studium, das von persönlichen Interessen geleitet wird und darin besteht, aktiv mit dem angebotenen Material umzugehen, auch automatisch zu hohen Lerneffekten führen kann. Es ist weniger wichtig, eine Zusammenfassung eines bestimmten Buchs zu besitzen (meist schaut man sie ohnehin nicht an), sondern es ist viel wichtiger, eine solche Zusammenfassung *selbst* gemacht zu haben.

Verschiedene Fassungen verfertigen

Bei Zielke (1976, S. 102–103) findet sich auch der folgende nützliche Ratschlag:

„Es wird davon abgeraten, sich schon zu Beginn auf einen Wortlaut festzulegen. Beim gesprochenen Wort ist das Auswendiglernen zu verwerfen. Man wird erst eine Gliederung aufstellen und deren einzelnen Punkten Stichworte zuordnen.

Mit diesen Vorarbeiten kann nicht früh genug begonnen werden. Binnen kurzem lassen sich viele Gedanken sammeln, die erst unmittelbar vor dem Einsatz zusammengestellt werden.

Bei einer Rede kann auch diese letzte Zusammenstellung eine lockere Form erhalten. Es ist immer gut, eine Rede nach der Feststellung ihrer Gliederung in mehreren Formen mit unterschiedlichen Worten zu entwerfen. Das spätere Referat kann dann auf einen großen Gedankenvorrat zurückgreifen. Die Gefahr eines Steckenbleibens ist ebenso gebannt wie jene andere, im Kreis zu reden. Aufsätze – zu Hause geschrieben – orientieren sich ebenfalls an einer Sammlung von Stichwörtern, die zur vorher festgelegten Gliederung gesammelt werden. Die endgültige Formulierung lässt sich leicht vornehmen."
Wir sagten, dass die Inhalte im Gedächtnis in einer semantischen Ordnung stehen (Kap. 6). Würde man einen Aufsatz oder Vortrag auswendig lernen, müsste man doppelten Lernaufwand treiben. Man müsste seine Inhalte bei dieser semantischen Ordnung des Gedächtnisses eingliedern, und man müsste zusätzlich den Wortlaut lernen. Dieser große Lernaufwand führt meistens dazu, dass die Wiedergabe einer auswendiggelernten Definition nur recht stockend gelingt.

Anhand des oben zitierten Textes soll ein weiterer Vorschlag, wie man aktiv mit der Information umgehen kann, ausprobiert werden. Versuchen Sie, die Information zu reduzieren, also in Stichwörter zu fassen, und gleichzeitig eine neue Reihenfolge der Argumente zu finden, die eventuell noch etwas schlüssiger sein kann als die Reihenfolge des Originaltextes!

- Neue Stichwortgliederung erstellen,
- nicht auswendig lernen, sondern nach Stichwörtern sprechen oder Aufsatz schreiben,
- Themen sammeln,
- mehrere Gliederungsentwürfe anfertigen,
- Themen erst kurz vor dem Aufsatz oder Vortrag zu einer Gliederung zusammenfassen,
- eine Mindmap anfertigen.

Das Mitschreiben in der Vorlesung gewinnt vor dem Hintergrund der berichteten Forschungen ebenfalls einen anderen Stellenwert. Oft wird von Dozenten angeregt, man möge nur zuhören und sich um das Verständnis bemühen. Die Inhalte könne man nachlesen. Eine solche Instruktion ließe sich wiederum mit dem treffenden Hinweis kombinieren, dass man ohnehin selten in die Aufzeichnungen schaut. Allerdings ist gerade das Zusammenfassen, das Herausheben der wesentlichen Kernsätze des Vortrags das Verstehen. Das Mitschreiben gibt dem Lernenden eine Orientierungsaufgabe, die ihn zu einer tieferen Verarbeitung des Stoffs anhält, während das Zuhören leicht zu einer oberflächlichen Verarbeitung der Information werden kann. Beim Mitschreiben geht es also nicht darum, die Information zu dokumentieren, sondern darum, sie im Moment der Aufnahme auf semantisch höheren Stufen zu analysieren (vgl. Ergebnisse von Kulhavy et al. 1978 sowie Howe 1980).

7.3 Träges Wissen

Oft ist Wissen in Prüfungen vorhanden, wird aber in relevanten Situationen im Leben nicht angewandt. Für diesen Sachverhalt hat sich in den letzten Jahren der Begriff des „trägen Wissens" eingeführt.

Gerade mathematisches Wissen wird kaum im Alltag verwandt und Alltagswissen wird nicht auf mathematische Sachverhalte übertragen. Bei der Aufgabe: „Die 130 Schüler und Lehrer der Marie Curie-Schule fahren zum Picknick. Jeder Schulbus hat 50 Plätze. Wie viele Busse werden benötigt: a: 2, b: 2 Rest 30, c: 2 3/5 d: 3", geben die Mehrzahl der Schüler die Antworten b und c, obwohl sie in ihrem Alltagsleben ohne Zögern natürlich drei Busse bestellen würden (Beispiel aus: Renkl 2001).

Man vermutet, dass Wissen immer in bestimmten „Fächern" oder auch nur in bestimmten situativen Kontexten gespeichert ist und daher in der Anwendungssituation eben nicht abgerufen werden kann. Es ist auch möglich, dass die richtigen Strategien fehlen, das Wissen im natürlichen Kontext einzusetzen. Um die Abrufe flexibler zu gestalten, hilft ein Lernen, bei dem Wissen in komplexen Anwendungen eingesetzt werden muss.

In juristischen Prüfungen, in denen Fälle zu bearbeiten sind, kann es natürlich auch in der Prüfung zu ungenügenden Lösungen kommen, weil Wissen vorhanden war, aber in der Prüfung nicht eingesetzt wurde. Um dem vorzubeugen sollte der Student immer reale Streitfälle seines Lebens oder tatsächliche Streitfälle, die in der Zeitung berichtet werden, analysieren und juristisch lösen. Diskutieren sie solche Lösungen mit ihren Kommilitonen, so üben sie die „Nutzung" des Wissens. Gerade bei Fallklausuren gibt es oft auch Fallsammlungen, an denen man sein Wissen ausprobieren kann (wie z. B. auch bei der theoretischen Fahrprüfung).

7.4 Tiefe der Verarbeitung und Individualentwicklung

Während Altersdifferenzen im Vorschulalter eher aus Unterschieden in der Suchstrategie resultieren als aus der Strategie der Verarbeitung (Sophian und Hagen 1978; Evans 1976), scheint im Schulalter die Wissensbasis ausreichend zu sein, um den Vorteil einer semantischen, „tieferen" Encodierung zu ermöglichen (Ghatala et al. 1980; Owings und Baumeister 1979). Im hohen Lebensalter sinkt die Gedächtnisleistung zwar ab, aber auch 75-jährige Versuchspersonen profitierten von einer semantischen Verarbeitung, bei deren Durchführung sie keinerlei Schwierigkeiten hatten (Rankin und Kausler 1979).

7.5 Tiefe der Verarbeitung und Ängstlichkeit beim Lernen

Es scheint so zu sein, dass ängstliche Lerner in der Lernstrategie spontan weniger flexibel sind und weniger solche Strategien wählen, die eine „tiefere" Informationsverarbeitung erfordern. Eine entsprechende These wird von Müller (1979) vorgetragen. So wäre die Beziehung zwischen hoher Prüfungsangst und geringer Lernleistung zu erklären.

8

Lernen durch Analogiebildung

Das menschliche Weltverständnis vollzieht sich ganz grundlegend durch Analogiebildungen, d. h. durch den ständigen Bezug zu Ähnlichem, bereits Bekanntem. Viele Begriffe heben auf etwas Bekanntes ab, das in einen neuen Zusammenhang gesetzt wird: Ein Wasserfloh ist ein Lebewesen „wie ein Floh" auf dem Wasser. Der Begriff ist eine Analogiebildung. Insofern ist jedem Leser die Analogiebildung auch völlig vertraut. Will man einen Sachverhalt erklären, bedient man sich der Analogie.

Stellen Sie sich vor, Sie sollen in einer Quizsendung klarmachen, was man unter dem Wort „Yeti" versteht. Man würde sagen: „Es ist ein Mensch, der im Schnee lebt. Er ist aber größer und hat möglicherweise eine andere Fußform und ein weißes Fell." Es wird also die Analogie „Er ist wie ein Mensch" verwendet. Dann kann zur weiteren Erklärung das gesamte Gegenstandswissen vom Menschen verwendet werden, ja es können beim Hörer darüber hinaus auch weitere Schlüsse gezogen werden, z. B. dass er vielleicht eine Schneekartoffel isst. Sicher scheint, dass er etwas isst und auch trinkt.

Eine Analogie setzt einen Wissensbereich mit einem anderen Wissensbereich bezüglich seiner Funktion, seiner Struktur oder seiner Elemente in eine Ähnlichkeitsbeziehung. Der Begriff „Modell" wird manchmal synonym verwendet, meist ist das Modell aber eine verkleinerte oder irgendwie vereinfachte Abbildung, z. B. der konkrete Fall eines allgemeinen Begriffes.

Die Kinderzeichnung ist ein Bereich erster (visueller) Analogien. Schon mit drei Jahren erkennt das Kind in einem langen Strich mit einem Kreis einen Menschen. Es ist das Merkmal der Vertikalität, das die einfache

Analogie trägt. Der Mensch ist also zunächst einmal hoch und schmal. Die Schlange ist wie ein Strich und der Regenwurm ebenfalls.

Diese Analogien werden dann auch für Problemlösungen verwendet. Meili-Dworetzki (1957) beobachtet auf den Zeichnungen ihres Sohnes immer steil nach oben ragende Haare. Als sie ihn einmal (zu diesem Zeitpunkt hatte er keine Zeichnung angefertigt) fragte, wohin denn die Haare von Menschen wachsen, wenn man sie nicht schneidet, antwortet er: „nach oben an die Decke." Er benutzte also seine Zeichnung, um diese Voraussage zu leisten, er verlängerte nämlich dort einfach die Haarlinien, ohne die Schwerkraft zu berücksichtigen.

8.1 Führen Analogien in die Irre?

Hier müssen wir zunächst eine unerwünschte Begleiterscheinung beim Denken und Lernen mit Analogien besprechen. Sie können verwirren und Missverständnisse hervorrufen. Es gibt den „ungeeigneten" Vergleich. Zum Beispiel wenn man sich die Bedeutung der Worte horizontal und vertikal dadurch merken will, dass man beim Aussprechen von „vertikal" den Mund schmal macht und beim Aussprechen von „horizontal" den Mund breit öffnet, so wird man sich öfter irren. Tatsächlich sind die Lippenstellungen beim Aussprechen von „vertikal" und „horizontal" gar nicht besonders unterschiedlich. Eine viel bessere Methode wäre, daran zu denken, dass horizontal und Horizont eben eine gleiche Bedeutung haben. Nun kann man die Bedeutungen nicht mehr verwechseln.

Verwirrung kann auch dadurch entstehen, dass die gewählte Analogie zu spezifisch ist und eine falsche Problemlösung erbringt. Wimmer und Perner (1979) geben hierzu folgendes Beispiel:

Wenn die Aussagen „Alle a sind b und einige b sind c" bildhaft analog folgendermaßen repräsentiert sind,

> aaaaaa
> bbbbbbbbbbbbb
> ccc,

dann könnte der Schluss gezogen werden, immer seien einige a auch c. Dies muss aber nicht der Fall sein, wie die folgende Form der Analogiebildung zeigt:

> aaaaaaaa
> bbbbbbbbbbbbbbbbbbbb
> cccc.

Die erste Analogie ist nicht geeignet, ja falsch. Es wird also deutlich, dass an die verwendeten Analogien Forderungen zu stellen sind.

> **Beispiel**
>
> Wenn man sich den Stromfluss durch die Analogie „Wasserfluss" klarmacht, so sind einige Merkmale zuzuordnen, andere nicht:
>
> | *Stromkreis* | *Wasserkreislauf* |
> |---|---|
> | Widerstand durch Spulen | Verengungen der Rohre |
> | | Länge der Rohre |
> | Stromstärke | Fließstärke |
> | Spannung | Wasserdruck |
> | Generator | Pumpe |
> | Schalter | Ventil |
>
> Keine Korrespondenz gibt es in Bezug auf elektromagnetische Felder, obwohl auch ein Wasserkreislauf in Schwingungen geraten kann, wie man es manchmal in alten Häusern erlebt.
>
> Die Funktion des Kondensators lässt sich nicht abbilden. Das Wasserflussmodell führt den Lernenden in einigen Bereichen zu falschen Schlussfolgerungen: Zum Beispiel könnte man glauben, dass bei einer gewaltsamen Leitungsunterbrechung die Elektrizität wie das Wasser aus der Leitung herausfließt (Abb. 8.1). Auch die Leitfähigkeit des Materials, die beim Stromfluss neben Stromstärke und Spannung den Stromfluss bestimmt, findet im Wasserflussmodell keine direkte Entsprechung. Man könnte höchstens eine „Glätte" der Röhrenwände vorsehen.
>
> Eine andere Analogie ist in dieser Hinsicht besser. Der Stromfluss könnte mit dem Fluss von Menschenmassen durch Gebäude verglichen werden:
>
> Eventuell würde es die „Menschenflussanalogie" erlauben, das Prinzip von Ladungsanziehung und Abstoßung, z. B. durch männliche und weibliche „Ladungsträger" umzusetzen.
>
> Wie Gentner und Gentner (1983) zeigten, kommen Versuchspersonen mit der Wasserfluss- bzw. der Menschenflussanalogie bei einer Aufgabe zur Elektrizität zu unterschiedlichen Reaktionen.

Will man beim Lernen der Elektrolehre eine Analogie verwenden, so muss man spezifizieren, wo sie geeignet ist und wo nicht. Dann allerdings erleichtert die Analogie das Erlernen komplexer Sachverhalte wesentlich:

- Neues Wissen kann auf altes Wissen abgebildet werden, es kann also fast ohne Mühe erlernt werden.
- Das alte Wissen eines gut bekannten Sachverhaltes erlaubt, Hypothesen über das Verhalten des neuen Sachverhaltes aufzustellen. Die Analogie ermöglicht also mehr Kreativität.

Abb. 8.1 Vergleicht man den Stromfluss mit dem Wasserfluss, so könnte der Irrtum aufkommen, der Strom flösse bei einer Leitungsunterbrechung aus der Leitung. Bei der Analogie eines Menschenflusses durch eine Röhre entsteht dieser Irrtum nicht

- Die Analogie verbessert das Verständnis für den Wissensbereich, z. B. kann man die Folgen von Eingriffen in Systeme besser verstehen.

Normalerweise verlangt das Finden einer geeigneten Analogie einige Geschicklichkeit und Kreativität. Entsprechend werden solche Modelle von den Lehrbüchern vorgegeben und formen (wie etwa Computermodelle versus Telefonvermittlungsmodelle des Gehirns) das Denken von ganzen Schülergenerationen.

Vielleicht weil unüberlegte Analogien auch in die Irre führen können, hat man es sich abgewöhnt, schnell selbst Analogien zu suchen. Andererseits erleichtern ganz einfache und triviale Analogien Lernaufgaben.

In meinen Lehrveranstaltungen lasse ich Studenten folgende *Aufgabe* lösen:

„Erika ist größer als Jutta und Jutta ist größer als Emma. Wer ist am größten?" (Um die Aufgabe zu erschweren, kann man die Anzahl der Vergleiche erhöhen.)

In schriftlicher Vorgabe ist die Aufgabe leicht. Mündlich vorgetragen, muss man sich die Relation Erika versus Jutta merken, um dann erst Emma einzuordnen. Dies ist nicht so leicht. Wenn man sich aber eine bildhafte Analogie schafft, also sich beim Diktat die Personen nebeneinander vorstellt, können mehr Studenten zu der richtigen Lösung kommen. Die Analogie dreier nebeneinander stehender Längen (vielleicht auf einem Treppchen mit drei Plätzen) erlaubt die gleichzeitige Visualisierung der Relationen und erleichtert die Problemlösung: Erika ist am größten.

Hier soll darauf verwiesen werden, dass Arnheim (1969) die These anführt, menschliches Denken sei ohnehin im Wesentlichen visuell und nicht verbal. Es komme also immer darauf an, verbale Sachverhalte in visuelle Analogien umzusetzen. Tatsächlich berichten viele berühmte Wissenschaftler (z. B. Einstein) davon, dass sie sich komplizierte Sachverhalte immer in einfachen Analogien vorzustellen versuchten. Johannes Kepler etwa verglich die Bewegung der Planeten mit einem Uhrwerk. Er bezeichnete die Analogien als seine Lehrer, die die Geheimnisse der Natur kennen (nach Polya 1973, S. 12).

Vielleicht sucht man aber manchmal allein deswegen keine Analogie, weil man nicht weiß, wie man dabei vorgehen soll. Hierzu soll der folgende Abschnitt Hinweise geben.

8.2 Wie gelangt man zu Analogien?

▶ Hat man gar keine Vorstellung, wie man zu einer Analogie gelangen könnte, so kann man versuchen, den Zufall zu Hilfe zu nehmen. Man kann in Gedanken durch ein Warenhaus zu gehen und zu prüfen, ob die verschiedenen Dinge, die dort zu sehen sind, als Anregung dienen könnten. Man kann aber auch ein Lexikon nehmen, zufällige Begriffe aufschlagen und prüfen, ob der jeweilige Begriff zu einer brauchbaren Analogie führt.

Leichter ist eine Analogie sicher zu finden, wenn man gleich nach ähnlichen Sachverhalten sucht. So können die Überlegungen in einer von Dörners Simulationen über die Uhrenfabrik durch die Analogie des eigenen Zigarettendrehens stimuliert werden: Es wird Papier und Tabak benötigt. Es ist nützlich, einen gewissen Vorrat zu produzieren usf.

Aber auch das zufällige Durchstreifen des Warenhauses führt zu „ähnlichen" Realitätsbereichen, wenn die Suchfrage ständig bereitliegt. Bei einer möglichen Ähnlichkeit meldet sich dann das Bewusstsein, und die Beobachtung kann analysiert werden.

Gruppen können mit der Methode des *Brainstormings* (Osborne 1953) vorgehen. Dabei werden zunächst so viele Ideen wie möglich gesucht und aufgeschrieben. Jeder Beitragende kann die Ideen der anderen verwenden und darauf aufbauen. In einer zweiten Phase erst werden sie auf ihre Brauchbarkeit, also hier auf ihre Brauchbarkeit als Analogie, überprüft.

> **Beispiel**
>
> Als Aufgabe hatte ich mir gestellt, eine Analogie zu finden, die erklärt, wie bei höherer Geschwindigkeit die Bremswege größer werden. Also habe ich den Duden genommen und – zufällig – geblättert. Nach ca. 10 bis 20 nicht weiterführenden Begriffen kam ich zu den Assoziationen „Ladestock", „Lader", was zu der Idee „Gewehr", „Gewehrkugel" führt. Eine Analogie für das Auto kann nämlich die Gewehrkugel sein: Geworfen (also langsam) würde sie geringen Schaden anrichten, nur durch die hohe Geschwindigkeit kann sie den Körper und auch massive Holzplatten durchdringen. Sie ist nun kaum noch zu bremsen.
>
> Der exakte Zusammenhang zwischen Bremsweg und Geschwindigkeit ist aus dieser Analogie nicht abzulesen. Andererseits wird die Gefahr, die durch die Geschwindigkeit entsteht, erlebnismäßig plausibel. Luftwiderstandswert des Autos und Form der Kugel lassen sich vergleichen, ebenso die Verformung des Autos beim Aufprall mit der Verformung der Kugel.
>
> Noch besser kann das Modell auf Gegenstände, die beim Aufprall im Wagen herumfliegen, angewandt werden.

Glynn et al. (1986) schlagen vor, Analogien über den Weg zum Oberbegriff für den relevanten Wissensbereich zu suchen:

Wird also eine Analogie für den elektrischen Stromkreislauf gesucht, so kann man den Oberbegriff „Kreislauf" verwenden, um andere Beispiele zu finden, also z. B. Blutkreislauf, Wasserkreislauf, Kreislauf von Menschen durch Verkehrswege, Wärmekreislauf, Verkehrsfluss, Güterkreislauf usf. Nachdem die Beispiele des Oberbegriffes gefunden sind, kann man prüfen, welche sich zur Illustration des Aspektes, den man lernen oder erforschen möchte, eignen. So kann z. B. über den Oberbegriff „Feld" das elektrische Feld zur Analogie für das Gravitationsfeld werden.

8.3 Analogien und Bewegungsfolgen

Hayes und Henk (1986) zeigen beim Erlernen eines Knotens (also auch einer Bewegungsfolge) die Überlegenheit einer Analogie beim langfristigen Behalten.

> **Beispiel**
> Ich will hier ein Beispiel aus meiner eigenen Erfahrung darstellen:
> Beim Rennradfahren muss man nicht nur auf das Pedal treten, nein, man zieht es gleichzeitig mit dem anderen Fuß hoch. Zu diesem Zweck haben die Pedale kleine Körbchen. Die Koordination von Treten und Ziehen ist aber gar nicht einfach. Entweder man denkt nur daran zu treten oder nur daran zu ziehen. Eine Analogie hat mir sehr geholfen, die Bewegungen aufeinander abzustimmen. Ich habe an das Treppensteigen gedacht. Mit dem einen Fuß tritt man auf die neue Stufe, während man den anderen Fuß hochzieht. Die Analogie hat auf Anhieb funktioniert. Eine Bewegungsfolge, die man einmal als Kind gelernt hat, kann nun die neue Anforderung bewältigen helfen. Ich fuhr sofort deutlich schneller und leichter (Abb. 8.2).

Diese Analogie ist besser als ein Kräfteparallelogramm, wie in manchen Fahrradbüchern vorgegeben.

Vielleicht eignen sich Analogien ganz besonders zum Erlernen von komplizierten Bewegungsfolgen, die so schnell ablaufen müssen, dass eine „verbale" Instruktion und Steuerung durch inneres Sprechen nicht gelingt. Jeder, der das Skilaufen lernte, weiß, wie schwierig es ist, die Instruktionen „Knie zum Berg, Schulter zum Hang, nach vorne beugen", sukzessive abzuarbeiten. Eine Analogie, wie ich sie einmal in einem

Abb. 8.2 Das Treppensteigen kann zur Analogie für die Bewegung beim Radfahren werden. Besonders das aktive Hochnehmen eines Beines gelingt nun besser

Abb. 8.3 Das Modell Banane vereinfacht die komplizierten Haltungsanweisungen beim Skilaufen durch ein Bild

Skibuch las, ist dagegen sehr hilfreich. Sie lautete: „Bieg dich wie eine Banane" (vgl. Abb. 8.3).

Wenn man sich an dieses innere Bild „hält", macht man alles richtig. Die Vorstellung beinhaltet gleichzeitig alle wichtigen Elemente, während eben in der kritischen Situation nicht genug Zeit ist, sich alle verbalen Instruktionen noch einmal ins Gedächtnis zu rufen, um die eigene Körperhaltung zu korrigieren.

8.4 Analogien und „emotionales" Verständnis

Gerade die Analogie „Auto – Gewehrkugel" macht deutlich, wie durch die Analogie ein emotionales Betroffensein möglich wird. Ein Auto ist ein neutraler, oft eher erfreulicher Gegenstand, während man eine Gewehrkugel rein emotional als gefährlich empfindet. Die für das Lernen eines Sachverhaltes so wichtige Emotion wird aufgerufen.

Um „tiefe" Überzeugungen zu vermitteln, verwenden z. B. Zeremonien die bildhafte Analogie oder lehren die Religionssysteme nicht im wissenschaftlichen Diskurs, sondern durch Geschichten. Die Analogie ermöglicht dabei eine tiefe Einsicht und spricht archaische Systeme der Verhaltenssteuerung an.

> **Beispiel**
>
> Eine Analogie, die z. B. bettnässenden Kindern hilft, ist Sammy, der Elefant. Von Sammy wird erzählt, dass er mit seinem Rüssel keinen Wassereimer tragen kann. Alle anderen Elefanten regen sich über Sammy auf (so wird empathisch die Situation des bettnässenden Kindes dargestellt). Dann erinnert sich Sammy aber, was er schon alles gelernt hat und dass er noch viel lernen kann, z. B. wie er die Muskeln des Rüssels richtig anspannen muss. Und plötzlich kann er den Wassereimer genau zum richtigen Punkt tragen (Mills und Crowley 2011).
> Hier hilft die Analogie als bildhafte Darstellung, Schichten der Informationsverarbeitung zu erreichen, die eine Körpersteuerung leisten.

Es sei daran erinnert, dass Despoten, wie z. B. auch Hitler, in ihren Reden eine Vielzahl von bildhaften Analogien verwenden – etwa wie der Feind dem eigenen Volk die Luft abschnürt usf. –, die ganz anders überzeugen als Erklärungen, die sich an das verbale Denken wenden. Ein bedrückendes Beispiel aus der deutschen Geschichte: Indem Hitler in seinem Buch *Mein Kampf* Angehörige anderer Ethnien als „Schmeißfliegen" und „Ungeziefer" bezeichnet, bereitet er den Boden für den Holocaust vor.

Unterschiedliche Analogien können unterschiedliche Emotionen ins Spiel bringen. Der Pädagoge, der Analogien konstruiert, sollte gerade wegen der beteiligten Tiefenwirkung auf solche Nebenprozesse achten.

8.5 Wirkungen der Analogien

Die Wirkungen von Analogien sollen unter den verschiedenen Funktionen der Verbesserung

- des Lernens,
- des Verständnisses und der
- Kreativität

aufgeführt werden.

Lernen

Simons (1984) untersucht Lerneffekte bei einer Instruktion durch (bildhafte) Analogien. Ein Beispiel aus seiner Instruktion zum Thema Atome und Moleküle sei hier wiedergegeben:

> **Beispiel**
>
> „Wenn man einen Kuchen zerteilt, entstehen Brösel. Jeder Brösel hat noch die gleichen Eigenschaften wie der Kuchen. Man kann sagen, der Brösel sei der kleinste Teil, der noch die Eigenschaften des Kuchens hat. Einen Brösel kann man nun auch wieder teilen. Dann findet man sehr kleine Teile von Butter, Zucker und Gewürzen. Diese kleineren Teile haben andere Eigenschaften als der Kuchen."

Es ergaben sich geringfügig erhöhte Lesezeiten bei einer Verbesserung des Lernens.

Problemlösen, Verständnis von Situationen

In verschiedenen Studien haben Gick und Holyoak (z. B. 1980) gezeigt, dass die Fähigkeit, ein Problem zu lösen, unter Anwendung vorher dargebotener Information wesentlich verbessert wurde, wenn es einen Hinweis gab, die vorher gelernte Information als Analogie zu benutzen.

Es wurde das Dunker'sche Problem gestellt, mit einem Röntgenstrahl einen Gewebepunkt zu bestrahlen, ohne aber das umliegende Gewebe zu verletzen. Nur 10 % der Studenten produzierten die korrekte Lösung, das Gewebe aus verschiedenen Richtungen zu bestrahlen. Die erste vorgegebene Analogie bestand aus dem „Fort-Problem":

Viele verminte Straßen führen in ein Fort, sodass immer nur wenige Soldaten auf einer Straße in das Fort gelangen können. Es müssen dann also Soldaten auf jeder Straße gleichzeitig eindringen.

Oder aus vielen Richtungen, aus verschiedenen Schläuchen kann das Wasser auf ein Feuer gelenkt werden.

Optimal ist, wenn Studenten viele Analogien erhalten und dann selbst das relevante Schema der „Konvergenz" erkennen.

Dörner (1989) gibt ein eindrucksvolles Beispiel für die Möglichkeit, sich durch Analogien in komplexen Problembereichen zu orientieren.

Die Versuchspersonen mussten eine Kühlhaustemperatur einregulieren. Die tatsächliche Temperatur des Kühlhauses folgte aber, wie in der Realität, der Regulierung an einer Stellschraube mit einer größeren Zeitverzögerung. Derartige Probleme sind schwierig, und viele Versuchspersonen können sie im Verlauf des Experiments gar nicht lösen. Eine Versuchsperson kam nach erfolglosen Versuchen auf die Idee, den Wert des Stellrades mit dem

Schreiben von Rechnungen zu vergleichen. Jetzt konnte sie mit der Zeitverzögerung umgehen und den richtigen Wert einstellen.

- Im Rahmen eines Forschungsprojekts soll ein Analogietraining in einem Betrieb der New Economy eingesetzt werden. Es wird davon ausgegangen, dass die Verbindung von Bekanntem und Neuem in der anschaulichen Form der Analogie die Kommunikation und Innovation fördert (Vohle und Reimann-Rothmeier 2000).

Kreativität

Die Analogie erleichtert einen „Transfer" von Wissen auf neue Bereiche. Gould (1980) geht so weit zu behaupten, dass es der Hauptgrund für geniale Leistungen in der Wissenschaft sei, wenn man fruchtbare Analogien zwischen verschiedenen Bereichen bilden kann.

Von Gordon (1961) werden in einem Kreativitätstraining Analogien eingesetzt. (Das Training ist unter dem Namen „Synectics" bekannt geworden.) Man muss sich z. B. vorstellen, dass man selbst der zu lösende Sachverhalt sei (z. B. ein Reißverschluss), um so auf die Form und Bewegung der zu suchenden Teile zu kommen.

Mit diesem Programm wurden entsprechende Erfolge erzielt, die allerdings nur qualitativ berichtet werden.

Bei der Analyse der Wirkung von Analogien müssen einige Dinge auseinandergehalten werden: Natürlich muss man zunächst eine geeignete Analogie finden, dann aber können Effekte der Bildhaftigkeit sowie Effekte der Informationsreduktion durch Zuordnung zu schon bekannten Wissensstrukturen auftreten, und es können Verständnisvorteile entstehen, weil Strukturen, die nur schwer im Kurzzeitspeicher behalten werden können, nun mit einer etablierten Langzeitspeicherstruktur zu bearbeiten sind. Andere Möglichkeiten sind offen. Es wäre also sicher falsch, undifferenziert von „den" Effekten der Analogie beim Lernen zu sprechen. Die verschiedenen Effekte müssen jeweils unabhängig voneinander untersucht werden.

9

Lernen im Alltag

Die Ergebnisse der wissenschaftlichen Lernpsychologie basieren überwiegend auf experimentellen Untersuchungen unter streng kontrollierbaren Bedingungen. Das ist notwendig, um sie wiederholen und damit überprüfen zu können. Diese wissenschaftlich geforderte Vorgehensweise hat aber oft zur Folge, dass die Untersuchungen auf kleine Ausschnitte des Lernprozesses in künstlich wirkenden Lernsituationen beschränkt werden. Die Ergebnisse dieser Forschung sind dann zwar präzise und sicher, auf den natürlichen Lebenskontext von Lernenden jedoch oft nicht übertragbar.

Als wichtige Ergänzung zu den Ergebnissen der kontrollierten wissenschaftlichen Forschung habe ich eine große Zahl von Studierenden gebeten, eine Lernepisode aus Ihrer Vergangenheit aufzuschreiben (vgl. Schuster 2007).

Die befragten Studierenden berichteten von ganz unterschiedlichen Lernepisoden und Lernfeldern (z. B. Führerschein, Taxischein, Examen etc.). Die Bandbreite erstreckte sich von wortwörtlichem Lernen wie dem Auswendiglernen von Gedichten (s. o. Bericht von Kurt) und Zitaten dem Lernen und Vokabeln und dem Lernen von Fakten und von sinnhaftem Lernen aus Texten bis hin zum Lernen von Bewegungsfolgen wie z. B. beim Tanzen und Musizieren. Häufig integrierten die Befragten intuitiv die in unserem Buch beschriebenen, wissenschaftlich geprüften Lernmethoden zu ihrer komplexen individuellen Strategie. Dabei wurde in der Regel nicht nur eine Lernmethode aufgenommen, sondern verschiedenen Methoden wurden auf kreative Weise miteinander kombiniert.

Am häufigsten wurden Strategien genannt, die helfen, die Lernmotivation aufrechtzuerhalten. Die Berichte dazu stehen deshalb hier (nach der neuen Technik des Personalisierens) an erster Stelle. Danach habe ich die Ergebnisse nach der Art der Lernaufgabe, nach sinnhaftem Lernen, wörtlichem Lernen und Lernen von Bewegungsfolgen unterteilt.

Ich konnte tatsächlich in diesen Berichten Lerntechniken entdecken, auf die die wissenschaftliche Forschung noch gar nicht gekommen ist, z. B. das Personalisieren.

9.1 Personalisieren

Menschen interessieren sich ganz besonders für andere Menschen und können sich meist gut merken, was andere Menschen betrifft. Z. B. den täglichen Klatsch über Bekannte merkt man sich mühelos. Anscheinend entspricht es unserer natürlichen Grundausstattung, Wissen mit Personen zu assoziieren. Das wird tatsächlich gelegentlich zur Verbesserung des Lernens eingesetzt: einige Lernende „personalisieren" nämlich ihren Lernstoff. Eine Studentin hat z. B. die Namen der rhetorischen Figuren (das sind die Anadiplosen) mit den Namen von Bekannten verbunden und den Inhalt der jeweiligen rhetorischen Figur mit dem Charakter des Bekannten verknüpft.

> **Beispiel**
>
> **Klara** schreibt über das Lernen von Philosophiestoff (1): „Es hat mir auch geholfen, mir die Philosophen bildlich als Menschen vorzustellen, so dass ich ihre Ansichten mit ihrem Charakter, ihrem Wesen verknüpfen konnte."
> Die soziale Beziehung zu anderen Lernenden oder zu Lebenspartnern ist eine wichtige Motivationsquelle. In der Kommunikation über den Stoff, im Scherz, in These und Antithese kommt es auch zu einer „Personalisierung" des Stoffes.

> **Hiltrud:** „Durch die Diskussion mit anderen kann ich mir das jeweilige Thema besser merken. Ich erinnere mich daran, welche Person welche Thematik aufgebracht hat."

Vielleicht wäre es gar nicht schlecht zur Eröffnung eines Lerngebietes mit dem Studium von Biografien zu beginnen. Oft sind die Lebensläufe der Gründungsväter oder der großen kreativen Genies alles andere als eintönig und bieten dann ein erste Struktur an die neue Information angeheftet werden kann (z. B. Lebensläufe von Darwin, Freud, Jung, Einstein).

Einige ausgewählte Berichte

Diese Berichte zeigen, wie die Studierenden die Lerntipps, wie sie z. B. in diesem Buch angeboten werden, in ihre komplexe persönliche Lernstrategie in ihrem jeweils individuellen Lebenskontext einbinden. Aus den vielen Berichten habe ich drei für eine ausführliche Wiedergabe ausgewählt. Sie zeigen, wie unterschiedlich verschiedene Lerner vorgehen und wie viel Phantasie sie dabei aufbringen.

Vera schreibt: Nachdem ich alle Unterlagen gesammelt habe, die ich für eine Prüfung brauche, mache ich erst einmal eine Pause. Der erste Teil meiner Lernvorbereitung ist damit abgeschlossen; ein Gefühl der Sicherheit stellt sich ein: Mir fehlt nichts, ich habe alles an Material, was ich benötige. Ich muss ein Basisgefühl von Glücklichsein empfinden, um richtig lernen zu können, d. h. ich verändere meinen Alltag nicht, um lernen zu können, sondern hänge das Lernen an meinen Alltag an, sodass ich Dinge, die ich gern mache, nicht einschränken muss. Der nächste Schritt ist, die Texte zu lesen und handschriftliche Notizen bzw. Merkblätter zu erstellen. (Ganz richtig: handschriftlich, da ich mir „meine" geschriebenen Wörter besser einprägen kann!). Diese Blätter werden in der Wohnung verteilt (an die Wände geheftet oder ans Fenster, an die Schranktüren oder den Spiegel). Somit habe ich die Lerninhalte immer vor Augen und schaue im Vorbeigehen darauf, z. B. beim Putzen in der Wohnung. Ohne bewusst zu lernen, kann ich mir auf diese Weise viele Dinge merken, z. B. anhand der Art und Weise, wie ich sie aufgeschrieben habe und mit welchen Farben. Der letzte Teil besteht darin, dass ich auf den Lerndruck warte, den ich brauche, um mir den Rest des Stoffes einzuprägen. Unter Zeitdruck lerne ich am intensivsten, und ich empfinde den Druck nicht als unangenehm, sondern als dringend erforderliche Maßnahme, dass ich das Lernen nicht weiter verzögern kann. Meine Motivation ergibt sich dann daraus, dass ich nicht scheitern und mir selbst beweisen will, dass ich lernen kann und die Prüfung bestehen werde. Beim Lernen verwende ich auch Melodien – manchmal in Kombination mit Wegen, d. h. ich singe einen Lerntext zu einer Melodie, gehe dabei durchs Zimmer und ende bei einem bestimmten Ziel. Bin ich mit dem Text fertig und habe das Ziel noch nicht erreicht, habe ich etwas vergessen. Ein guter Schluss ist für mich, wenn ich jemandem, der nichts mit dem Lerninhalt zu tun hat, mein Wissen erzähle. Versteht derjenige auch nur ansatzweise, was ich erzähle, habe ich das Gefühl, den Stoff verinnerlicht zu haben.

Diana schreibt: Um überhaupt mit dem Lernen beginnen zu können, brauche ich Musik und ein aufgeräumtes Zimmer. Dann lese ich mir einen ersten Teil durch, wiederhole ihn verbal und schreibe dann das Wiederholte nieder (falls die mündliche Wiederholung hakt, schaue ich hinterher diese Stelle noch einmal nach). Dann mache ich dasselbe mit dem nächsten Teil. Später wiederhole ich das gesamte Gelernte noch mal von Anfang an. Wenn ich zu einem anderen Termin den Stoff wiederhole, muss ich alles aufschreiben. Sobald ich das nicht mache, sondern nur verbal wiederhole, höre ich plötzlich auf zu reden, vergesse, welche Stelle ich gerade wiederhole und denke an etwas völlig anderes (Gedankentrödeln). Dabei wiederhole ich meist noch monoton das letzte Wort, denke aber nicht mehr über das folgende nach. Wenn ich mir etwas gar nicht merken kann, mache ich mir ein kleines melodisches Liedchen daraus; dabei sind Melodien aus Werbespots sehr hilfreich. Sonst versuche ich auch, Eselsbrücken zu verwenden, oder analysiere eine besondere Wortgestalt.

Kurt schreibt eine Erinnerung aus der Grundschulzeit nieder: Ende der vierten Klasse, also in meiner Grundschulzeit, sollten wir alle ein ewig langes Gedicht auswendig lernen, es war der „Zauberlehrling". Wir hatten dafür ungefähr 14 Tage Zeit. Dummerweise sollte das Ganze auch noch schön betont und langsam gesprochen werden. Wir sollten uns in die Lage des Zauberlehrlings hinein versetzen. Natürlich wurde dies auch benotet, und jeder Einzelne musste es vortragen – wie schrecklich! Ich machte mir schon Sorgen, dass ich es ganz vergessen würde. (…) Die 14 Tage neigten sich ihrem Ende zu, einige konnten das Gedicht schon, und ich verwechselte immer noch einige Strophen, verhaspelte mich, wusste plötzlich nicht mehr weiter. Bekannte meiner Familie brachten mich dann auf die Idee: „Male doch zu jeder Strophe das passende Bild, schreibe die wichtigen Stichworte darunter, und dann klappt das schon!" Anfangs war das Ganze ein wenig mühsam und aufwendig, aber im Nachhinein hat es sich gelohnt. Ich konnte alle Strophen gut, und gedanklich stellte ich mir immer die passenden Bilder dazu vor.

9.2 Die Lernmotivation steigern

Über die unterschiedlichsten Lernepisoden hinweg wurde fast in jedem Bericht die Motivation zu lernen thematisiert.

Motivation durch (innere) Selbstgespräche

Ein Student provozierte sich sozusagen selbst. Er sagte innerlich zu sich: „Du kannst das doch nicht." (dies scheint uns allerdings weniger günstig, weil es auch zu einer Entmutigung führen kann). Ein anderer verschaffte sich Zuversicht, indem er sich noch einmal klarmachte: „Nur noch einen Tag, dann ist es vorbei." So konnte er an schöne Dinge „danach" denken.

Sich selbst belohnen
Sich selbst zu belohnen, verstärkt die Motivation. Wir haben das ausführlich auf S. xx behandelt. Die Studenten geben verschiedene Belohnungen an: Farbe kaufen, Süßigkeiten essen, essen allgemein, z. B. wenn man eine Definition richtig erinnert hat.) Häufig wird erwähnt, dass beim Lernen ein Basisgefühl von Glücklichsein nötig ist.

> **Angela** fühlt sich nicht glücklich, wenn sie auf etwas verzichten soll, dann hat sie nur eine geringe Motivation. Sie hat daher immer dann gelernt, wenn andere keine Zeit für gemeinsame Freizeitaktivitäten hatten.

9.2.1 Auf Zeitdruck warten

Eine nicht seltene Methode zur Verbesserung der Lernmotivation (die allerdings nach Meinung der Autoren riskant ist) besteht darin, auf einen gewissen Zeitdruck zu warten: Viele Befragte können erst dann mit einem Lernmarathon beginnen. Sie fingen in der letzten Minute an, allerdings führte dies manchmal zum Misserfolg und immer zu Panik und Angst. Sicher, im günstigen Fall kann nun die Angst die Emotion sein, die den Stoff der Langeweile entreißt. Im ungünstigen Fall aber verhindert die Angst, nun zu wenig Zeit zu haben, das Lernen. Insgesamt darf man die Prüfung nicht allzu leicht nehmen, sonst kann es zu Misserfolgen kommen.

Den Stoff spannend machen
Das kann beim Lernen ganz von selbst passieren: Verhasstes wird plötzlich interessant.

Durch die Wahl des Zeitpunktes der Beendigung der Arbeit kann Spannung entstehen: Ein Teilnehmer der Studie achtete darauf, die Arbeit an einer spannenden Stelle zu beenden, um dann am nächsten Tag besser anfangen zu können.

Man kann einen Text durch fiktive Rollenübernahmen spannend machen, z. B. ein Interviewpartner über den Stoff sein oder es machen wie

> **Jürgen:** „Wenn ich für Prüfungen lerne, stelle ich mir vor, ich bin ein Experte für das Thema. Ich wäre unglaublich schlau und forschte in diesem Gebiet. Ich möchte unbedingt alles zu dem Thema wissen. Dann fange ich an zu lesen, und die Thematik begleitet mich durch den Tag. Ich stelle mir vor, wie ich Vorträge dazu halte, mir knifflige Fragen gestellt werden und was ich dazu sage. Das kann dann auch eigentlich ganz blöder, langweiliger Kram sein, irgendwie wird dann alles, was ich lernen muss, interessant."

9.2.2 Auch die Gruppe motiviert

Viele Befragte profitierten davon, dass eine Gruppe den Stoff abfragte. Viele suchten also eine Lerngruppe. Dort kann man schwierige Stellen besprechen und Bezüge klarmachen. Man lässt sich eher etwas von einer gut bekannten Person erklären als von jemand Fremdem; das reduziert die Kränkung. Man fährt mit der Lerngruppe auch in die Ferien. Man kann seinen Leistungsstand mit anderen zu vergleichen (Selbstgespräch: „Eigentlich weißt Du ganz schön viel."). Jeder muss zu einem verabredeten Termin vorbereitet sein oder hat ein schlechtes Gewissen, wenn er nicht vorbereitet ist. Den Stoff anderen (z. B. dem Lebenspartner) zu erklären, hilft einem, ihn selbst zu verstehen und zu lernen. Erst wenn der Partner, der den Stoff ja nicht kennt, verstanden hat, worum es geht, kann man ihn offenbar gut darstellen. Hat man keine Gruppe zur Verfügung kann der Stoff auch einem fiktiven Freund erklärt werden.

Doris beginnt ein neues Lernabenteuer mit einem kleinen Ritual: sie braucht dann einen neuen ganz frischen Schreibblock und einen neuen gespitzten Bleistift. Erst dann kann es „richtig" losgehen.

Ein Student will sich durch den Misserfolg motivieren lassen: Er hat Mut zur Lücke. Wenn es in der Prüfung schief geht, will er so die Motivation zum genaueren, intensiveren Lernen fürs nächste Mal gewinnen. Er riskiert dabei allerdings auch, völlig entmutigt zu werden.

Die Lernorte

Da wurde vieles probiert. Der ruhige aufgeräumte Lernort ist nicht für jeden richtig. Christine lernte gern in der Küche, wenn Mutter und andere Familienmitglieder anwesend waren. Dort fühlte sie sich geborgen und genoss auch die Anerkennung ihres Fleißes.

Andere lernen gern in Bibliotheken, wo nicht so viele Ablenkungen zur Verfügung stehen oder auch im Schwimmbad: dann ist man nicht so von allen Sozialkontakten ausgeschlossen allein zu Haus.

Dieter fand den erstaunlichsten Lernort. Er erzählte: „Es gab eine Zeit, in der ich eine längere Anfahrt mit der Bahn zu meinem Studienort hatte. Also lernte ich den Stoff in der Bahn. Das hatte ich mir dann derart angewöhnt, dass ich bei späteren Lernaufgaben wieder beim Bahnfahren lernte, obwohl ich gar keinen Bahnweg mehr hatte."

9.3 Sinnhaftes Lernen

Es überrascht nicht, dass Lesen und immer wieder lesen von Texten kaum zu einem Lernerfolg führte. Oft steht zu Beginn des Lernprozesses eine Reduktion des Stoffes auf das Wichtigste. Das kann z. B. durch (farbiges) Unterstreichen passieren.

Sehr oft wird das Material – auch in mehreren Durchgängen – zu Zusammenfassungen oder Stichwortlisten reduziert. Besonders kreativ ist es, eigene Stichworte zu erfinden. Ein Student markiert wichtige Absätze mit Klebezetteln, auf denen ein selbst gefundenes Gliederungsstichwort steht. Aus den Stichwortlisten entstehen neue, vollständigere Gliederungen, die gelernt werden. Wenn man am Rand des Textes eigene Kommentare niederschreibt und daraus eine neue Gliederung konstruiert, handelt es sich bereits um eine intensive mentale Verarbeitung Die Zusammenfassungen oder wichtige Passagen des Textes werden im seltenen Fall auch auswendig gelernt (das empfehlen wir allerdings nicht, denn auswendig gelernter Text kann nur schwer an Prüfungsanforderungen angepasst werden).

Viele Befragte schreiben den Text noch einmal oder mehrmals auf oder einfach unverändert ab. Das ist weniger sinnlos als es auf den ersten Blick scheinen mag. Beim Abschreiben nimmt man den Text Satzweise ins Gedächtnis und ruft ihn beim Niederschreiben dann ab. Es handelt sich also um eine einfachste Form des Textabrufes nach kürzester Zeit. Die meisten Befragten schreiben aber nur die wichtigsten Informationen heraus. Viele legen dabei gleich Karteikarten an, damit sie sich später selber abfragen können. Weil der Stoff hier in immer neuer Anordnung auftritt, wird die Abfrage mit den Karteikarten als abwechslungsreicher empfunden. Eine andere Studentin investiert viel Energie in „schöne" Karteikarten, so bleibt ihr zwar weniger Zeit zum Lernen, aber „hinterher kann sie es irgendwie doch". Einige Male wurde auch ein Karteikasten mit verschiedenen Fächern für schon beherrschten und für noch nicht beherrschten Stoff erwähnt.

Des Weiteren wurde erwähnt, dass man gerade handschriftliche Notizen mag oder dass es andererseits lernfördernd wirkt, die handschriftlichen Notizen noch einmal in den Computer einzugeben, damit man auch später noch etwas damit anfangen kann. Auf jeden Fall gehört für fast alle Lerner eine Selbstabfrage zum Lernprozess. Der Stoff wird gelesen, frei wiedergegeben oder in Leseportionen aufgeteilt, dann mündlich wiederholt und auch niedergeschrieben.

Später wird dann alles noch einmal wiederholt oder auch alles aus dem Gedächtnis aufgeschrieben. Man kann bei der Selbstabfrage auch die Prüfung simulieren oder schon mal eine Niederschrift in Form der späteren Klausur üben.

Sprechen beim Textlernen

Ob es den Lerntyp gibt, der besser lernt, wenn er etwas hört, ist ungewiss; auf jeden Fall führen das Sprechen und Hören des Stoffes zu einer zusätzlichen sinnlichen Qualität des Stoffes. Studenten lesen sich schwere Textstellen laut vor oder wiederholen den Stoff laut sprechend. Das ist natürlich speziell vor mündlichen Prüfungen sinnvoll. Dabei werden Diktiergeräte verwendet, die eine Wiederholung und Kontrolle ermöglichen. Wenn Sozialpartner zur Verfügung stehen, kann man denen den Stoff erzählen; wenn nicht, kann man ihn sozusagen einem unsichtbaren Freund erklären.

9.3.1 Musik und Rhythmus beim Textlernen

Was in der Lernhilfeliteratur kaum vorkommt, scheint im alltäglichen Lernen eine gewisse Rolle zu spielen, nämlich den Stoff zu „singen" (tatsächlich werden gesungene Texte noch einmal an einer eigenen Stelle des Gehirns gespeichert). Es wird erwähnt, Liedchen aus dem Stoff zu machen (z. B. zu den Melodien von Werbespots oder Ohrwürmern) oder Vokabeln zu singen.

Claudia schreibt: „Beim Lernen der Vokabeln saß ich auf einem Pezzi-Ball. Während des lauten Aufsagens der Vokabeln bin ich mit dem Ball regelmäßig auf und ab gehüpft, dem Rhythmus der Wörter angepasst.

Ein anderer Student singt den Text und geht dabei einen bestimmten Weg. Ist der Text vor dem Ziel des Weges schon zu Ende, fehlte etwas!

Anreichern des Lernstoffes.

Den Stoff mit der eigenen Lebenswelt, mit persönlichen Interessen oder auch nur dem Alltag zu verbinden, ist nicht nur zusätzliche mentale Operation, sondern emotionalisiert den Lerntext auch. Farbige Merkzettel wurden in der Wohnung verteilt und beim Vorbeigehen gelesen und wiedergeben, oder ein Spickzettel wurde in anderen Kontexten wie z. B. der Straßenbahn angeschaut. Der Ort ist in den Texten und Aufzeichnungen nämlich auch eine wichtige Abrufhilfe:

> **Kurt:** „Ich wusste, wo in meinen Lernunterlagen Aufzeichnungen zu den einzelnen Themen waren. Bei den Fragen in der Prüfung konnte ich quasi innerlich in den Unterlagen nachschlagen und mich orientieren, wo die Antwort stand, um sie zu rekapitulieren." Auch der Lernort kann zum Abrufreiz werden: „Wenn man darüber nachdenkt, wo man gelernt hat, fällt einem der Stoff leichter wieder ein."

Aus der Schule und aus Klassenarbeiten stammt die Angewohnheit, Spickzettel anzufertigen. Sie werden in den Prüfungen oft gar nicht mehr gebraucht, weil man sich gerade durch die mentalen Aktivitäten beim Anfertigen des Spickzettels intensiv mit dem Stoff beschäftigt und ihn dabei schon ganz automatisch gelernt hat. Auch die spezielle visuelle Form des Spickzettels (z. B. farbige Markierungen) begünstigt die Erinnerung:

> **Beispiel**
>
> **Julia:** „Ich sah den Pfuschzettel quasi vor meinem inneren Auge."
> Einer Studentin gefiel es, ihre Karteikarten besonders schön zu gestalten. Das Lernen kam dann automatisch hinzu.

Eine tiefere und sehr lernfördernde Verarbeitung des Stoffes ist es, wenn man wie Christoph eine Besprechung des Lernbuches schreibt oder einen eigenen Kommentar zum Text entwirft.

9.4 Wörtliches Lernen (Auswendig-Lernen)

Beim Auswendiglernen können Bilder helfen: Zum Beispiel sollte in der Grundschule ein Gedicht auswendig gelernt werden. Es half, ein Bild für jede Strophe zu malen und darunter Stichworte zu schreiben. Beim Auswendiglernen wurden Begriffe als Bilder auf Orte verteilt (4). Da wurde also die Loci-Technik (vgl. S. xx) nacherfunden.

Auch Vokabeln Lernen ist eine Art Auswendiglernen: Viele Studenten fanden oder erfanden Eselsbrücken. Manchmal verwendeten sie bestehende Eselsbrücken, z. B. beim Lernen der Hirnnerven. Den Stoff mit Bewegung zu verbinden, schafft sicher eine zusätzliche Erinnerungsspur, die ihre eigenen Speichermöglichkeiten erschließt. Eine Studentin berichtet, die Vokabeln beim Lernen mit großen Armbewegungen in die Luft geschrieben zu haben (s. o.).

9.5 Lernen von Bewegungsfolgen

Beim Lernen von Bewegungsfolgen, beim Lernen des Tanzens, des Jonglierens, des Schwimmens oder des Griffschemas beim Gitarre-Spielen, hilft es den Befragten, wenn sie sich ein Schema der Bewegungsfolge zeichnen. Die Schritte eines Tanzes machte sich Julia anhand von gezeichneten Strichmännchen klar.

Beim Lernen des Hürdenlaufes macht sich der Lernende die Phasenstruktur der Bewegungsfolge visuell klar. Es hilft nicht nur, die Bewegung zu üben, sondern sich auch immer wieder vorzustellen, wie man die Bewegung vollzieht. Das gilt auch für den Neuaufbau von Verhaltensweisen in der Rehabilitation nach medizinischen Eingriffen, z. B. nach Hüftoperationen oder zur Gewöhnung an Prothesen.

10

Lernen, Angst und Kränkung

Lernen kann mit Gefühlen von Glück und Zufriedenheit verbunden sein. Ja, es kann sich so etwas wie ein Gipfelerlebnis *(flow)* einstellen, das das Lernen sogar zu einer intensiven Glückserfahrung werden lässt (Csikszentmihalyi 1985). Dies darf nicht vergessen werden, wenn Angst und Kränkungen im Zusammenhang mit dem Lernen behandelt werden. Nur im Fall von Angst und Frustration ergibt sich ein Handlungsbedarf, und daher stehen diese Gefühle im Folgenden im Vordergrund.

Hier ist aber nicht nur das Individuum therapiebedürftig, sondern auch die Normen und Werte der Gesellschaft sind zu reflektieren. Nach kulturvergleichenden Untersuchungen von Zimbardo (1991) ist die Schüchternheit unter Japanern, Taiwanesen und Deutschen besonders ausgeprägt. Der Autor (Zimbardo 1991, S. 289) erklärt dies damit, dass in Kulturen, in denen Schüchternheit (und damit auch die Angst vor Versagen) verbreitet ist,

> „… man die Kinder spüren läßt, daß ihr Wert und die Liebe, die sie sich von den Erwachsenen wünschen, von ihrer eigenen Leistung abhängt. Sie müssen beweisen, daß sie diese Liebe verdient haben, denn sie leben in einer Welt, in der man so maßvoll ist, den Erfolg für selbstverständlich zu halten und mit Belohnungen höchst sparsam umzugehen, den Mißerfolg dagegen als Schande anzuprangern und an die große Glocke zu hängen."

10.1 Ängstlichkeit und ihre Auswirkungen auf Lern- und Prüfungssituationen

Ungünstige Lebenserfahrungen in Leistungssituationen, z. B. durch Überforderung oder auch durch Unterforderung (die Eltern trauen mir nicht zu, dass ich das kann), durch die Erfahrung, dass Anerkennung und Liebe der Eltern verloren gehen, wenn die erwarteten Leistungen ausbleiben sowie Beschämungen und Kränkungen bei Misserfolgen in und außerhalb der Schule, können zu Ängstlichkeit führen.

Ängstliche Menschen interpretieren Leistungssituationen schneller als bedrohlich für ihr Selbstwertgefühl, entwickeln in solchen Situationen eher und intensiver Angst und sind für zukünftige Aufgaben weniger motiviert. Sie glauben nicht, dass sie über ausreichende Kenntnisse und Fähigkeiten verfügen oder dass sie durch zusätzliche Anstrengung mehr Erfolg haben können. Deshalb beginnen sie, Leistungsanforderungen aus dem Wege zu gehen und sich dadurch vor der Bedrohung ihres Selbstwertgefühls durch Misserfolge zu schützen.

Unsicherheit über den eigenen Kenntnisstand

Fehlende Informationen über die Prüfungsanforderungen und über den eigenen Leistungsstand begünstigen die Entwicklung von Angst. Dazu trägt bei, dass durch die große Anzahl der Studierenden die Betreuung seitens der Lehrenden oft ungenügend ist. Besonders die ängstlicheren Studierenden neigen dazu, die Auswirkungen der ungünstigen Studierbedingungen als persönliche Defizite zu interpretieren und verlieren den Mut, sich zur Prüfung zu melden.

Hier kann das Einholen von Informationen über die Prüfungsanforderungen, Eigenheiten und Spezialgebiete der Prüfer sowie die regelmäßige Überprüfung des Wissens in der Zusammenarbeit mit anderen Prüflingen die Unsicherheit reduzieren helfen. Manche Dozenten bieten spezielle Kurse und Gespräche zur Vorbereitung auf die Prüfungen an. Gerade ängstliche Studierende sollten diese Chance für sich nutzen.

Stellen sich die Ängstlichen den Leistungsanforderungen ohne spezielle Vorbereitung, weil sie ihnen nicht ausweichen können, dann erleben sie in den Prüfungen oft massive Angst, die dann wiederum zur Ursache für ein tatsächliches Versagen werden kann.

Denkmuster und Lernangst

Erfolgszuversichtliche und misserfolgsängstliche Lerner unterscheiden sich darin, wie sie sich ihre eigenen Erfolge und Misserfolge selbst erklären.

Wenn der zuversichtliche Lerner einen Erfolg hat, dann erklärt er sich diesen damit, dass er innerlich zu sich sagt: „Ich bin tüchtig und intelligent. Außerdem habe ich mich angestrengt. Deshalb hatte ich Erfolg." Bei Misserfolg sagt er sich: „Die Aufgabe war zu schwer, und ich habe mich auch nicht genug angestrengt. Es war vielleicht auch ein bisschen Pech, dass ich gerade die Fragen bekommen hatte, auf die ich nicht so gut vorbereitet war." Mit diesen Erklärungen stabilisiert er sein positives Selbstwertgefühl, schützt es vor der Bedrohung durch den Misserfolg und kann sich optimistisch neuen Herausforderungen stellen.

Der misserfolgsängstliche Lerner erklärt sich einen Misserfolg (z. B. eine schlechte Note in der Mathematikarbeit) mit seiner Unfähigkeit. „Ich bin zu dumm, ich bin mathematisch unbegabt." Schreibt er jedoch eine gute Arbeit, dann sagt er sich: „Die Aufgaben waren sehr leicht, ich hatte einfach Glück." Auf diese Weise bestätigt er sich immer wieder in seiner ungünstigen Sicht von sich selbst.

- Solche negativen Denkmuster führen dazu, dass Misserfolgsängstliche viel Energie darauf verwenden, ihr bedrohtes Selbstwertgefühl zu schützen und dafür Strategien einsetzen, die zu weiteren Versagenserfahrungen mit den damit verbundenen negativen Gefühlen der Angst und Verzweiflung führen.
- Misserfolgsängstliche führen häufig entmutigende, abwertende und resignative „Selbstgespräche" („Ich werde das nie schaffen, der Prüfer wird genau das fragen, was ich nicht gut kann, usw.").
- Misserfolgsängstliche entwickeln häufig innere Bilder, in denen sie sich als Versager sehen, oder lassen Filme vor ihrem inneren Auge ablaufen, in denen sie „sehen" wie die befürchtete Katastrophe „wirklich" eintritt.
- Misserfolgsängstliche setzen sich unrealistisch hohe oder viel zu niedrige Ziele: Bei zu hoch angesetzten Zielen können sie sich einen Misserfolg mit der Schwierigkeit der Aufgabe erklären. Sehr niedrige Ziele können ohne Versagensrisiko bewältigt werden.
- Misserfolgsängstliche leiden unter Gefühlen der Unlust, Angst und Verzweiflung. Sie trödeln, verfallen in kindliche Verleugnung des Misserfolgs oder machen andere dafür verantwortlich (z. B. „die Gesellschaft").

- Misserfolgsängstliche verwenden seltener geeignete Lösungs- bzw. Lernstrategien, schweifen von der Aufgabenstellung ab und richten ihre Aufmerksamkeit auf aufgabenirrelevante Informationen.
- Misserfolgsängstliche vermeiden die Überprüfung ihres Wissens durch Selbsttests oder durch Freunde, Bekannte, Kommilitonen, Kollegen usw. Sie „gehen aus dem Feld", d. h., sie stellen sich den Anforderungen gar nicht mehr, melden sich nicht zu Prüfungen an, ziehen sich zurück und entwickeln u. U. sogar Krankheiten.
- In Prüfungen sind Misserfolgsängstliche dann aufgeregter, leichter blockiert, oft auch schlechter vorbereitet und erzielen schlechtere Noten als sie aufgrund ihrer Fähigkeiten und Möglichkeiten erreichen könnten.

Diese negativen Erfahrungen verstärken die negativen Erwartungen und leiten die nächste Runde in diesem Teufelskreis ein. Misserfolgsängstliche glauben dann häufig nicht mehr daran, dass sie ihre Situation verändern und ihr Schicksal meistern können. Sie sind entmutigt und übertragen die unangenehmen Gefühle und die Angst dann auf die Lernsituationen. Das Lernen selbst, ja sogar manchmal der Schreibtisch oder die Lernumgebung werden zu automatischen Auslösern von Unlust und Angstgefühlen, die den Lernprozess behindern oder zu neuen Ausweichmanövern führen.

Die verschiedenen ungünstigen Verhaltensweisen, Selbstgespräche, inneren Bilder und Gefühle bedingen sich gegenseitig und können sich zu dem in der Grafik noch einmal veranschaulichten Teufelskreis entwickeln (Abb. 10.1).

Abb. 10.1 Der Teufelskreis des Misserfolgsängstlichen

Selbstdiagnose und Selbsthilfe

Wenn mehrere dieser Merkmale (1–7) auf Sie zutreffen, könnten Sie zu den misserfolgsmotivierten, leistungsängstlichen Menschen gehören. Sie können einen weiteren Hinweis auf Ihre Einstellung zu Leistungssituationen bekommen, wenn Sie folgenden Versuch machen:

▶ Schauen Sie sich Abb. 10.2 sorgfältig an. Schreiben Sie dann eine kurze, möglichst realistische und spannende Geschichte zu diesem Bild. Halten Sie, möglichst in wörtlicher Rede, fest, was die Person denkt. Wie geht die Geschichte aus? Am Ende von Abschn. 10.1 finden Sie Kriterien, nach denen Sie diesen kleinen Selbstversuch auswerten können. Es handelt sich dabei allerdings nicht um einen sicheren Test, sondern das Resultat soll Ihnen lediglich einen kleinen Hinweis geben, dem Sie weiter nachgehen können.

Abb. 10.2 Die Messung des Leistungsmotivs. (Aus: Zimbardo 1991)

Der berühmte Psychologe Ellis (1982, S. 84 f.) fand bei vielen seiner Patienten „die Vorstellung, daß die eigene Vergangenheit entscheidenden Einfluss auf unser gegenwärtiges Verhalten hat und daß etwas, das sich früher einmal auf unser Leben auswirkte, dies auch weiterhin tun müsse". Er hält diese Überzeugung für einen fatalen Denkfehler, der korrigiert werden muss. Wir stimmen zu, dass frühere Erfahrungen unser Leben beeinflussen, allerdings sind Menschen sehr flexibel und können umlernen. Das bedeutet: Der in dem Teufelskreis beschriebene negative Prozess lässt sich umkehren! Nach dem gleichen Prinzip wie negative Erfahrungen zu einer sich aufschaukelnden negativen Entwicklung führen können, können einzelne positive Veränderungen und Erfahrungen mit der Zeit zu Freude am Lernen und Erfolg in Prüfungen führen.

Wir möchten Sie ermutigen (vielleicht auch „verführen"), einige Schritte zur Veränderung einzuleiten. Dazu haben wir zu den einzelnen Punkten 1 bis 7 aus dem Teufelskreis im Folgenden einige bewährte und erprobte Vorschläge zu machen. Doch zuvor: Motivieren Sie sich selbst!

Verzagten Prüflingen, die viele Misserfolge hatten und nicht mehr glaubten, all die notwendigen Veränderungen bewältigen zu können, erzählen wir oft (mit Erfolg) folgende Begebenheit:

> **Beispiel**
>
> Vor einigen Jahren ging ein sensationeller Bericht durch die Presse: In Kanada war ein 9-jähriges Mädchen mit einem sehr alten Boot hinaus auf einen großen See gerudert. Dabei hatte es die Strömungs- und Windverhältnisse unterschätzt und war weit vom Ufer hinweggetrieben worden. Ganz weit draußen, außer Seh- und Hörweite vom Land, hatte sich das Boot voll Wasser gesogen und war gesunken. Das Mädchen hatte es, zur Verblüffung und zum Erstaunen aller Fachleute und Rettungskräfte, geschafft, bis zum Ufer zurückzuschwimmen. Dort wurde es, zwar entkräftet, aber gesund, gefunden. Niemand konnte sich erklären, wie es das Mädchen geschafft hatte, aus eigener Kraft diese riesige Strecke zurückzuschwimmen. Psychologen befragten das Mädchen, wie es diese Leistung vollbringen konnte und erhielten eine verblüffende Antwort. Das Mädchen sagte: „Ich wusste die Richtung, und dann bin ich einfach losgeschwommen. Immer wenn ich müde wurde, habe ich gedacht: Jetzt noch einen Schwimmzug und dann wieder einen. Ich habe immer nur an den nächsten Schwimmzug gedacht und dann wieder an den nächsten Zug. Und auf einmal war ich an Land." Die Fachleute waren sich einig darin, dass das Mädchen ertrunken wäre, wenn es sich mit den Gedanken an die weite Strecke, die es zurücklegen musste, beschäftigt hätte. Aber es hatte ja immer nur gedacht: „Ich mache jetzt noch einen Zug, und dann mache ich wieder einen Zug" und so weiter und so weiter.

Jetzt können Sie mit den einzelnen Veränderungsschritten beginnen, indem Sie die folgenden Anregungen (zu den Punkten 1 bis 7 aus dem Teufelskreis) umsetzen. Denken Sie daran, nach jeder erfolgreichen Woche mit einer vorher geplanten Belohnung (Verabredung mit dem Freund, Kinobesuch, Kauf einer Lieblings-CD usw.) die Motivation so lange zu unterstützen, bis das Lernen selbst Ihnen soviel Bestätigung gibt und Freude macht, dass Sie auf diese zusätzlichen Anreize verzichten können.

1. Veränderung der Selbstgespräche

▶ Bei Kindern kann man oft beobachten, dass sie ihr Verhalten durch Selbstgespräche steuern. So spricht z. B. die 4-jährige Ulrike, die damit beschäftigt ist, verschieden geformte Klötze in die richtigen Löcher einer Steckbox einzupassen, zu sich selbst: „Das passt nicht" – Pause – „Das muss ich drehen" – Pause – „Das geht nicht" – Pause „Das muss kleiner sein" – „Das passt!"

Ähnliche Beobachtungen machte der Wissenschaftler Meichenbaum (1979) bei schizophrenen Patienten. Diesen gelang es, ihre störenden Gedanken bei der Ausführung von Aufgaben besser zu kontrollieren, indem sie die Anweisungen für die Aufgaben spontan vor sich her sprachen.

Impulsive Kinder, die viele Fehler bei ihren Schulaufgaben machten, lernten erfolgreich sorgfältiger zu arbeiten, indem sie schrittweise ihre inneren Selbstgespräche veränderten. Die gleiche Methode führte bei Erwachsenen, die unter starken Ängsten litten, zum Abbau dieser Belastung (Franks und Wilson 1980).

Auch viele gesunde Erwachsene sprechen laut zu sich selbst, wenn sie sich unbeobachtet fühlen. Ganz unbemerkt begleitet auch bei Erwachsenen ein inneres Sprechen die Aufgabenbearbeitungen. Ihre Aufgabe ist es nun, sich des inneren Dialoges bewusst zu werden und diesen eventuell zu verändern.

> ▶ **Übersicht**
>
> Fertigen Sie nun eine Tabelle mit zwei Spalten an. In der erste Spalte notieren Sie Ihre negativen Selbstgespräche, die Sie im Zusammenhang mit Lernen und Prüfungen führen. Sie können diese negativen Aussagen finden, indem Sie sich Ihre Formulierungen zu Abb. 10.2 noch einmal ansehen. Sie können sich auch in Leistungssituationen selbst beobachten oder sich an Leistungssituationen erinnern.
> Zu jeder negativen Formulierung entwickeln Sie eine Alternative, die konstruktiv, hilfreich, ermutigend und positiv ist. Sie üben dann, nach und nach Ihre negativen Selbstgespräche durch die gefundenen positiven zu ersetzen.

Beispiel

Negative Selbstverbalisation	Positive Alternative
Diese Aufgabe war leicht, die nächste wird viel schwerer.	Ich habe diese Aufgabe geschafft, dann schaffe ich auch die nächste.
In Mathematik bin ich unbegabt.	Schritt für Schritt werde ich Mathematik verstehen.
Die Prüfung werde ich nie schaffen.	Mit guter Vorbereitung werde ich Erfolg haben.
Ich habe überhaupt keine Lust zum Lernen.	Ich fange jetzt an und werde befriedigt genießen, dass ich die Aufgabe erledigt habe.
Ich kann mich nicht konzentrieren.	Meine Gedanken bleiben bei der Aufgabe. Der nächste Schritt ist …
Beim Vortrag werde ich keinen Ton herausbringen.	Ich werde tief durchatmen und ruhig sprechen. Denkpausen sind erlaubt.

2. Veränderung der inneren Bilder

Innere Bilder können starke Wirkungen auf Gefühle und Verhalten haben.

▶ Entwerfen Sie, wann immer sie gerade einige Minuten Zeit haben (in der Straßenbahn, beim Warten in der Schlange vor der Kasse im Supermarkt, in den Pausen zwischen den Unterrichtsstunden, wenn Sie einfach nur einmal herumsitzen und dösen), ein inneres Bild, in dem Sie sich sehen, wie Sie Ihr Problem mit Erfolg bewältigen.

Wenn eine Ihrer Schwierigkeiten darin besteht, dass Sie häufig sehr lange brauchen, bis Sie überhaupt mit der Arbeit beginnen (manche Menschen kreisen tagelang um den Schreibtisch herum, ohne sich hinzusetzen und mit der Arbeit zu beginnen), dann stellen Sie sich detailliert vor, wie Sie sich Ihrem Arbeitsplatz (oder eben einem anderen Platz, der nun Arbeitsplatz wird) nähern, die notwendigen Unterlagen dort platzieren, einen ersten Satz hinschreiben, dann den zweiten Satz, den dritten Satz usw. So bringen Sie Schritt für Schritt die Aufgabe zu einem erfolgreichen Ende. Wichtig für diese Vorstellung ist, dass sie immer zu einem guten Erfolg führt. Sie können sich dazu noch vorstellen, wie Sie dann in diesem Bild zu sich selbst sagen: „Das habe ich wirklich gut gemacht, ich kann mit mir zufrieden sein."

Auch wenn Ihnen solche Maßnahmen zunächst etwas fremd, vielleicht auch lächerlich vorkommen mögen, nach einigen Wiederholungen werden

Sie spüren, dass sich Ihre Einstellung ändert und dass Sie erfolgszuversichtlicher und leichter an die Arbeit gehen. Die Vorstellungen werden zum Modell für wirkliches Verhalten. Die Visualisierung ist eine der mächtigsten Möglichkeiten der Selbstbeeinflussung. Viele Menschen leiden an ungünstigen inneren Bildern, die man durch Übung in positive Bilder verändern kann.

▶ Sollten Sie sich häufiger von negativen Bildern, die sie nicht kontrollieren können, gestört fühlen, dann hilft ein kleiner Trick: Streifen Sie ein etwas kräftigeres Gummiband (ein Gummiring, wie man ihn in Büros verwendet, geht auch) um Ihr Handgelenk. Wenn die störenden Bilder auftauchen, rufen Sie laut (wenn Sie nicht allein sind, leise) „Stopp!", ziehen den Gummiring an und lassen ihn gegen das Handgelenk schnellen. Durch diese „Selbstbestrafung" können Sie die negativen Bilder beseitigen. Sobald die Vorstellung verschwindet, ersetzen Sie sie durch eine positive, z. B. die Erinnerung an einen wunderschönen Urlaubstag am Strand, wo die Sonne Sie angenehm wärmte, Sie den Wind auf Ihrer Haut fühlten, dem beruhigenden Rauschen des Meeres lauschten, die geschickten Flugmanöver der Möwen beobachteten und Sie nun den typischen Geruch nach Salz und Tang wieder in Ihrer Nase haben.

Ergebnisse zahlreicher Studien bestätigen in der Tendenz, dass entsprechende Vorstellungen die Entwicklung der nachfolgenden Ereignisse positiv beeinflussen (zusammenfassend: Ludwig 2000).

3. Realistische Ziele setzen

▶ Bevor Sie auf eine Prüfung, ein Referat, einen Vortrag, eine Klassenarbeit oder eine andere wichtige Anforderungssituation hinarbeiten, setzen Sie sich ein konkretes Ziel. Dieses Ziel sollte weder zu hoch noch zu niedrig gesteckt sein. Der wichtigste Maßstab für die Zielsetzung sind die vergangenen Leistungen in dem entsprechenden Bereich. Es ist völlig unrealistisch und führt in ungünstige Arbeitshaltungen, wenn das Ziel zu hoch gesteckt wird. Ein Schüler, dessen Noten im Durchschnitt des letzten Jahres immer bei 4,0 lagen, kann sich für die nächste Arbeit eine 4+ oder eine 3– als Ziel setzen. Nach einer nicht bestandenen Prüfung ist das realistische Ziel für die Wiederholungsprüfung die Note, die gerade noch zum Bestehen ausreicht (in der Regel ist dies die Note „ausreichend").

Die Autoren haben mit Erfolg viele Studierende betreut, die bei anderen Prüfern einmal oder gar mehrfach „durchgefallen" waren. Die von den

Autoren in diesen Fällen geforderte Bedingung für eine Betreuung war die Bereitschaft der Kandidaten, nur auf die Note hinzuarbeiten, die gerade noch zum Bestehen der Prüfung reicht. Beharrte ein Kandidat (was sehr selten der Fall war) auf der Orientierung zu einer sehr guten Note, wurde die Betreuung abgelehnt. Erfreulicherweise – und für die Autoren nicht überraschend – erreichten die Kandidaten dann oft bessere Bewertungen als das angezielte „ausreichend".

Die Abschätzung einer realistischen „Zielhöhe" kann schwierig sein, wenn noch keine Vorleistungen erbracht wurden. In diesem Fall kann man sein Wissen mit anderen Lernenden oder solchen, die die Prüfung bereits absolviert haben, austauschen und sich mit diesen vergleichen. Häufig ist es möglich, den eigenen Wissensstand zu überprüfen, indem Testbögen aus früheren Prüfungen oder Klausuren bearbeitet werden. Dies ist z. B. eine sehr wichtige Strategie der Vorbereitung auf die Führerscheinprüfung.

> So, wie zu hohe Ziele anzustreben, ist es auch ungünstig, seine Ziele zu niedrig anzusetzen. Zu niedrige Ziele zu setzen wirkt ungünstig, weil der Erfolgsanreiz dann zu gering ist oder gar Resignation einsetzt. Bei Unsicherheit über die Zielhöhe sollte diese jedoch eher zu niedrig als zu hoch gewählt werden, um auf jeden Fall die entmutigende Erfahrung eines weiteren Misserfolgs auszuschließen.

4. Lernangst und Unlust abbauen

Durch Misserfolge kann das Lernen selbst zu einer Tätigkeit werden, die von Unlust und innerer Anspannung begleitet ist. Auf dem Wege unbewusst ablaufender Lernprozesse kann dann die übliche Lernumgebung, z. B. der eigene Schreibtisch, zu einem Signal für Lernangst und Unlust werden. So wie bei dem Hungrigen durch den Geruch oder den Anblick eines guten Essens automatisch Speichel produziert wird (mir läuft das Wasser im Mund zusammen), so kann der Anblick des Schreibtisches reflexhaft negative Gedanken, Unlustgefühle und Anspannung auslösen.

Intuitiv hat der Abiturient Wolfram dies festgestellt, indem er berichtet, dass er an anderen Plätzen als an seinem Schreibtisch lieber und besser lernt. Obwohl die Umgebung objektiv ungünstiger zum Lernen ist, sitzt er mit seinen Büchern nach Möglichkeit am Küchen- oder am Wohnzimmertisch und arbeitet dort konzentrierter und entspannter.

▶ Es kann also durchaus hilfreich sein, sich verschiedene Arbeitsorte zu suchen und diese auszuprobieren. So wird der Wissensstoff auch an vielfältigere Umwelten gekoppelt und ist leichter abrufbar.

Als gesichert kann die bereits von Darwin (1872) formulierte Theorie gelten, dass Mimik und das Erleben bestimmter Gefühle genetisch fest miteinander verkoppelt sind. Trauer, Wut, Freude, Ekel, Überraschung und Angst werden von Angehörigen unterschiedlichster Kulturen auf gleiche Weise mimisch ausgedrückt. Für uns bedeutet das: Ein Gefühl erzeugt den Ausdruck (Mimik), es lässt sich aber auch umkehren. Das heißt ein bestimmter mimischer Ausdruck führt zu dem dazugehörigen Gefühl. Ekman et al. (1983) gingen dieser Annahme nach und zeigten in ihren Untersuchungen, dass tatsächlich der bloße Ausdruck eines Gefühls dieses Gefühl auch erzeugt. Wenn die Versuchspersonen ihre Gesichtsmuskeln so bewegen, wie sie es tun, wenn sie sich freuen, dann stellt sich das Gefühl der Freude auch ein.

Zusammengepresste Lippen treten eher bei unangenehmen Gefühlen wie Ärger oder Angst auf, leicht geöffnete Lippen mit nach hinten gezogenen Mundwinkeln entsprechen dem Lächeln und der Freude. Wenn Sie bei einem Selbstversuch einen Bleistift nur mit den zusammengepressten Lippen festhalten, dann können Sie bemerken, dass Ihre Stimmung eher negativ wird (Abb. 10.3a). Wenn Sie dann den Bleistift nur mit Ihren Zähnen halten, sodass er die Lippen nicht berührt, erzeugen Sie die Mimik von Freude und bemerken auch bald den Wechsel des Gefühls. Ein Bleistift „zwischen den Zähnen", während Sie am Schreibtisch sitzen, kann also helfen, das Lernen mit positiven Gefühlen zu verbinden (Abb. 10.3b).

Abb. 10.3 a,b Bleistift mit zusammengepressten Zähnen und mit den Lippen festhalten

Der geniale Psychotherapeut Milton Erickson nutzte diese Erkenntnis zur Behandlung depressiver und ängstlicher Patienten. Er motivierte sie, nur so zu tun, als ob sie fröhlich oder glücklich seien. Durch die veränderte Mimik veränderte sich auch das Gefühl der Patienten. Unterstützend wirkte in diesen Fällen, dass die Mitmenschen auf die fröhliche Mimik positiv reagierten. Sie gingen spontan freundlicher und netter auf die Patienten ein. Damit wurden ein Prozess der Neubewertung der Lebenssituation eingeleitet und Wege aus der Depression möglich.

5. Die Konzentration verbessern und effektiver lernen

Viele unserer Studierenden, die in Prüfungen versagt hatten, berichteten auf unsere Fragen nach ihrer Vorbereitung, dass sie „gelesen" und „immer wieder gelesen" hätten. Bei der Überprüfung ihres Wissens haben sie dann oft festgestellt, dass „wenig hängengeblieben" war. Es ist verständlich, dass Studierende den Mut verlieren und immer weniger Lust am Lernen und immer mehr Angst vor Prüfungen entwickeln, wenn sie feststellen müssen, dass sie trotz ständiger Wiederholungen des Stoffes und des damit verbundenen hohen Zeitaufwandes kaum etwas gelernt haben.

Gerade ängstliche Lerner verwenden weniger effektive Lernstrategien und schweifen mit ihren Gedanken häufig von den zentralen Aspekten der Aufgaben ab (Edmunson und Nelson 1976; Dusek 1980). Hochängstliche Kinder blicken bei Leistungstests häufiger auf den Lehrer oder andere Bewertungspersonen und verfügen damit über weniger Verarbeitungskapazität für die Aufgaben (Wine 1980). Das Anfertigen von Zusammenfassungen, Gliederungen, hierarchischen Abrufplänen oder die Verwendung von Orientierungsaufgaben oder Mnemotechniken zentriert die Aufmerksamkeit auf die Aufgabe und verhindert damit zugleich das Auftreten störender Gedanken. Bereits durch das einfache Benennen der zu lernenden Begriffe erzielten hochängstliche Kinder die gleichen Gedächtnisleistungen wie niedrigängstliche Kinder (Dusek 1980). Wir möchten Sie ermutigen, die von uns beschriebenen Lernstrategien einzusetzen. Wenn man weiß, wie man effektiver lernt und merkt, dass man Erfolg hat, wird das Lernen weniger aversiv.

6. Das Vermeiden vermeiden

Wenn sich Unlust zum Lernen und Angst vor Prüfungen bereits eingestellt haben, dann ist die einfachste – zugleich jedoch auch die schlechteste – Form der Bewältigung dieser unangenehmen Gefühle die Vermeidung.

Alle Verhaltensweisen, die zur Verringerung von Unlust und Angst führen, tendieren dazu, immer häufiger aufzutreten. Werden die unangenehmen Gefühle durch lösungsorientierte Maßnahmen beendet (angemessene Ziele setzen, planvolles Lernen, Einsatz effektiver Lernstrategien), dann entwickelt sich im Laufe der Zeit eine konstruktive Eigendynamik, und der Erfolg stellt sich ein. Umgekehrt: Führt die Unlust und Angst dazu, die Arbeit zu beenden, wenn es gerade einmal schwierig wird, zu trödeln, sich ins Kino zu flüchten, statt zu lernen, und die Anmeldung zur Prüfung immer weiter vor sich herzuschieben, dann wird die Angst immer stärker, und das ungünstige Verhalten nimmt immer mehr zu.

Wichtigster Ansatzpunkt, um aus einer solchen Entwicklung herauszukommen, ist die Erstellung und Einhaltung eines Arbeitsplanes (Kap. 2). Dazu gehört auch die regelmäßige Überprüfung des Lernfortschritts durch Selbstüberprüfung (z. B. in Form von Bearbeitung von Übungsaufgaben aus Lehrbüchern) und, wenn möglich, durch Rückmeldung von anderen Prüfungskandidaten, Lehrkräften oder auch Freunden und Bekannten.

Ängstlichen Menschen fällt es auch dann oft noch schwer, sich endgültig zur Anmeldung zur Prüfung zu entscheiden. Sie glauben, sie müssten alles wissen oder können. Hier können auch interne Visualisierungen helfen, in denen sich der Prüfling vorstellt, wie er erfolgreich die Prüfung besteht, obwohl er die eine oder andere Wissenslücke offenbaren musste. Auch die Selbstsuggestion: „Ich habe gut gelernt und werde Erfolg haben" ermutigt, sich der Prüfung zu stellen.

> Eine geplante und sorgfältige Vorbereitung ist die wichtigste Maßnahme, um Prüfungsangst abzubauen. Wer unvorbereitet in Prüfungen geht, reagiert völlig situationsangemessen, wenn er dann Angst hat.

7. Motiviert und konzentriert Prüfungen bestehen

Eines der Hauptprobleme vor Prüfungen ist *die Angst vor der Angst*. Da das Lernen häufig im Kontext von Prüfungen oder anderen Leistungssituationen steht, kann sich die Angst vor der Angst auch auf das Lernen selbst ungünstig auswirken.

Bei Befragungen, die wir vor Prüfungen durchführten, wurde die Angst vor einem *totalen Blackout*, dem Steckenbleiben oder dem Fadenriss am häufigsten genannt. Diese Ängste sind insofern unrealistisch, als dass kaum ein Prüfling schon einmal eine solche Situation erlebt hat. Tatsächlich kommt sie in Prüfungen auch so gut wie nie vor. Die Autoren haben, zusammen mit anderen Kolleginnen und Kollegen, im Verlauf von 20 Jahren ca. 5000 Prüfungen durchgeführt und in Seminaren unzählige Vorträge und Referate gehört. Nur ein einziges Mal kam es zu dem so viel gefürchteten totalen Blackout, und dieser hatte auch einen sehr speziellen Hintergrund. Natürlich ist es sehr häufig, dass man in einer Prüfung oder während eines Vortrags einmal den Faden verliert, aber dann ging es nach einer kurzen Phase der Irritation immer wieder weiter.

▶ Diese rationale Argumentation reicht jedoch oft nicht aus, um die Angst zu reduzieren. In Rollenspielen und in Übungen in der Vorstellung kann man lernen, dass der Prüfling selbst in dieser schwierigen Situation nicht völlig hilflos ist. So kann z. B. ein Freund die Rolle des Prüfers übernehmen und ein anderer die Rolle des Prüflings. Der „echte" Prüfling kann dann beobachten und damit auch lernen, wie man eine solche Situation (die wahrscheinlich nie eintreten wird) bewältigt. So kann man den Prüfern seine Verwirrung eingestehen und um etwas Zeit oder um eine Hilfe bitten. Eine andere Technik ist die des „qualifizierten Ratens", mit der der Rollenspielprüfling eingesteht, dass er jetzt nicht ganz sicher ist, ob seine Überlegungen passend sind, aber es einfach einmal probieren möchte. Auch körperliche Bewegung (z. B. das Hin- und Herrutschen auf dem Stuhl kann aus der geistigen Erstarrung führen).

Die „Rollenspielprüfer" sollten grundsätzlich kooperativ sein und den Prüfling stützen und ihm auf angemessene Weise aus seinem Dilemma helfen.

Danach kann der „echte" Prüfling diese Übung mit einem wohlwollenden Rollenspielpartner selbst durchführen und solange üben, bis er verschiedene schwierige Situationen im Spiel meistern kann. Durch die Erfahrung, etwas tun zu können, wird die Vorstellung, den Prüfern hilflos ausgeliefert zu sein, abgebaut, und zugleich werden realistische Möglichkeiten der Bewältigung schwieriger Situationen eingeübt.

Wenn keine Rollenspielpartner zur Verfügung stehen, kann der Prüfling sich möglichst entspannt hinlegen (eine Entspannungstechnik ist hier hilfreich) und in seiner Vorstellung diese Schwierigkeiten meistern.

> ► **Verhalten in der mündlichen Prüfung**
>
> Wenn Sie wählen dürfen, mit welchem Bereich/Gebiet/Thema die Prüfung beginnen soll: Fangen Sie mit dem an, was Sie am besten können. Bieten Sie dies aktiv (Vortrag) an. Die Prüfer sind dankbar, wenn sie Ihnen nicht alles einzeln aus der Nase ziehen müssen.
>
> Drängen Sie aber auch den Prüfern nichts auf, sondern gehen Sie auf ihre Fragen ein.
>
> Es ist realistisch zu erwarten, dass Sie einmal eine Frage nicht beantworten können. Damit fällt niemand durch! Fragen Sie nach, wie der Prüfer die Frage gemeint hat, bitten Sie eventuell um Hilfen, das ist legitim. Wenn Sie zu dem Thema überhaupt nichts sagen können, gestehen Sie die Lücke ein, beißen Sie sich nicht fest. Die Prüfung ist kurz, und Sie müssen dafür sorgen, Ihr Wissen loszuwerden.
>
> Wenn Sie etwas nicht genau wissen, wagen Sie ruhig, Ihre Vermutung auszusprechen. Oft wird von Ihren Gedanken etwas richtig sein, woran der Prüfer anknüpfen kann (Kugemann 1997).
>
> Denken Sie aber auch laut: Sie zeigen dem Prüfer damit, wie Sie zu Ihren Überlegungen kommen. Das interessiert ihn und gibt ihm die Chance, Ihnen zu helfen. Sie brauchen nicht „druckreif" zu reden.
>
> Eine gepflegte äußere Erscheinung kann Ihre eigene Sicherheit stützen und einen positiven Eindruck beim Prüfer hervorrufen.

Eine bewährte Therapie gegen Angst

Eine besonders wirksame und erprobte Maßnahme für Prüfungsängstliche ist die Durchführung einer *systematischen Desensibilisierung*. In der Regel wird diese Technik von Psychotherapeuten angewandt.

Wenn Sie sich an die vorgegebenen Instruktionen halten, können Sie eine solche Desensibilisierung auch selbst durchführen (dazu finden Sie im Folgenden einige Anregungen). Zunächst schildern wir einmal, wie man in der Therapie vorgeht. Professor Wolpe (1974), der diese Technik entwickelt hat, charakterisiert sie durch drei getrennte Operationen:

1. Erlernen einer Entspannungstechnik,
2. Erstellung von Angsthierarchien,
3. im entspannten Zustand Konfrontation mit den angsterzeugenden Reizen aus der Hierarchie. Dies kann in der Realität, aber auch fast ebenso wirksam in der Vorstellung geschehen.

Wolpe empfiehlt als Entspannungstechnik die progressive Muskelentspannung nach Jacobson (Bernstein und Borkovec 1975). Sie können jedoch auch jede andere Form der Entspannung (z. B. autogenes Training, Meditation) nutzen.

▶ Die einfachste Möglichkeit, sich zu entspannen, ist die Erinnerung an eine sehr angenehme, entspannende Situation aus Ihrem Leben. Erinnern Sie sich vielleicht an einen schönen Sommertag am Strand, fühlen Sie den Wind auf Ihrer Haut, atmen Sie tief und gleichmäßig, stellen Sie sich das weite Meer vor, erinnern Sie sich an das angenehme, beruhigende Rauschen des Meeres usw. Bei dieser Erinnerung wird sich die Entspannung dann ganz von selbst einstellen.

Stellen Sie sich dann ein Element der Angsthierarchie vor. Ein Beispiel für die Vorgehensweise entnehmen wir Wolpe (1974). Behandelt wurde die 24-jährige Kunststudentin „Miss C.", die wegen starker Angst in Prüfungen mehrmals versagt hatte. Neben dieser Prüfungsangst zeigten sich in der Untersuchung noch andere Ängste, die alle mit Menschen zu tun hatten. Es wurden deshalb mehrere Angsthierarchien aufgestellt und mit der Klientin durchgearbeitet. In sieben Therapiesitzungen wurde erreicht, dass die junge Frau auch die schwierigsten Situationen aus den Hierarchien angstfrei bewältigen konnte. Vier Monate später bestand sie ihr Examen ohne Angst.

Beispiel

Ein Beispiel für eine Angsthierarchie in Bezug auf eine Prüfung gibt Wolpe (1974, S. 127):

1. Auf dem Weg zur Universität an einem Prüfungstag.
2. Während der Beantwortung eines Prüfungsfragebogens.
3. Vor den noch nicht geöffneten Türen des Prüfungsraumes.
4. In Erwartung der Austeilung der Prüfungsbogen.
5. Der Prüfungsbogen liegt mit dem Text nach unten vor ihr.
6. Die Nacht vor einer Prüfung.
7. Am Tage vor einer Prüfung.
8. Zwei Tage vor einer Prüfung.
9. Drei Tage vor einer Prüfung.
10. Vier Tage vor einer Prüfung.
11. Fünf Tage vor einer Prüfung.
12. Eine Woche vor einer Prüfung.
13. Zwei Wochen vor einer Prüfung.
14. Ein Monat vor einer Prüfung.

▶ Ihre eigene Angsthierarchie wird nun ganz anders und individuell sein. Suchen Sie einfach einige Situationen, die Ihnen nur wenig Angst bereiten, einige Situationen, die mittlere Angst bereiten, und einige Situationen, die viel Angst bereiten. Diese schreiben Sie nach der Stärke der Angst geordnet auf. Daher kommt die Bezeichnung Angsthierarchie.

Entspannen Sie sich und stellen Sie sich in dem Zustand der Entspannung das leichteste (am wenigsten angsterzeugende) Item Ihrer Hierarchie vor. Halten Sie dieses Bild 20 bis 30 s. Danach wechseln Sie zu Ihrer Entspannungserinnerung zurück. Führen Sie das Gleiche noch einmal durch. Wenn Sie diese Hierarchiestufe ohne Angst auf diese Weise durchgearbeitet haben, gehen Sie zur nächsten Stufe über. Am nächsten Tag können Sie sich die nächsten zwei Punkte der Liste vornehmen.

Sie sollten – wenn möglich – täglich einmal üben. Ein Übungsdurchgang sollte nicht länger als 15 min dauern.

In der Psychotherapie wird in der Entspannung unter Anleitung des Therapeuten solange auf der Liste der Situationen vorangeschritten, wie sich keine Angst zeigt. Im Selbstversuch scheint aber der Ablauf Entspannung – Vorstellung – Entspannung – Vorstellung zu hohe Anforderungen an die steuernde Kontrolle der Situation zu stellen, dass sich auf Dauer dann keine echte Entspannung halten lässt. Daher haben wir die Technik für die Selbstanwendung etwas vereinfacht.

Sollten Sie starke Ängste während dieser Übung verspüren oder sich nicht entspannen können, wenden Sie sich am besten an einen Verhaltenstherapeuten, der Ihnen helfen kann, Entspannung zu lernen und eine optimale Angsthierarchie aufzustellen.

Auswertung des Selbstversuchs (Abschnitt: Selbstdiagnose und Selbsthilfe) Wenn die Person in Ihrer Geschichte denkt, dass sie es schaffen wird, *optimistisch,* zuversichtlich und voll Selbstvertrauen in ihre Fähigkeit ist und die Geschichte insgesamt gut ausgeht, sind Sie selbst auch eher erfolgszuversichtlich.

Wenn das Denken der Person in Ihrer Geschichte *pessimistisch,* verzweifelt, unrealistisch ist und die Geschichte mit einem Misserfolg endet, dann kann dies ein Hinweis sein, dass Sie möglicherweise zu den Misserfolgsängstlichen gehören.

10.2 Beschämungsfreies Lernen

Ein wichtiges Problem beim Lernen ist gar nicht so sehr die geistige Kapazität, sondern man muss die vielen Kränkungen, die den Lernprozess begleiten, überstehen. Man blamiert sich, wenn man etwas falsch macht, wenn man z. B. eine Vokabel nicht weiß, obwohl sie schon so oft vorgekommen ist. Man denkt negativ über sich selbst, wenn man einen Text nicht versteht oder eine Aufgabe wieder nicht lösen kann.

Solche Kränkungen lassen sich kaum vermeiden. Jeder Lernende sollte lernen, sie nicht nur zu ertragen, sondern konstruktiv mit ihnen umzugehen.

Wahrscheinlich sind schon kleine Kinder sehr empfindlich für die Kränkung durch die Korrektur, durch das Besserwissen des Lehrers.

> **Beispiel**
>
> Die 2-jährige Lara z. B. wurde dabei beobachtet, wie sie allein für sich Wörter übte, die sie einmal falsch ausgesprochen hatte. Sie benutzte diese Wörter im Umgang mit anderen solange nicht, bis sie mit dem Ergebnis ihrer Übungen rundum zufrieden war. Dann aber, wenn sie nun das einmal korrigierte Wort wieder aussprach, stimmte es auch.
>
> Auch der 10-jährige Hendrik fürchtet nichts mehr als die Blamage. Wenn ein neuer Lehrer in die Klasse kommt, gibt er keine Antworten mehr. Eine Prüfung im Judoklub verweigerte er wegen der möglichen Blamage, obwohl er einer der besten Schüler war. Es fehlt ihm an dem Selbstbewusstsein, einen Fehler zu überstehen, ohne an sich zu zweifeln.

Gerade das kam auch in Dörners Untersuchungen zu Problemlösungen (1993) in komplexen Situationen heraus, dass nämlich das Selbstbewusstsein der jeweiligen Versuchsperson für den Erfolg in der Aufgabe besonders wichtig war. Denn selbstbewusste Personen konnten sich mit den Ursachen ihrer Fehler, die sie zu Beginn genauso machten wie weniger selbstbewusste Personen, auseinandersetzen und ihre Fehler später vermeiden. Weniger selbstbewusste Personen wollten sich mit den Ursachen ihrer Fehler nicht auseinandersetzen und konnten ihre Leistung deshalb auch nicht verbessern.

Wie wenig sich ganze Generationen von Pädagogen um die tiefen Beleidigungen gekümmert haben, die sie ihren Zöglingen zumuteten, mag die noch heute angewandte Praxis belegen, wenn es darum geht, Sportmannschaften zusammenzustellen. Zwei Mannschaftsführer wählen abwechselnd aus der Gruppe ihrer Mitschüler. Das geht solange, bis am Ende jeder sieht, wen keiner will, wer für die Mannschaft offensichtlich völlig entbehrlich ist. Natürlich sind das immer wieder dieselben Schüler. Genauso wenig kümmert sich die Schule um die vielen Kränkungen, die entstehen, wenn Schüler nach Noten gesetzt werden, wenn flapsige Bemerkungen den Heftrand zieren oder Strafarbeiten die Würde des Kindes kränken. Schüler werden z. B. nach vorne ans Pult beordert und dürfen sich wieder setzen, wenn sie eine Kopfrechenaufgabe als erste richtig gelöst haben. Man kann sich den Stress und auch die Scham der Schüler vorstellen, die dort immer durch langsames Rechnen auffallen.

Wenn Schüler nach dem Abitur ihre Hefte und Bücher verbrennen, dann doch auch als Rache und Beendigungsritual für die vielen erlittenen Kränkungen.

Manche Lernerfahrung wird dadurch verletzend, dass lange Zeit für richtig gehaltene Verhaltensweisen auf einmal falsch sein sollen.

„Kleinkinder soll man schreien lassen", sagt der Volksmund und viele Eltern haben sich nach dieser Maxime verhalten. Nun, neu informiert, besteht natürlich ein Widerstand gegen ein einfaches Umlernen, weil man ja einen wichtigen Fehler in der Erziehung zugestehen müsste. Dies mag vor allem im zunehmenden Lebensalter ein Grund sein, sich von Lernerfahrungen fernzuhalten.

Jedermann wird natürlich – durch lange und schmerzhafte Erziehungserlebnisse – Erfahrung mit eigenen Fehlern haben. Aber gerade Kinder sind solcher Erziehung noch nicht so lange ausgesetzt und haben mitunter einen Stolz, der jede Korrektur zur seelischen Verletzung werden lässt. Auch Angehörige von Kulturen mit weniger langen Erziehungszeiten entwickeln oft einen (übermäßigen) Stolz, der weiteres Lernen erschwert.

Erwachsene, die lange keine Lernerfahrungen und die damit verbundenen Kränkungen erlebt haben, können auch wieder zu stolz sein, um sich erfolgreich einem Unterricht oder einer selbstgesteuerten Lernerfahrung aussetzen zu können. Was kann man aber machen, um die Kränkungen, die sich aus dem anfänglichen Nichtkönnen im Laufe des Lernens automatisch ergeben, zu vermindern?

Methoden zur Verminderung von Kränkungen in der Schule

In einer Schulklasse macht ein Klassenkamerad einen Fehler. Er wird korrigiert. Nun kann man selbst den Fehler vermeiden und wird glücklicherweise nicht zurechtgewiesen. Im Klassenverband passiert das häufig.

Vielleicht ist das einer der großen Vorteile von Lerngruppen, wenn man nicht gerade selbst zu denen gehört, die besonders häufig zurechtgewiesen werden. In der Lerngruppe werden die Kränkungen verteilt, und das erleichtert das Schicksal des Einzelnen.

Eine andere Möglichkeit bietet die Unterweisung durch Geschichten. Statt einer Person einen Rat zu geben (was sie kränkt, weil ein anderer ja damit behauptet, es besser zu wissen), wird ganz allgemein von einer vergleichbaren Situation erzählt, in der ein Protagonist in einer Weise handelt, die vom Schüler nun freiwillig und ohne das Gefühl des Gekränktseins übernommen werden kann. Der Schüler hat aber auch die Möglichkeit, gar nicht auf die erzählte Geschichte zu reagieren.

Der Erfolg der biblischen Geschichten basiert auf diesem Prinzip. Auch der religiöse Lehrer Bhagwan reagierte sehr häufig mit Geschichten auf die Fragen, die an ihn gerichtet wurden. In Lernsituationen sollte eine Geschichte vorangestellt werden, die zur Situation des Lernenden passt und ihm vermittelt, dass Kränkungen auf ihn zukommen werden und wie er mit diesen Kränkungen umgehen kann.

Der Einsatz von Computern vermindert die Kränkungen beim Lernen ebenfalls. Gegenüber dem Computer kann derselbe Fehler immer wieder gemacht werden, ohne dass es von Lehrern oder Mitschülern „genervte" Kommentare gibt. Der Lernende fragt sich nicht einmal, was der Computer von ihm, seinem Benutzer, denkt. Gerade Schüler mit emotionalen Schwierigkeiten beim Lernen profitieren am meisten von der computergestützten Unterweisung. Die emotionale Entlastung im Kontakt mit der „Maschine" kann man auch daran erkennen, dass Patienten gegenüber dem Computer mehr Beschwerden angeben als gegenüber einem Arzt (Robinson und West 1992).

Vielleicht kann ein Lerningenieur, ein Spezialist, der anderen Menschen das Lernen erleichtern möchte, spezielle beleidigungsfreie Lernerlebnisse schaffen. Weitere Verfeinerungen sind denkbar:

- Der Stoff wird so aufbereitet, dass die Schüler kaum Fehler machen. Dies ist das Prinzip der programmierten Unterweisung.
- Die Hauptfehler werden vorher von einem fiktiven Schüler auf einem Videoband gemacht. Dieser wird korrigiert. In der Unterweisung von Tieren wurde diese *beleidigungsfreie Methode* übrigens schon bewusst eingesetzt: Dem Papagei wird sein eigener Sprechfehler von einer Assistentin vorgespielt, die dann korrigiert wird. Der Papagei musste die „Schande" der Korrektur also nicht ertragen und bleibt offen für weitere Erfahrungen.

- Fehler werden nicht bei einem Schüler korrigiert, der sie macht, sondern prinzipiell nachgespielt und dann „stellvertretend" korrigiert. Hier fällt assoziativ die Methode des Psychodramas ein, die daraus auch womöglich einen Teil ihrer Wirksamkeit bezieht.
- Der Lehrer entschuldigt sich für Korrekturen und wird vom Schüler für die Korrektur symbolisch mit einem Stockhieb bestraft. So etwas würde sich vielleicht als einmaliges Ritual am Anfang oder Ende des Schuljahres eignen.
- Nach einer Hausarbeit werden Fehler nicht am einzelnen Schüler festgemacht, sondern es erfolgt eine anonyme Fehlerauswertung.
- Jeder erhält durch Würfeln die Arbeit eines anderen (anonym) und liefert eine Korrektur dieser fremden Arbeit ab. Gerade die Korrektur von eigenen Arbeiten habe ich immer als besonders unangenehm und beschämend erlebt.

▶ Methoden zur Verminderung von Kränkungen beim Alleinlernen

Das selbstbezogene Denken nach Misserfolgen kann beeinflusst werden. Wer wenig selbstbewusst ist, könnte nach jedem Fehler an seiner Begabung zweifeln. Er sagt sich z. B. innerlich: „Ich bin zu dumm, um es zu lernen."
Stattdessen könnten positivere Selbstgespräche geübt werden, z. B.:

- „Ich habe schon viel gelernt und dabei anfangs Fehler gemacht. Mein Lernen wird wieder Erfolg haben."
- „Weil ich einen Fehler machte, kann ein anderer auf seine Leistung stolz sein, der es schon kann. Ich schenke ihm dieses schöne Gefühl durch meinen Fehler."
- „Jeder Fehler ist ein Schritt zum Erfolg."
„Kritik ist nötig, mein Wert bleibt unverändert."

Texte sind oft schwierig und unverständlich. Mir hat es immer geholfen, in diesem Fall den Textautor für unfähig zu erklären, sich verständlich auszudrücken. So war ich durch mein „Nichtverstehen" nicht so gekränkt. Es kann für den eigenen Stolz auch hilfreich sein, einen schwierigen und verwuselten oder schlecht gegliederten Text umzuschreiben oder neu zu gliedern, um es dem Autor sozusagen „zu zeigen".

Oft täuscht man sich über den wirklichen Zeitbedarf, mit schwierigen Texten umzugehen. Günstige Selbstinstruktionen sind:

- „Verstehen braucht viel Arbeitszeit." Man kann sich dabei erfolgreiche – aber eben auch langwierige – Lernerfahrungen ins Gedächtnis rufen, z. B. Lesen, Laufen, Fahrradfahren lernen.
- „Ich habe die Kraft, es nach einem Fehler wieder neu zu versuchen. Es ist wie beim Laufenlernen, da bin ich auch hingefallen und wieder aufgestanden."
- „Ich kann viel, ich mache aber auch Fehler."

Die Notwendigkeit, sich einer anderen Person, einem Lehrer, einem Prüfer, zu unterwerfen, kann ebenfalls als temporäre optimale Anpassung gemildert werden:

- „Ich unterwerfe mich dem Lehrer nur deshalb, weil ich lernen will."
- „Ich mache, was der Lehrer sagt; weil ich es selbst will."
- „Die Strafe für den Lehrer ist, dass er mich unterrichten muss."
- „Meinen Wert bestimme ich, nicht der Lehrer."

Selbstbezogene Gespräche können auch das Problem des Umdenkens ansprechen:

- „Ich bin flexibel genug, umzudenken."
- „Ich bin frei für neue Wahrheiten."
- „Ich kann offen und unvoreingenommen lernen wie ein Kind."

Wenn man immer wieder bei eigenen Fehlern und Enttäuschungserlebnissen, bei unangenehmer Unterwerfung, aber auch beim kränkenden Umlernen so mit sich spricht, werden solche – günstigen – Selbstgespräche zur Routine.

Die narzisstische Lernstörung

In der antiken Sage verliebte sich der schöne Jüngling Narziss in sein eigenes Spiegelbild. So steht das Wort Narzissmus heute für eine übermäßige Selbstverliebtheit. Natürlich, wer sich selbst zu hoch einschätzt, muss Angst vor den Ergebnissen einer Anstrengung haben, weil er unter Umständen eine verminderte, realistische Selbsteinschätzung hinzunehmen hätte. Der Selbstverliebte muss also das Ergebnis der Prüfung fürchten, weil es seine – zu hohe – Selbsteinschätzung mindern könnte.

Dann kann es zu einem typischen Muster von Lernvermeidungsverhalten und im extremen Fall auch zur Prüfungsvermeidung kommen. Eine normale Vorbereitung würde ja zu Prüfungsergebnissen führen, die der Lernende als Rückmeldung akzeptieren müsste. Also lernt der narzisstisch Gestörte zu wenig. Nun kann er die Illusion aufrechterhalten, dass er sehr gut abgeschnitten hätte, wenn er nur ausreichend gelernt hätte. Das kann so weit gehen, dass Menschen zwanghaft nur in der letzten Nacht vor der Prüfung etwas lernen können, ja sogar jede Prüfung vermeiden.

Auch die Vortäuschung gegenüber Kameraden und Freunden, man habe ganz wenig oder gar nichts gelernt, gehört in dieses Störungsmuster. Wenn es zu einem schlechten Ergebnis kommt, können die anderen dies nicht als realistische Rückmeldung in Hinsicht auf die eigene Leistungsfähigkeit werten. Für den gutgläubigen Mitmenschen sind solche Beteuerungen gefährlich. Er glaubt daran, lernt selbst tatsächlich wenig – und ist hinterher schlecht beraten, weil er zu seiner Überraschung selbst am schlechtesten abschneidet.

Was ist gegen eine narzisstische Lernstörung zu tun? Es gibt Maßnahmen, die der Betroffene besser mit einem Therapeuten zusammen erarbeitet. Es ist nämlich nicht allzu wahrscheinlich, dass eine narzisstisch gestörte Person bei sich selbst eine solche Lernstörung diagnostiziert, weil solche Menschen ja gerade eine übertrieben hohe Selbsteinschätzung haben und bei sich selbst generell keine „Störungen" erwarten.

Als therapeutische Hilfsperson kann man einen Fächer von Maßnahmen einsetzen. Es ist günstig, die Lernaktivität in kleinste Schritte einzuteilen, so dass Erfolge erlebt werden und eine überstarke Misserfolgsangst nicht aufkommen kann. Es wäre im Gespräch zu erreichen, dass Selbstliebe und Selbstwertempfinden anders und breiter als nur auf Prüfungserfolg fußen. Die liebenswerte Persönlichkeit, der Freund der Freunde, der neugierige Entdecker sein, all dies kann eine positive Selbstbewertung ausmachen.

Es kann beispielsweise auch eine gute und schätzenswerte Eigenschaft sein, sich selbst „tolerant" zu behandeln und auch mittlere Erfolge gutzuheißen. Der Protagonist kann „großzügig" darauf verzichten, immer nur exzellent abzuschneiden, und auch darauf ein bisschen stolz sein, weil dieser Verzicht ja wirklich ein Stück persönliches Wachstum darstellt.

Mit der Prüfung verbundene ungünstige Erwartungen

Sicher ist ein Prüfungserfolg zunächst einmal erfreulich. Dann können aber – im zweiten Gedanken – auch unangenehme Dinge in den Blick kommen. Nach Prüfung und Studium können Finanzierungs- und Berufsaussichten wenig erfreulich sein. Diese Befürchtung liegt noch in der Schicht bewussten rationalen Denkens. Es können aber auch tiefere und irrationale Befürchtungen aufgerufen werden, z. B. sich zu weit von den Wurzeln der Familie zu entfernen und die Liebe und Zuneigung der nächsten Verwandten zu verlieren. Oder: durch die Prüfung mit Geschwistern zu konkurrieren, die Geschwister vielleicht sogar zu übertreffen, die nach dem (geheimen) Erziehungsplan der Familie die „Besseren" sein sollten oder zumindest immer die Geliebteren waren. Ein zu gutes Ergebnis würde also – in der irrationalen Befürchtung – dazu führen, die Liebe und Zustimmung der Familie zu verlieren.

In Therapien habe ich erlebt, dass Leistungswünsche und Leistungsstolz durch ein Geschwister mit geringfügiger Behinderung erheblich beeinträchtigt wurden. Man möchte als nette Schwester oder netter Bruder dem Behinderten nicht zu offen dessen Minderleistung demonstrieren. Die Folge: Man kann keinen ungehemmten Prüfungserfolg mehr haben.

Meist hilft dem Prüfling schon das Bewusstmachen solcher – irrationaler – Befürchtungen, um sie vernünftig bearbeiten zu können.

Die Technik des zirkulären Fragens kann beim Bewusstmachen helfen. Der Prüfling versetzt sich gedanklich in wichtige Bezugspersonen, fragt sich z. B.: Würde meine Freundin mich weniger lieben, wenn ich die Prüfung nicht schaffen würde? Wie würde sie vermutlich reagieren? Was bedeutet ein Prüfungserfolg, ein Prüfungsversagen für die Eltern und Geschwister, für die nächsten Beziehungspersonen?

Bei derartigen Fragen könnte auch herauskommen, dass Eltern, anders als von ihnen automatisch erwartet, nicht immer einen Erfolg der Kinder wünschen. Sie können auf die Konkurrenz durch Kinder auch eifersüchtig sein, eine geheime Freude am Misserfolg erleben. Und der brave Prüfling folgt insgeheim solchen – nicht bewusst gemachten – negativen Erwartungen der Eltern …

Andersherum kann der Prüfling durch lange und negative Erziehungserfahrungen so wütend auf seine Eltern sein, dass er ihnen die Freude am Prüfungserfolg ihres Sprosses nicht gönnt.

In allen diesen Fällen wäre eine bewusste Besinnung auf die eigene Unabhängigkeit, auf die ureigensten Ziele und Wünsche nützlich. Allein ein Bewusstmachen solcher irrationaler Denktendenzen und Erwartungen löst sie schon ein wenig auf.

Weitere Strategien zur Bewältigung von Prüfungsangst finden Sie in unserem Buch *Prüfungsangst und Lampenfieber* (Metzig und Schuster 2018).

11
Lernprodukte und Nützliches im Internet

Immer mehr wird das selbstständige und selbst gesteuerte Lernen durch Lernprodukte unterstützt. Solche Programme können durch die Möglichkeiten der Computer interaktiv auf den Lernenden reagieren und immer stärker Funktionen von Lehrern ersetzen. Ein Buch das beim selbstständigen Lernen hilft, muss diese Möglichkeiten also auch in den Blick nehmen.

11.1 Sprachlernprogramme

Aus Buchhandlungen kennt man Sprachlernprogramme für viele Sprachen. Sie bieten eine Reihe von nützlichen Funktionen: Sie fragen Vokabeln wiederholt ab, die man noch nicht konnte, sie erlauben grammatische Übungen, sie bieten ein Modell für die Aussprache und manche überprüfen die Aussprache des Lerners mithilfe von Spracherkennungskomponenten. Mit fortschreitender Entwicklung der Hardware und der Programme haben sich viele Lernprogramme deutlich verbessert.

Qualifizierte Bewertungen der Programme finden sich selten. Daher ist immer noch die Empfehlung eines Praktikers gefragt: Was empfiehlt Ihr Lehrer, was empfehlen Lernende, die wirklich einmal ein solches Programm absolviert haben? Die Stiftung Warentest testet und bewertet viele Lernkurse nach objektiven Kriterien und kann vor dem Kauf teurer ungeeigneter Programme schützen.

Lern-CDs kauft man in der Regel, es gibt aber auch Shareware, die man umsonst ausprobieren kann, und Freeware, die sich im Internet herunterladen lässt.

11.2 Sammlungen von Prüfungsfragen

Bei manchen Prüfungen kann man die möglichen Prüfungsfragen erwerben, z. B. bei der Führerscheinprüfung. Dieses Angebot sollte man auf jeden Fall nutzen, um den eigenen Lernerfolg unter „Realbedingungen" zu überprüfen. Bei anderen Prüfungen gibt es Sammlungen von Fragen, die so oder ähnlich vorkommen könnten. Unter den Suchwörtern „Prüfungsfragen" oder „Examensfragen" finden Sie das Mögliche im Internet.

11.3 Der Stoff in Frage-Antwort-Form auf Karteikarten

Für viele Stoffe gibt es fertige Lernkarteien. Man spart sich dadurch die Arbeit, den Stoff selbst in Frage-Antwort-Rubriken aufzuschreiben, wobei sich Fehler einschleichen können. Buchhandlungen können über das Angebot Auskunft geben, aber auch im Internet findet man unter dem Stichwort „Lernkartei" Bearbeitungen zu verschiedenen Stoffgebieten. Sie sollten jedoch klären, ob der Stoff der angebotenen Lernkartei für Ihre Prüfung oder für Ihre Anwendung geeignet ist.

11.4 Fallsammlungen

In manchen Prüfungen (z. B. dem Jura-Examen) muss man sein Wissen an Fallbeispielen demonstrieren. Es gibt für diese Fächer oft umfangreiche Fallsammlungen mit Lösungsvorschlägen, die man zum Üben verwenden kann.

11.5 Lernprogramme

Lernprogramme gibt es nicht nur für Sprachen, sondern für ganz verschiedene Gebiete, in großem Umfang auch für den Schulstoff (z. B. Deutsch, Mathe, Bio für die Schulklassen). Sie können eine Alternative zur Nachhilfe darstellen. Man sollte aber bedenken, dass die persönliche Anwesenheit von Lehrern und Mitschülern eine wichtige Motivationsquelle ist. Allein mit dem Lernprogramm haben viele Schüler wenig Lust voranzuschreiten. Vielleicht sollte daher ein erwachsener „Betreuer" die Arbeit mit dem Lernprogramm kontrollieren und den Lernenden motivieren.

Lehrer haben eine gewisse Freiheit in der Stoffauswahl, die sich ohnehin zwischen den Bundesländern unterscheidet. Der Betreuer sollte also mit den Lehrern besprechen, ob ein bestimmtes Lernprogramm inhaltlich geeignet ist.

Auch im Studium, speziell im Bereich Jura und Medizin, ist viel zu lernen, hier gibt es professionelle Lernprogramme, die u. a. in den Universitätsbibliotheken vorliegen (auf Medizinprogramme ist die Universitätsbibliothek Düsseldorf spezialisiert).

Lernprogramme gibt es auch für Musikinstrumente, Sporthobbys oder andere Freizeitaktivitäten und für viele Computerprogramme.

Im Internet gibt es Portale, die Übersichten über Lernprogramme geben, z. B. die „Zentrale für Unterrichtsmedien im Internet (www.zum.de)".

11.6 Lernspiele

Noch motivierender als Lernprogramme sind Lernspiele, in deren Verlauf man Fähigkeiten spielerisch erwirbt und auch weiter einüben kann. Wiederum ist das Angebot groß. Unter www.Lernspiele.at kann man „Ottos Lernspielelexikon" als CD-ROM bestellen. Dort sind alle Shareware- und Freewareprogramme beschrieben, von Programmen zum Erlernen der Körpersprache bis zu schulischen Fertigkeitsbereichen. Unter der Adresse Ottos wwwww (WegWeiser ins World Wide Web) finden sich nützliche Links zu Lernspielen und Lernsoftware.

Einige (käuflich zu erwerbende) Lernspielprogramme, die in der Presse empfohlen wurden, greife ich hier heraus:

- Im Lernspielkrimi „Technikus – Ten hours left" von Klett setzt man Wissen aus Physik und Elektrotechnik ein, um ein Schloss auszurauben (empfohlen im *Focus*).
- „Englisch Lernen mit Ritter Rost" (ab 3. Klasse, Terzio) erlaubt es, nebenbei Englisch zu lernen, während Ritter Rost König werden will (empfohlen in der *Welt am Sonntag*).

- „Der Zahlenteufel" (Terzio) oder „Lollipop" (Cornelsen) bringen Kindern die Welt der Zahlen und die Grundrechenarten nahe (empfohlen in der *Welt am Sonntag*).

11.7 Virtuelle Experimente

Schließlich findet man im Internet auch noch allerlei virtuelle Experimente, die das Lernen in den naturwissenschaftlichen Fächern anschaulich unterstützen können, z. B. zum spezifischen Widerstand (www.lehrer-online.de). Der Suchbegriff „virtuelles Experiment" führt zu einer Vielzahl von weiteren Möglichkeiten.

11.8 Mindmapping

Unter diesem Stichwort findet man in der Suchmaschine „google" umfangreiche Information zu dieser Lernstrategie. Mithilfe eines einführenden interaktiven Lernprogramms kann man eine Mindmap erstellen und so erste Erfahrungen mit dieser Technik machen.

12

Lernen aus Büchern, lernen im Leben

Täglich werden ohne jede Lernabsicht viele Informationen gespeichert. Im Vergleich dazu wirken die Menge und die Genauigkeit der aus Lehrbüchern wiedergegebenen Information bescheiden. Auf welche Unterschiede zwischen der *natürlichen* Information und der *Lehrbuch*information ist dies zurückzuführen?

Natürlich erfolgt die Speicherung von Lebensereignissen fast immer auch bildhaft. Die optische Wahrnehmung ist auch bei Ereignissen, die überwiegend akustischer Natur sind, beteiligt.

Zudem ist die Abfolge der Ereignisse keineswegs willkürlich: Die Tagesereignisse folgen im Allgemeinen einem Ablaufschema, das als Abrufreiz *(retrieval cue)* (vgl. Kap. 6) dient, zudem ist die Abfolge der Ereignisse auf die eine oder andere Art „sinnvoll", sodass folgende Ereignisse anhand der vergangenen Ereignisse rekonstruiert werden können. Bei der Erinnerung an lang zurückliegende Ereignisse, z. B. bei dem Versuch erwachsener Versuchspersonen, sich an die Namen der Schulkameraden zu erinnern, gewinnen die beiden bisher genannten Punkte Bedeutung. Die Versuchspersonen müssen *die Folge der damaligen Ereignisse rekonstruieren.* Dabei wird auch zunächst irrelevant erscheinende Information abgerufen. Diese hilft aber in der Rekonstruktion der Ereignisse weiterzuschreiten, bis eine gesuchte Information gefunden wird. Die Erinnerung dabei wird sehr häufig als bildhaft, szenenhaft erlebt.

Zudem haben Lebensereignisse eine Vielzahl von Merkmalen, die von den verschiedenen Sinnessystemen codiert werden, etwa Farbe, Geruch, Helligkeiten usw. Lehrbuchtexte bieten neben der Bedeutung nur eine sehr gleichförmige Folge von Schwarz-Weiß-Mustern. Auf jeden Fall ist die Encodierung der Tagesereignisse multipler und verschiedenartiger verbunden.

Schließlich ist die *emotionale Beteiligung* am Tagesereignis, das immer irgendwie gelingen oder misslingen kann, hoch; am Lehrbuchtext dagegen, von dem meist für die eigene Situation keine wesentlichen Informationen erwartet werden, ist sie niedrig. Ergebnisse von Keenan et al. (1977) belegen aber beim Lernen ohne Lernabsicht, dass emotionale Beteiligung den Lerneffekt vergrößert.

Im Tagesereignis ist das Individuum der Handelnde, der aktiv mit der Umwelt interagiert und die Folgen der *Aktivität* erlebt. Das Lehrbuch versetzt den Leser in eine gewisse *Passivität*. Es stellt Fragen, die der Leser nicht gestellt hätte, und es gibt Antworten, die ihn z. T. nicht interessieren. Auch hier können wir auf eine empirische Absicherung verweisen. Fragen, die Schüler selbst stellten, gewähren für die Antwort einen höheren Lerneffekt als Fragen, die von anderen Schülern gestellt wurden (Ross und Killey 1977).

Mit unserem Buch wollten wir erreichen, die Schwierigkeiten beim Lernen zu verringern. Zum großen Teil wurden dabei die Hilfsmittel eingesetzt, die auch das Lernen täglicher Ereignisse mühelos werden lassen.

Literatur

Anderson RC, Pichert JW (1978) Recall of previously unrecallable information following a shift in perspective. J Verb Learn Verb Behav 17:1–12

Arnheim R (1969) Visual thinking. University of California, University of California Press

Atkinson RC (1975) Mnemotechnics in second-language learning. Am Psychol 30:821–828

Atkinson RC, Raugh MR (1975) An application of the mnemonic keyword method to the aquisition of a russian vocabulary. J Exp Psychol Hum Learn Mem 1:126–133

Ausubel DP (1963) The psychology of meaningful verbal learning; an introduction to school learning. Grune & Stratton, New York

Ausubel DP (1974) Psychologie des Unterrichts. Beltz, Weinheim

Ausubel DP, Fitzgerald D (1961) The role of discriminability in meaningful verbal learning and retention. J Educ Psychol 52:266–274

Baddeley AD (1979) Die Psychologie des Gedächtnisses. Klett, Stuttgart

Barnes BR, Clawson EW (1975) Do advance organizers facilitate learning? Recommendations for further research based on an analysis of 32 studies. Rev Educ Res 45:637–659

Bartlett FC (1932) Remembering. Cambridge University Press, Cambridge

Bednorz P, Schuster M (2002) Einführung in die Lernpsychologie. Reinhardt, München

Benton JL, Glover JA, Bruning RA (1983) Levels of processing: effect of number of decisions on prove recall. J Educ Psychol 75:382–390

Bernstein DA, Borkovec TD (1975) Entspannungstraining: Handbuch der progressiven Muskelentspannung. Pfeiffer, München

Bevan W, Feuer JN (1977) The role of context in episodic memory. Bull Psychonomic Soc 10:76–78

Beyer G (1974) Gedächtnis und Konzentrationstraining. Econ, Düsseldorf
Bjork JA, Dunlosky J, Kornell N (2013) Self-regulated learning: beliefs, techniques, and lllusions. Ann Rev Psychol 64:417–444
Bliesener Th, Adelmann K (2000) Arbeitszeitmanagement und akademischer Lernerfolg: Zur Passung zwischen Lernverhalten und Temperament. Psych-in-Erz-u-Unterr 47(4):241–251
Born J, Plihal W (2000) Gedächtnisbildung im Schlaf: Die Bedeutung von Schlafstadien und Stresshormonfreisetzung. Psych Rundschau 51:198–208
Bower GH (1972) Mental imagery and associative learning. In: Gregg LW (Hrsg) Cognition in learning and memory. Wiley, New York
Bower GH, Clark MC (1969) Narrative stories as mediators for serial learning. Psychon Sci 14:181–182
Bower GH, Martin KB (1974) Depth of processing pictures of faces and recognition memory. J Exp Psychol 103:751–757
Bower GH, Lesgold AL, Tieman D (1969) Grouping operations in free recall. J Verb Learn Verb Behav 8:481–493
Brautman E (1973) Comparison of learning and retention for all digit telephone numbers to prefixed and mnemonic coded numbers. Percept Mot Skills 36:267–270
Brigham FJ, Brigham MM (1998) Using mnemonic keyword in gerneral music classes: music history meets cognitive Psychology. J Res Dev Educ 31:205–213
Brown AL, Barclay CR (1976) The effects of training specific mnemonics on the metamnemonic efficiency of retarded children. Child Dev 47:71–80
Brown AL, Day JD (1983) Macrorules for summarizing texts: the development of expertise. J Verb Learn Verb Behav 22:1–14
Brown R, Kulick J (1977) Flashbulb memories. Cognition 5:73–99
Bruce D, Clemons DM (1982) A test of the effectiveness of the phonetic (number-consonant) mnemonic system. Hum Learn 1:83–93
Bugelski BR (1974) The image as mediator in one-trial pairedassociate learning III. Sequential function in serial lists. J Exp Psychol 103:298–303
Bugelski BR, Kidd E, Segman J (1968) The image as a mediator in one-trial paired-associate learning. J Exp Psychol 76:69–73
Bugg JM, DeLosh EL, McDaniel MA (2008) Improving students' study habits by demonstrating the mnemonic benefits of semantic processing. Teach Psychol 35:96–98
Buzan T, Buzan B (1999) Das Mind-Map-Buch, 4. Aufl. mgv, Landsberg
Campione JC, Brown AL (1977) Memory and metamemory development in educable retarded children. In: Kail RV, Hagen JW (Hrsg) Perspectives on the development of memory and cognition. Erlbaum, Hillsdale New York, S 367–406
Campos A, González MÁ (2004) Different strategies for keyword generation. J Mental Imagery 28:51–58

Campos, A. (2004). Drawing-assisted strategies in keyword mnemonics. Stud Psychol 46:211–218

Campos A, Amor A, Gonzales M-A (2002) Presentation of keywords by means of ineractive drawings. Span J Psychol 5:102–109

Campos A, Amor A, González MA (2014) The importance of the keyword-generation method in keyword mnemonics. Exp Psychol 51:125–131

Campos A, Lopez A, Perez MJ (1999) Non compliance with instruction in the study of the use of imagery as a memory aid. Imagination Cognition Pers 18:241–249

Campos A, Rodríguez-Pinal MD, Pérez-Fabello MJ (2014) Receptive and productive recall with the keyword mnemonics in bilingual students. Current Psychol 33:64–72

Campos A, Chang K, Sung Y, Chen I (2002) The effect of concept mapping to enhance text comprehension and summarization. J Exp Educ 71:5–23

Capra F (1988) Wendezeit. Knaur, München

Carney RN, Levin JR (1998) Coming to terms with the keyword method in introductory psychology: A „neuromnemonic" example. Teach Psychol 25:132–134

Carney RN, Levin JR, Stackhouse TL (1997) The face-name mnemonic strategy from a different perspective. Contemp Educ Psychol 22:399–412

Carney, Russell N, Levin, Joel R (2008) Conquering mnemonophobia, with help from three practical measures of memory and application. Teach Psychol 35:176–183

Chang K, Sung Y, Chen I (2002) The effect of concept mapping to enhance text comprehension and summarization. J Exp Educ 71:5–23

Cherry EC (1953) Some experiments in the recognition of speech with one and two ears. J Acoust Soc Am 25:975–979

Craik FIM, Lockhart RS (1972) Levels of processing: a framework for memory research. J Verbal Learn Verbal Behav 11:671–684

Craik FIM, Lockhart RS (1990) Levels of processing: a retrospective commentary on a framework for memory research. Can J Psychol 44:87–122

Crovitz HF (1969) Memory loci in artificial memory. Psychon Sci 16:82–83

Csikszentmihalyi M (1985) Das flow-Erlebnis. Klett-Cotta, Stuttgart

Dansereau DF, McDonald BA, Collins KW, Garland J, Holley CD, Diekhoff GM, Evans SH (1979) Evaluation of a learning strategy system. In: O'Neill HF, Spielberger CD (Hrsg) Cognitive and affective learning strategies. Academic Press, New York, S 3–43

Darwin C (1872) The expression of emotions in man and animals. University of Chicago Press, Chicago (Nachdruck 1965)

Delin PS (1969) The effects of mnemonic instruction and list length on serial learning and retention. Psychon Sci 17:111–113

Derwinger A, Stigsdotter Neely A, Hill RD, & Bäckman L (2003) Remembering numbers in old age: mnemonic training versus self-generated strategy training. Aging, Neuropsychol Cognition 10(3):202–214

Dörner D (1989) Die Logik des Mißlingens. Rowohlt, Reinbek

Dretzke BJ, Levin JR (1990) Building factual knowledge about the U.S. Presidents via pictorial mnemonic strategies. Contemp Educ Psychol 15(2):152–169

Düker H, Tausch R (1970) Über die Wirkung der Veranschaulichung von Unterrichtsstoffen auf das Behalten. In: Weinert F (Hrsg) Pädagogische Psychologie. Kiepenheuer & Witsch, Köln, S 201–215

Dumke D, Schäfer G (1986) Verbesserung des Lernens durch trainiertes Unterstreichen. Psychol Erz Unterr 33:210–219

Dusek JB (1980) The development of test anxiety in children. In: Sarason IG (Hrsg) Test anxiety: Theory, research, and application. Erlbaum, Hillsdale

Eagle M, Wolitzky DL, Klein GS (1986) Imagery: effect of a concealed figure in a stimulus. Science 151:837–839

Ebbinghaus H (1885) Über das Gedächtnis. Duncker, Leipzig

Eccles C (2002) Die Evolution des Gehirns – die Erschaffung des Selbst. Piper, München

Edelmann W (1988) Suggestopädie/Superlearning. Asanger, Heidelberg

Edmundson ED, Nelson DG (1976) Anxiety, imagery, and sensory interference. Bull Psychon Soc 8:319–322

Einstein GO, Morris J, Smith S (1985) Individual Differences, and Memory for Lecture Information. J Educ Psychol 77(5):522–532

Ekman P, Levenson RW, Friesen WV (1983) Autonomic nervous system activity distinguishes among emotions. Science 221:1208–1210

Ellis A (1982) Die rational emotive Therapie. Pfeiffer, München

Erdelyi MH (1976) Coding modality as input modality in hypermnesia. Cognition 4:311–319

Erdelyi MH, Becker J (1974) Hypermnesia for pictures. Cogn Psychol 6:159–171

Erickson MH, Rossi EL (1981) Hypnotherapie: aufbau – Beispiele – Forschungen. Pfeiffer, München

Ericsson KA, Chase WG, Faloon St (1980) Aquisition of a memory skill. Science 208:1181–1182

Ernest CH (1977) Imagery ability and cognition: a critical review. J Ment Imagery 2:181–216

Evans RC (1976) Levels of processing in childrens memory. Phil Dissertation. University of New Mexico

Farrand P, Hussain F, Hennessy E (2002) The efficiacy of the mind map study technique. Med Educ 36:426–431

Flammer A (1985) Perspektivisches Erinnern. In: Albert D (Hrsg) Bericht über den 34. Kongr. d. Dtsch. Ges. f. Psychologie in Wien 1984, Bd. 1. Hogrefe, Göttingen, S 238–239

Foth DL (1973) Mnemonic technique effectiveness as a function of word abstractness and mediation instruction. J Verb Learn Verb Behav 12:239–245

Franks CM, Wilson GT (1980) Annual review of behavior therapy, theory and practice, 1979. (Deutsch: Jahresüberblick der Verhaltenstherapie 1979: Entwicklungen in Theorie, Forschung und Praxis, Sonderheft 3, 1980. Deutsche Gesellschaft für Verhaltenstherapie, Tübingen)

Gentner D, Gentner DR (1983) Flowing waters or teeming crowds: mental models of electricity. In: Gentner D, Stevens AL (Hrsg) Mental models. Erlbaum, Hillsdale, S 99–129

Gerdes H (2002) Lernen mit Text und Hypertext. Pabst Science Publishers, Lengerich

Ghatala E, Carbonari JP, Bobele LZ (1980) Developmental changes in incidental memory as a function of processing level, congruity, and repetition. J Exp Child Psychol 29:74–87

Gick ML, Holyoak KJ (1983) Schema induction and analogical transfer. Cogn Psychol 12:306–355

Glynn SM, Andre T, Britton BK (1986) The design of instructional text: introduction to the special issue. Educ Psychol 21:245–251

Gordon WJJ (1961) Synectics: the development of creative capacity. Harper, New York

Gould SJ (1980) The panda's thumb. Norton, New York

Greenwald AG, Spangenberg ER, Pratkanis AR, Eskenazi J (1991) Double-blind tests of subliminal selfhelp audiotapes. Psychol Sci 2:119–122

Groeben N (1982) Leserpsychologie: Textverständnis – Textverständlichkeit. Aschendorff, Münster

Grof S (1978) Topographie des Unbewußten. Klett, Stuttgart

Groninger LD (1971) Mnemonic imagery and forgetting. Psychol Sci 23:161–163

Gross AL, Brandt J, Carlson MC, Bandeen-Roche K, Stuart E, Marsiske MA, Rebok GW (2014) Do older adults use the method of loci? Results from the active study. Exp Aging Res 40:140–163

Haber RN (1969) Eidetic imagery. Sci Am 220:36–44

Hadamard J (1945) The psychology of invention in the mathematical field. Dover, New York

Hall VC, Talkuder ABMN, Esposito M (1989) Individual differences in the ability to learn and recall with or without imagery mnemonics. J Ment Imag 13:43–54

Hamami A, Serbun SJ, Gutchess AH (2011) Self-referencing enhances memory specificity with age. Psychol Aging 26:636–646

Harris LJ, Blaiser MJ (1997) Effects of a mnemonic peg system on the recall of daily tasks. Percept Mot Skills 84:721–722

Hartig M (1973) Selbstkontrolle. Urban & Schwarzenberg, München

Hastings MW (1982) Effectiveness of face-name learning strategies. Percep Mot 54:167–170

Hauck PD, Walsh CC, Kroll NA (1976) Visual imagery mnemonics: common vs bizarre mental images. Bull Psychon Sci 7:160–162

Hayes DA, Henk WA (1986) Understanding and remembering complex prose augmented by analogic and pictorial illustration. J Reading Behav I:63–78

Heuer F, Reisberg D (1990) Vivid memories of emotional events: the accuracy of remembered minutiae. Mem Cogn 18:496–506

Higbee KL (1976) Can young children use mnemonics. Psychol Rep 38:18

Higbee KL (1977) Your memory how it works and how to improve it. Prentice-Hall, Englewood Cliffs

Higbee KL (1997) Novices, apprentices, and mnemonists: Aquiring expertise with the phonetic mnemonic. Appl Cogn Psychol 11:147–161

Höntsch U (1990) Wege zum Supergedächtnis. Wegverlag, Rösrath

Howe JA (1977) Learning and the acquisition of knowledge by students: some experimental investigations. In: Howe JA (Hrsg) Adult learning. Wiley, New York, S 145–160

Hulicka JM, Grossmann JL (1967) Age-group comparisons for the use of mediators in paired-associate learning. J Gerontol 22:46–51

Jüngst KL (1988) Selbstkonstruktion und Durcharbeiten von Concept Maps (Arbeitsbericht Nr. 75). Saarbrücken: Universität des Saarlandes, Fachrichtung Erziehungswissenschaft, Prof. Dr. Peter Strittmatter.

Jüttner C (1979) Gedächtnis. Reinhardt, München

Kay H (1955) Learning and retaining verbal material. Br J Psychol 42:34–41

Keenan JM, Mac WB, Mayhew D (1977) Pragmatics in memory: a study of natural conversation. J Verb Learn Verb Behav 16:549–560

Kim A, Vaughn S, Wanzek J, Wei S (2004) Graphic organizers and their effects on the reading comprehension of students with LD: a synthesis of research. J Learn Disabili 37:105–118

Kimura D (2000) Sex and cognition. MIT Press, Cambridge

Kliegl R, Smith J, Baltes PB (1989) Testing the limits and the study of adult age differences in cognitive plasticity of a mnemonic shill. Dev Psychol 25:247–256

Kreutzer MA, Leonard C, Flavell JH (1975) An interview study of children's knowledge about memory. Child Dev Monogr 40:1

Krinsky R, Krinsky S (1996) Pegword mnemonic instruction: retrieval times and long term memory performance among fifth-grade children. Contemp Educ Psychol 21:193–207

Kugemann F (1997) Lerntechniken für Erwachsene. Rowohlt, Reinbek

Kulhavy RW, Sherman JL, Schmid RF (1978) Contextual cues and depth of processing in short prose passages. Cont Educ Psychol 3:62–68

Langer I, Schulz v. Thun F, Tausch R (1999) Sich verständlich ausdrücken. Reinhardt, München

Lawson MJ, Hogben D (1998) Learning and recall of foreign language vocabulary: effects of a keyword strategy for immediate and delayed recall. Learn Instr 8:179–194

Lebrato MT, Ellis NR (1974) Imagery mediation in paired associate learning by retarded and non retarded subjects. Am J Ment Def 78:704–713

Legge EL, Madan CR, Ng ET, Caplan JB (2012) Building a memory palace in minutes: equivalent memory performance using virtual versus conventional environments with the method of Loci. Acta Psychol 141:380–390

Leuner HC (1995) Lehrbuch des katathymen Bilderlebens. Huber, Bern

Leutner D et al (2001) Studierende können lernen, sich selbst zum Lernen zu motivieren. Z f Päd Psychol 15(3–4):155–167

Levin JR et al (1986) Mnemonic facilitation of text-embedded science facts. Am Educ Res J 23(3):489–506

Levin JR, Shriberg LK, Berry JK (1983) A concrete strategy for remembering abstract prose. Am Educ Res J 20(2):277–290

Levinson BB (1967) States of awareness during general anaesthesie. In: Lassner (Hrsg) Hypnosis and psychosomatic medicine. Springer, New York

Lindsay PH, Norman DA (1981) Einführung in die Psychologie. Informationsaufnahme und -verarbeitung beim Menschen. Springer, Berlin

Lorayne H, Lucas J (2000) The memory book: the classic guide to improving your memory at work at school and at play. Ballantine Books

Lozanov G (1978) Suggestology and outlines of suggestopedy. Routledge, London (Übersetzung von Suggestologia, Sofia 1971)

Ludwig P-H (2000) Imagination. Leske + Budrich, Opladen

Luria AR (1968) The mind of a mnemonist. Basic Books, New York

Luria AR (1973) The working brain. An introduction to neuropsychology. Penguin Books, New York

Macan TH, Shahani C, Dipboye RL, Phillips PA (1990) College student's time management: correlations with academic performance and stress. J Educ Psychol 82:760–768

Mandler G, Dean PJ (1969) Seriation: development of serial order in free recall. J Exp Psychol 81:207–215

Marsh G, Desberg P (1978) Mnemonics for phonics. Cont Educ Psychol 3:57–61

Massen C, Vaterrodt-Plünnecke B, Krings L, Hilbig BE (2009) Effects of instruction on learners' ability to generate an effective pathway in the method of loci. Memory 17:724–731

Mayer RE (1979) Can advance organizers influence meaningful learning? Rev Educ Res 49:371–383

McDaniel A, Daniel C, Howard I, Gilles O, Einstein L (2009) The Read-Recite-Review study strategy effective and portable mark. Psychol Sci 20:516–522

Meichenbaum DW (1979) Kognitive Verhaltensmodifikation. Urban & Schwarzenberg, München

Meili-Dworetzki G (1957) Das Bild des Menschen in der Vorstellung und Darstellung des Kleinkindes. Huber, Bern

Metzig W, Schuster M (2018) Prüfungsangst und Lampenfieber. Springer, Berlin

Meyer BJF (1977) The structure of prose: effects on learning and memory and implications for educational practice. In: Anderson RC, Spiro RJ, Montague WE (Hrsg) Schooling and the acquisition of knowledge. Lawrence Erlbaum, Hillsdale, S 179–200

Micko C, Thüring M (1985) Kleine Ursachen – Große Wirkungen. Die Bedeutung von Konjunktionen für das Behalten von Sätzen. In: Albert D (Hrsg) Bericht über den 34. Kongreß der Deutschen Gesellschaft für Psychologie in Wien, Bd. 1. Hogrefe, Göttingen, S 237–238

Mietzel G (1975) Pädagogische Psychologie, 2. Aufl. Hogrefe, Göttingen

Miller GA (1956) The magical number seven, plus minus two: some limits on our capacity for processing information. Psychol Rev 63:81–97

Mills JC, Crowley RJ (2011) Therapeutische Metaphern für Kinder und das Kind in uns. Auer, Donauwörth

Mistler-Lachman JL (1974) Depth of comprehension and sentence memory. J Verb Learn Verb Behav 13:98–106

Moe A, DeBeni R (2004) Tudiying passages with the loci method: are subject-generated more effective than experimenter supplied Loci pathways. J Ment Imag 28:75–86

Morris PE, Fritz CO, Jackson L, Nichol E, Roberts E (2005) Strategies for learning proper names: expanding retrieval practice, meaning and imagery. Appl Cogn Psychol 19:779–798

Moè A, De Beni R (2005) Stressing the efficacy of the Loci method: oral presentation and the subject-generation of the Loci pathway with expository passages. Appl Cogn Psychol 19:95–106

Mueller JH, Jablonski EM (1970) Instructions, noun imagery and priority in free recall. Psychol Rep 27:559–566

Müller JH (1979) Anxiety and encoding processes in memory. Pers Soc Psychol Bull 5:288–294

Neisser U, Kerr N (1973) Spatial and mnemonic properties of visual images. Cogn Psychol 5:138–150

Nelson D, Vu KL (2010) Effectiveness of image-based mnemonic techniques for enhancing the memorability and security of user-generated passwords. Comput Hum Behav 26:705–715

Nelson DL, Reed VS, McEvoy C (1974) Role of details in the long term recognition of pictures and verbal descriptions. J Exp Psychol 102:184–186

Nickerson RS, Adams MJ (1979) , Long-term memory for a common object. Cogn Psychol 11:287–307

Norman DA (1973) Aufmerksamkeit und Gedächtnis. Beltz, Weinheim

Norman DA, Rumelhart DE (Hrsg) (1978) Strukturen des Wissens. Klett, Stuttgart

Opwis K (1998) Reflexionen über eigenes und fremdes Wissen. In: Klix F, Spada H (Hrsg) Enzyklopädie der Psychologie, Bd. 6. Hogrefe, Göttingen

Ornstein RE (1996) Die Evolution des Bewusstseins, Ursprünge, Perspektiven. VAK Verlags GmbH, Kirchzarten

Osborne AF (1953) Applied imagination: principles and procedures of creative thinking. Scribner, New York

Ostrander S, Schroeder L (1982) Leichter lernen ohne Streß, 4. Aufl. Scherz, Bern

Owings RA, Baumeister A (1979) Levels of processing, encoding strategies, and memory development. J Exp Child Psychol 28:100–118

Patton GWR (1986) The effect of the phonetic mnemonic system. Hum Learning 3:137–142

Patton GWR, Lantzy (1987) Testing the limits of the phonetic mnemonic system. Appl Cogn Psychol 1:263–271

Perlmutter M, Myers NA (1975) Young children's coding and storage of visual and verbal material. Child Dev 46:215–219

Persensky JJ, Senter RJ (1970) The effects of subjects conforming to mnemonic instructions. J Psychol 74:15–20

Petrik N (2001) Wahrnehmungs- und lernpsychologische Aspekte im Web-design mit Cognitive Ergonomics. Transfer Werbeforschung und Praxis 46:16–20

Piccolini C, Amadio L, Spazzafumo L, Moroni S et al (1992) The effects of a rehablitation program on the institutionalized eldery subject. Arch Gerontol Geriatr 15:141–149

Polya G (1973) Mathematics and plausible reasoning. Princeton University Press, New York

Rankin JL, Kausler DH (1979) Adult age differences in false recognition. J Gerontol 34:58–65

Reeder GD, Esselmann ED, Cormik Ch (1987) Self-referent processing and recall of prose. J Educ Psychol 79:243–248

Renkl A (2001) Träges Wissen. In: Rost DH (Hrsg) Handwörterbuch Pädagogische Psychologie. PVU, Weinheim

Revenstorf D (1993) Klinische Hypnose. Springer, Berlin

Riefer DM, Rouder JN (1992) A multinomal modelling analysis of the mnemonic benefits of bizarre imagery. Mem Cogn 20:601–611

Robinson R, West R (1992) A comparison of computer and questionnaire methods of history-taking in a genito-urinary clinic. Psycol Health 6:77–84

Rock I, Halper F, Clayton T (1972) The perception and recognition of complex figures. Cogn Psychol 3:655–673

Rodríguez-Pinal MD, Pérez-Fabello MJ (2014c) Receptive and productive recall with the keyword mnemonics in bilingual students. Current Psychol 33:64–72

Rogers TB, Kuiper NA, Kirker WS (1977) Self-reference and the encoding of personal information. J Pers Soc Psychol 35:677–688

Rosenthal R, Jacobson L (1971) Pygmalion im Unterricht. Beltz, Weinheim

Ross HS, Killey JC (1977) The effect of questioning on rentention. Child dev 48:312–314

Ross J, Lawrence KA (1968) Some observations on memory artifice. Psychon Sci 13:107–108

Rothkopf EZ (1966) Learning from written instructive materials: an exploration of the control of inspection behavior by test-like events. Am Educ Res J 3:241–249
Rothkopf EZ, Bisbicos EE (1971) Selective facilitative effects of interspersed questions on learning from written material. J Educ Psychol 58:56–61
Rückriem G, Stary J, Frank N (1977) Die Technik wissenschaftlichen Arbeitens. Schöningh, Paderborn
Sadalla EK, Loftness S (1972) Emotional images as mediators in onetrial learning. J Exp Psychol 95:295–298
Sanford EC (1982) Professor Sanford's morning prayer. In: Neisser U (Hrsg) Memory observed. W.H. Freeman, San Francisco
Santa JL, Ruskin AB, Yio AJH (1973) Mnemonic systems in free recall. Psychol Rep 32:1163–1170
Schalg B (2004) Lern- und Leistungsmotivation. Reinhardt, München
Schiffler L (1989) Suggestopädie und Superlearning – empirisch geprüft. Diesterweg, Frankfurt a. M.
Schneider W, Pressley M (1997) Memory development between two and twenty. Erlbaum, New York
Schreblowski S (2004) Training von Lesekompetenz. Waxmann, Münster
Schumann-Hengsteler R (1995) Die Entwicklung des visuellräumlichen Gedächtnisses. Hogrefe, Göttingen
Schuster M (2015) Kunsttherapie. Springer, Heidelberg
Schuster DH, Gritton CE (1985) SALT – Suggestive Accelerative Learning Techniques – Theory and Applications. Carlisle.
Schuster M, Barkowski D (1980) Intelligenz oder relevantes Wissen als Voraussetzung für Strategien der Umweltbewältigung im höheren Lebensalter. Z Gerontol 13:385–400
Schuster M, Beisl H (1978) Kunstpsychologie. Dumont, Köln
Schuster M, Dumpert HD (1977) Lernen von bedeutungsvollem Material. Psychologie heute 1:39
Schuster M, Dumpert HD (2008) Besser Lernen. Springer, Berlin
Schuster M, Woschek BP (1989) Nonverbale Kommunikation durch Bilder. Hogrefe, Göttingen
Schuster M, Faethe B (1990) Abenteuer in der Buchstabenwelt. Ein Comic zum Lesenlernen. Vorgestellt auf der Reha. Beim Autor anzufordern.
Scruggs TE, Mastropieri MA (1984) Learning characteristics of gifted youths: precocious strategy use Paper presented at the Western Exchange Conference on Gifted/Talented, Salt Lake City.
Scruggs TE, Mastropieri MA (1988) Acquisition and transfer of learning strategies by gifted and nongifted students. J Spec Educ 22:153–166
Scruggs TE, Mastropieri MA, Jorgensen C, Monson J (1986) Effective mnemonic strategies for gifted learners. Educ Gifted 9:105–121

Scruggs TE, Mastropieri MA, Monson J, Jorgensen C (1985) Maximizing what gifted students can learn: recent findings of learning strategy research. Gifted Child Q 29:181–185

Senter RJ, Hauser GK (1968) An experimental study of a mnemonic system. Psychon Sci 10:289–290

Senter RJ, Hoffman RR (1976) Bizarrness as a non essential variable in mnemonic imagery: a confirmation. Bull Psychon Soc 7:163–164

Shah I (1983) Die Weisheit der Narren. Herder, Freiburg/Brsg

Shrager L, Mayer RE (1989) Note-taking fosters generative learning strategies in novices. J Educ Psychol 81(2):263–264

Simons PR (1984) Instructing with analogies. J Educ Psychol 76:513–527

Singh B (1995) The effects of self versus others reference on retention. Psychol Develop Soc 7:237–258

Sophian C, Hagen JW (1978) Involuntary memory and the development of retrieval skills in young children. J Exp Child Psychol 26:458–471

Spence D (1985) The memory palace of Matteo Ricci. Penguin Books, New York

Sperber HG (1989) Mnemotechniken im Fremdspracherwerb. Judicum, München

Sperling G (1960) The information available in brief visual presentations. Psychol Monogr (Gen Appl) 74(11):1–29

Spitzer M (2007) Lernen. Spektrum, Heidelberg

Springer SP, Deutsch G (1989) Left brain, right brain, 3. Aufl. Freeman, New York

Standing L (1973) Learning 10 000 pictures. Q J Exp Psychol 25:207–222

Symons CS, Johnson BT (1997) The self reference effect in memory: a meta analysis. Psychol Bull 121:371–394

Taylor F (1977) Aquiring knowledge from prose and continuous discourse. In: Howe MJA (Hrsg) Adult learning. Wiley, S 107–123

Tess DE, Hutchinson RL, Treloar JH, Jenkins CHM (1999) Bizarre imagery and distinctiveness: Implications for the classroom. J Ment Imag 23:153–170

Treat NJ, Reese HW (1976) Age, pacing and imagery in pairedassociate learning. Dev Psychol 12:119–124

Tulving E, Pearlstone Z (1966) Availability versus accessibility of information in memory for words. J Verb Learn Verb Behav 5:381–391

Turnure J, Buium N, Thurlow M (1976) The effectiveness of interrogatives for promoting verbal elaboration productivity in young children. Child Dev 74:851–855

Urban A (1982) Zur Anwendung der Suggestopädie auf dem Gebiet der Naturwissenschaften. Wissenschaftliche Berichte, Bd. 2. Karl Marx-Universität Leipzig, Forschungsstelle für Mnemnologie.

Van Arsdall JE, Pandeirada JNS, Nairne JS, Blunt JIR (2013) Adaptive memory: animacy processing produces mnemonic advantages. Exp Psychol 60:172–178

Vogt U (2001) Esels Welt. Likanas, Hamburg

Vohle F, Reinmann-Rothmeier G (2000) Analogietraining zur Förderung von Kommunikation und Innovation im Rahmen des Wissensmanagements. Inst f Päd Psych u Empirische Päd Forschungsberichte, Bd. 128. Universität München.

von Cube F (1970) Informationstheoretische Untersuchungen zum Problem des Auswendiglernens. In: Weinert F (Hrsg) Pädagogische Psychologie, 6. Aufl. Kiepenheuer & Witsch, Köln, S 191–200

Wagner W (1985) Gedächtnis für Gespräche. In: Albert D (Hrsg) Bericht über den 34. Kongress der Deutschen Gesellschaft für Psychologie in Wien 1984, Bd. 1. Hogrefe, Göttingen

Walton G (2014) The new science of wise psychological interventions. Current Dir Psychol Sci 23:73–82

Wang AY, Thomas MH (1995) Effects of keyword on long-term retention: help or hindrance? J Educ Psychol 87:468–475

Watzlawick P, Beavin JH, Jackson DD (1968) Menschliche Kommunikation. Formen, Störungen, Paradoxien. Huber, Bern

Watzlawick P, Weakland JH, Fisch R (1974) Lösungen. Zur Theorie und Praxis menschlichen Wandels. Huber, Bern

Wellmann HM (1977) Tip of the tongue and feeling of knowing experiences: a developmental study of memory monitoring. Child Dev 48:13–21

Wimmer H, Perner J (1979) Kognitionspsychologie . Kohlhammer.

Wine JD (1980) Cognitive-attentional theory of test anxiety. In: Sarason IG (Hrsg) Test anxiety: theory, research, and applications. Erlbaum, Hillsdale

Wolpe J (1974) Praxis der Verhaltenstherapie. Huber, Stuttgart

Worthen JB, Loveland JM (2000) Imagery nonvividness and the **mnemonic** advantage of bizarreness. imagination. Cogn Pers 20:373–382

Wyra M, Lawson MJ, Hungi N (2007) The mnemonic keyword method: the effects of bidirectional retrieval training and of ability to image on foreign language vocabulary recall. Learn Instr 17:360–371

Yarmey AD (1970) The effect of mnemonic instructions on pairedassociate recognition for faces or names. Can J Behav Sci 2:181–190

Yaro C, Ward J (2007) Searching for Shereshevskii: what is superior about the memory of synästhetes. Q J Exp Psychol 60:681–695

Yates FA (1966) The art of memory. University of Chicago Press, Chicago (Deutsch Wien: diequere, 1984)

Yerkes RM, Dodson JD (1908) The relation of strengths of stimulus to rapidity of habitformation. J Comp Neurol Psychol 18:459–482

Zielke W (1967) Leichter Lernen – mehr behalten. Moderne Industrie, München

Zimbardo PG (1991) Shyness. Addison, New York

Zimbardo PG, Gerrig RJ (2014) Psychologie, 20. Aufl. Pearson, München

Stichwortverzeichnis

5-Schritt-Methode 43

A

Abbau 90
Abkürzung 94
   bedeutungshaltige 94
Ablesung, falsche 66
Abrufperspektive 38
Abrufplan 3
   hierarchischer 130
Abruffreiz 189
Ähnlichkeit, akustische 82
Aktivität 190
Alphabet 74
Alter 14
Amnesie
   retrograde 31
Analogie 129, 138, 139, 141–143, 145, 146
   bildhafte 140
Analogiebildung 137
Analogietraining 147
Angst 170, 175
   vor der Angst 171
   vor Versagen 159

Angsthierarchie 173, 175
Ängstlichkeit 91, 160
Anpassung
   temporäre 180
Anspannung 25
Arbeitsmittel 24
Arbeitsort 24, 169
Arbeitsplan 28, 171
Arbeitsplatz 24, 25
Arbeitszeit 24, 27, 30
Assoziation 95
Assoziationskette 77, 78
Aufhänger 79, 80
Aufmerksamkeit 10
Autonummer 103
Autopanne 75

B

Bedeutsamkeit
   persönliche 128
   subjektive 126
Bedienungsschritte 70
Befürchtung
   irrationale 182
Belohnung 30, 165

Bereit sein 7
Besinnung
   bewusste 183
Besprechung 129
Beteiligung
   emotionale 190
Betreuer 187
Bewegungsfolge 143
Bibliothek 14
Bilder 60, 66
   aktive 72
   innere 166
   selbsterzeugte 73
   vorgegebene 73
bildhaft 189
bizarr 67
Bizarrheit 73
Blackout 171
Blockflötengriffe 88
Brainstorming 141
Bremsweg 142
Buchstabe 88
   erster 93
Buchstaben 95
Buchstaben-Phonem-
   Kombinationen 98

C

Checkliste
   Arbeitsplan 32
Chunk 12
Cicero 63
Codewörter 97, 98
Codierung
   elaborative 18
   reduktive 18
Computer 178, 185

D

Denken
   menschliches 141

Denkfehler 164
Denkmuster
   negatives 161
depth of processing 11
Desensibilisierung
   systematische 173
Diskussion 127
Dreispeichermodell 7, 125
Durchhaltevermögen 52
Durchstreichen 41

E

Effekte der Analogie 147
Effizienz 103
Einschlafen 31
Elaboration 43
Emotion 67, 127
Encodierung
   multiple 14
Entdeckungen 2
Entspannung 175
Entspannungstechnik 56, 172, 173
Entwicklungsverlauf 4
Erfolg 161, 181
Erfolgsorientiertheit 27
Erhaltungswiederholung 13
Erregung 25, 44
Erregungsniveau 25
Ersatzwort 66, 82, 86
Ersatzwortmethode 82
Ersatzworttechnik 83
Erscheinung
   äußere 173
Experiment 61
   virtuelles 188

F

Fakten 19
Fall
   konkreter 137
Fallsammlung 135, 186

Farbe 131
Fassungen
  verschiedene 133
Fehlerauswertung
  anonyme 179
Fluss von Menschenmassen 139
Fotografie 61
Fragen 43
Freeware 186
Fremdwort 83
Funktionsfähigkeit
  geistige 91
Furcht 31

G

Geburtstag 99
Gedächtnis
  fotografisches 11
Gedächtnisbilder 62, 92
Gedächtniskunst 4, 87
Gedächtniskünstler 2, 10, 59, 60, 67
Gedicht 71, 93
Gefühl 169
  positives 169
Gefühlsgeladenheit 73
Gegenargument 130
Geheimzahl 103
Geschichten 79
  biblische 178
  Unterweisung durch 178
Geschichtentechnik 62, 79
  Nachteil der 81
Gesicht 86
Gesichtsmuskel 169
Gipfelerlebnis 159
Gliederungen 70
Gliederungsentwurf 134
Griechen 62

H

Handlungsfolgen 70

Hemmung
  proaktive 29
  retroaktive 29
Herausschreiben 41
Hobby 11, 128, 130
Hörer 39
Hypermnesie 59
Hypnose 17

I

Illustrationen 60
Individuum
  ängstliches 43
Information
  aufgabenirrelevante 162
  fehlende 160
Informationsanalyse
  tiefere 127
Instruktionsverständnis 90
Interaktion 66
Interesse 128

J

Jacobson-Training 56
Jahreszahl 99

K

Kennwortreihe 100
Kennwortsystem 75, 98
Kennworttechnik 62, 74, 77
Kinder 19, 37, 55
  hochängstliche 170
  impulsive 165
  kleine 176
Kinderzeichnung 137
Klangähnlichkeit 93
Knoten 142
Kompetenzgefühl 57
Konfektionsgröße 103
Konfrontation 173

Konstante 103
Kontext
　situativer 135
Kontonummer 103
Kontrolltechnik 13
Kräfte, magische 92
Kränkung 160, 176, 177
　Verminderung von 177
Kreativität 139, 140, 145, 147
Kreativitätstraining 147
Kreuzweg 72
Kurzzeitspeicher 7, 11, 12

L

Labeling 90
Langzeitspeicher 7, 14
Lebensalter
　hohes 135
Lebhaftigkeit 43
Lehrende 122
Lehrer 185
Lernangst 161, 168
Lernbücher 18
Lerndrill 2
Lerneffekt
　Analogie 145
Lernen 23, 24, 145, 189
　beschämungsfreies 176
　mechanisches 88
　scheinbares 13
　sinnhaftes 155
　von Bewegungsfolgen 149, 158
　wie ein Kind 180
　wörtliches 157
Lerner
　ängstlicher 135
Lerngruppe
　Vorteile 178
Lerningenieur 178
Lernkartei 186
Lernkontrolle 38
Lernmotivation 150, 152, 153

Lernprodukt 185
Lernprogramm 186
Lernprozess 149, 155
Lernpsychologie 149
Lernspiel 187
Lernstörung
　narzisstische 180
Lernstrategie 3, 151
Lerntagebuch 52
Lerntechnik 6
　optimale 52
Lerntempo 81
Lernverhalten
　selbstgesteuertes 19
Lernvermeidungsverhalten 181
Leserperspektive 38
Listen 70, 76
Locitechnik 60, 62, 67, 77, 90

M

Metamemory 4
Methode
　beleidigungsfreie 178
Million 94
Mimik 169
Mindmap 130, 134
Misserfolg 161
Misserfolgsängstlichkeit 161, 175
Misserfolgsorientiertheit 27
Misstrauen 62
Missverständnis 138
Mitschreiben 40, 134
Mittelalter 92
Mnemotechnik 5, 43, 95
　Farbe 131
Modell 137, 140
Morse-Alphabet 88
Motivation 19, 29, 165
Motivationsschub 62
Multiple Choice 37
Musik 151, 156
Musikhören 55

Musikinstrument 187
Muskelentspannung
   progressive 173

N

Namen 85, 93
Narziss 180
Narzisstische Lernstörung 180
Netzplan 130
neue Lernstoffe 63
New Economy 147

O

Oberbegriff 142
Ordnung 14
Organisation der Wissensbasis 17
Organisation des Lernstoffs 3
Orientierungsaufgabe 129, 130
Orte, Auswahl der 65
Orte 64
Ortsreihe 132
Ortsreihenfolge 64, 65, 77
Ortszellen 72

P

Pädagoge 88, 145, 176
Pädagogik 19, 132
Pädagogische Praxis 126
Pause 29, 30
Pausenaktivitäten 30
Pausenende 29
Personalisieren 150
Perspektive 38
Phantasie 66
Phonem 88, 93
Plan 32
Planung 27, 28
Postleitzahl 103
präattentiv 10
Präferenz
   individuelle 44
Problemlöser
   aktive 42
Problemlösung 138, 146
Prototypen, visuelle 61
Prozess
   affektiver 127
Prüfungsangst 135, 171
Prüfungserfolg 181
Prüfungsfragen 186
Psychotherapie 175

Q

Quintilian 63

R

Raten
   qualifiziertes 172
Realschüler 41
Rede 133
Reim 93
Reimwörter 94
Relevanz
   subjektive 132
Religion 144
Rennradfahren 143
retrieval cue s. Abrufreiz
Rhythmisierung 102
Ritter Rost 187
Ritual 179
Rolle des Prüfers 37
Rollenspiel 55, 129, 172
Rollenspielpartner 172

S

Schlaf 23, 31
Schlafdefizite 31
Schlüsselidee 17
Schritt
   kleinster 181

Schüchternheit 159
Schulbuch 60
Schüler 19
   fiktiver 178
   hochbegabter 43
   mit emotionalen Schwierigkeiten 178
Selbstbeeinflussung 167
Selbstbestrafung 167
Selbstbewusstsein 176
Selbstbezogenheit 127
Selbstdiagnose 163
Selbsteinschätzung 181
Selbstgespräch 161, 165
   positives 179
selbst gesteuertes Lernen 52
Selbstprüfung 13, 37
Selbsttest 162
Selbstversuch 163, 169
Selbstvertrauen 175
Selbstwertgefühl 160, 161
Semantisch 93
Shareware 186
Silben, sinnlose 59
Simonides 63
Sinn 18
Sinnessysteme
   verschiedene 189
Skilaufen 143
Speicher
   sensorischer 7, 8, 11
Speicherung
   externe 5
Spontan 79, 81
Sporthobby 187
Sprachlernprogramm 185
Stationenlernen 72
Stichwortgliederung 134
Stillsitzen 29
Stimulierung 29
Stoffe, spezielle 87
Stolz 177
Stromfluss 139

Student 43
Synästhesie 60
System
   phonetisches 95, 98, 103

T

Tagesplan 28
Tagesverlauf 28
   Leistungsfähigkeit 28
Technik
   elaborative 18
Technik der assoziativen Verbindungen 62, 77
Technik des zirkulären Fragens 182
Technikus 187
Telefonnummer 103
Termin 99
Teufelskreis 162, 164
Texte 179
Therapeut 181
Tiefe der Verarbeitung 125, 135
Tradeoff 6
Training 1, 2
   – autogenes 56
Trödeln 161, 171

U

Überprüfung 171
Übersetzungsrichtungen 82
Übung
   gymnastische 30
Umlernen 180
Unbewusstes 54
Unlust 168
Unterschied 37
   individueller 43
Unterstreichen 41
Unterweisung
   computergestützte 178
   programmierte 178
Unterweisung durch Geschichten 178

V
Verarbeitung
 Tiefe der 129
 tiefere 129
Verbalizer 44
Vergessenskurve 59
Vermeiden 170
Verständnis 140, 145, 146
 emotionales 144
verteiltes Lernen 30
verteiltes Üben 37
Visualisierung, spontane 80
Visualisierung 167
 interne 171
Visualizer 43
(Vor-)Urteile 62
Vorbereitung 171
Vornamen 85
Vorstellung 72
Vorstellungen
 bildhafte 43, 60, 100
 bildliche 77
 visuelle 59
Vorstellungsbilder 65
Vortrag 130
Vorwissen 40

W
Wachstum
 persönliches 181
Wasserfluss 139
Wasserflussmodell 139
Wechsel der Aufgabenart 30
Wechsel der Lernorte 25
Wiederholen
 inneres 68
Wiederholung 13, 37, 170
Wissen
 träges 134
Wissensprüfungen 5
Wissensstand 168
Wochenplan 28

Z
Zahlen 68, 70, 94, 95, 102, 104
Zahlenlernen 94
Zahlenteufel 188
Zahl Pi 70
Zeit 19, 24
Zeitbedarf 180
Zentralität der Aussage 129
Ziel 27, 32, 161, 167, 168
Zielhöhe 168
Ziffern 68
Ziffernfolge 94
Zufall 141
Zusammenfassen 18, 41, 132
Zusammenfassung 41

GPSR Compliance

The European Union's (EU) General Product Safety Regulation (GPSR) is a set of rules that requires consumer products to be safe and our obligations to ensure this.

If you have any concerns about our products, you can contact us on

ProductSafety@springernature.com

In case Publisher is established outside the EU, the EU authorized representative is:

Springer Nature Customer Service Center GmbH
Europaplatz 3
69115 Heidelberg, Germany